2026 감정평가사
핵심정리 보상법규

김 기 홍

새흐름

머리말

「2026 감정평가사 핵심정리 보상법규」의 특징은 다음과 같습니다.

1. 기존의 수험서들과는 달리 각 법률의 조문 순서에 따라 서술하여 제1편 토지보상법(제1장 행정상 손실보상 제도·제2장 토지보상법), 제2편 부동산공시법, 제3편 감정평가법으로 구성되어 있습니다.

2. 2010-2024년까지의 감정평가사 시험의 기출뿐만 아니라 변호사시험·입법고시·사법시험·5급공채·법원행정고시의 기출 쟁점을 모두 각 목차부분에 표시하였습니다.

3. 모든 쟁점에 중요도를 표시하였습니다. 별표 하나는 '보통', 둘은 '중요', 셋은 '매우 중요'하다는 의미입니다. 별표 "둘과 셋" 쟁점은 반드시 숙지하셔야 합니다.

4. 중요 판례와 기출 판례 및 최신 판례를 엄선하여 수록하였기 때문에 수록된 판례는 반드시 숙지하시기 바랍니다. 그리고 판례는 밑줄 친 부분만 읽으시면 됩니다.

5. 이미 출간된 감정평가사 행정법 기본서인 「2026 감정평가사 핵심정리 행정법」과 곧 출간될 「2026 감정평가사 통합 보상법규(행정법+개별법)」, 「2026 감정평가사 기출·사례 보상법규」와 함께 학설과 판례, 검토를 일치시켜 논리의 통일성과 답안 작성의 편의성을 높였습니다.

6. 가독성을 위해 본문에 특히 필요하지 않은 부수적인 내용은 각주로 처리하였습니다.

7. 목차와 내용을 답안 분량으로 현실화할 수 있도록 개정하였고, 특히 최신 판례와 중요 판례, 최신 법령 그리고 약술 논점을 완벽히 반영하였습니다.

[감사의 말씀]

이 책의 출간에 도움을 주신 도서출판 새흐름 이종은 대표님, 정대의 부장님께 감사드립니다.

독자분들의 소망이 꼭 이루어지길 빌면서.

2025. 5.

김기홍

Contents
차 례

제1편 공익사업을 위한 토지 등의 취득 및 보상에 관한 법률(토지보상법)

CHAPTER 01 행정상 손실보상 제도 … 8
제1절 일반론 · 8
제2절 손실보상의 근거 · 9
제3절 손실보상(=수용보상)의 요건 · 12
제4절 일반론 – 전통적인 손해전보제도의 보완 · 14
제5절 손실보상의 기준과 내용 · 19

CHAPTER 02 공익사업을 위한 토지 등의 취득 및 보상에 관한 법률 … 24
제1절 공용수용의 목적(공익사업) · 24
제2절 공용수용의 당사자 · 26
제3절 공용수용의 목적물 · 29
제4절 공익사업의 준비 · 34
제5절 협의에 의한 취득(사용) · 38
제6절 수용에 의한 취득(사용) · 42
제7절 공용수용의 효과 · 69
제8절 토지수용위원회 · 74
제9절 손실보상의 원칙과 내용 · 75
제10절 수용재결에 대한 불복 · 139
제11절 환매권 · 150

제2편 부동산 가격공시에 관한 법률(부동산공시법)

- CHAPTER 01 부동산 가격공시제도 ⋯ 158
- CHAPTER 02 표준지공시지가 ⋯ 159
- CHAPTER 03 개별공시지가 ⋯ 162
- CHAPTER 04 주택가격의 공시 ⋯ 174
- CHAPTER 05 비주거용 부동산가격의 공시 ⋯ 175
- CHAPTER 06 부동산가격공시위원회 ⋯ 176

제3편 감정평가 및 감정평가사에 관한 법률(감정평가법)

CHAPTER 01 감정평가 ⋯ 180

- 제1절 용어의 정의 ⋯ 180
- 제2절 감정평가의 기준 ⋯ 180
- 제3절 감정평가사의 직무 ⋯ 181
- 제4절 감정평가의 의뢰 ⋯ 181
- 제5절 감정평가서 ⋯ 182

CHAPTER 02 감정평가사(감정평가법인등) ⋯ 186

- 제1절 감정평가법인등의 법적 지위 ⋯ 186
- 제2절 업무와 자격 ⋯ 187
- 제3절 자격등록 ⋯ 189
- 제4절 감정평가법인등의 권리와 의무, 책임 ⋯ 190

CHAPTER 03 감정평가법인 ⋯ 206

제1편

공익사업을 위한 토지 등의 취득 및 보상에 관한 법률(토지보상법)

CHAPTER 01 | 행정상 손실보상 제도

제1절 일반론

Ⅰ. 행정상 손실보상의 의의

행정상 손실보상이란 국가 등이 공공의 필요에 의한 적법한 공권력 행사로 사인의 재산권에 특별한 희생을 가한 경우 공적인 부담은 평등해야 한다는 이념에서 사인에게 보상을 해주는 제도를 말한다.

Ⅱ. 손실보상청구권의 법적 성질*

1. 학설

ⓐ 공권설은 손실보상의 원인행위가 공법적인 것이므로 그 효과로서 손실보상 역시 공법적으로 보아야 한다는 견해이다. 이에 따르면 손실보상에 관한 소송은 행정소송(당사자소송)의 문제가 된다. ⓑ 사권설은 손실보상의 원인은 공법적이나 그 효과로서의 손실보상청구권은 사법상 권리라는 견해이다. 이에 따르면 손실보상에 관한 소송은 민사소송의 문제가 된다.

2. 판례

판례의 입장은 2가지로 구분될 수 있다. ① 기본적으로 판례는 손실보상의 원인이 공법적이라도 그 손실에 대한 보상청구권은 사법상 권리라는 입장이다(대판 1996.7.26. 94누13848). ② 공익사업을 위한 토지 등의 취득 및 보상에 관한 법률상 손실보상청구는 공익사업의 시행 등 적법한 공권력의 행사에 의한 재산상의 특별한 희생에 대해 공평부담의 견지에서 공익사업의 주체가 손해를 전보해 주는 공법상의 권리로 보고 그에 대한 소송은 행정소송으로 본다(대판 2012.8.23. 2010다23210).

3. 검토

행정소송법 제3조 제2호가 행정청의 처분등을 원인으로 하는 법률관계 기타 공법상 법률관계에 관한 소송을 행정소송의 한 종류(당사자소송)로 규정하고 있는 만큼 손실보상청구권은 공권으로 보는 것이 타당하다.

제2절 손실보상의 근거

Ⅰ. 이론적 근거

행정상 손실보상의 이론적 근거에 대해 학설의 대립이 있었으나 현재는 당사자의 특별희생 때문이라는 견해가 통설이다. 이 견해는 공익을 위해 개인에게 부과된 특별한 희생은 정의·평등의 원칙상 부담을 전체에 전가하여 이를 보상해야 한다는 입장이다.

Ⅱ. 실정법적 근거

헌법 제23조 제3항은 "공공필요에 의한 재산권의 수용·사용 또는 제한 및 그에 대한 보상은 법률로써 하되, 정당한 보상을 지급하여야 한다"고 규정한다. 이 헌법 규정에 따라 많은 개별법들은 수용 등에 관한 법적 근거와 그에 따른 손실보상의 법적 근거를 두고 있다. 따라서 이 경우 수용 등으로 재산권의 침해를 받은 자는 관련 규정에 따라 손실보상을 청구할 수 있다.

쟁점 — 경계이론과 분리이론* [16 입시]

1. 문제점

헌법 제23조 제1항·제2항[1]과 헌법 제23조 제3항[2]의 법률(제도)이 본질적으로 동일한 것인지 서로 독립한 별개의 것인지에 관해 경계이론과 분리이론이 대립된다.

2. 학 설

(1) 경계이론

㈎ 경계이론이란 헌법 제23조 제1항·제2항의 사회적 제약[3]과 헌법 제23조 제3항의 공용침해[4]는 별개의 제도가 아니며 정도의 차이만 있다는 견해로 양자는 특별한 희생 여부로 구별된다고 본다.[5]

㈏ 따라서 해당 법률조항에 따른 재산권 제한이 특별한 희생에 해당하는 경우 국가 등은 보상의무가 발생한다고 본다(가치보장으로 연결된다).

---

1) ① 모든 국민의 재산권은 보장된다. 그 내용과 한계는 법률로 정한다. ② 재산권의 행사는 공공복리에 적합하도록 하여야 한다.
2) ③ 공공필요에 의한 재산권의 수용·사용 또는 제한 및 그에 대한 보상은 법률로써 하되, 정당한 보상을 지급하여야 한다.
3) =사회구속성(수인해야 하는 재산권에 대한 사회적인 제한)
4) =수용·사용·제한
5) 특별한 희생에 이르지 못하면 헌법 제23조 제1항·제2항의 사회적 제약, 특별한 희생이 있으면 헌법 제23조 제3항의 공용침해라고 본다.

(2) 분리이론

㈎ 분리이론이란 헌법 제23조 제1항·제2항의 사회적 제약과 헌법 제23조 제3항의 공용침해가 서로 독립된 별개의 제도라는 견해로 양자는 입법의 형식과 목적으로 구별된다고 본다.

㈏ 따라서 이 견해는 헌법 제23조 제3항에 해당하는 법률인데 수용 등은 있으나 보상규정이 없는 법률은 위헌이므로 '금전보상에 대한 입법'[6]이 필요하다고 본다(존속보장으로 연결된다).

3. 판 례

① 대법원은 경계이론을 따르고 있으며(대판 1987.7.21. 84누126), ② 헌법재판소는 분리이론을 따르고 있다(헌재 1998.12.24. 89헌마214).

4. 검 토

분리이론에 따르면 이 경우 보상입법을 통해 입법자가 해결해야 한다고 하지만, 적절한 입법이 행해지지 않는 우리 입법현실을 보면 권리구제의 공백을 해결하기 위해 특별한 희생이 있는 경우 손실보상을 인정하는 경계이론이 더욱 타당하다.

> **참고** 존속보장과 가치보장
>
> 헌법 제23조의 재산권보장에는 존속보장과 가치보장이 있다. ① 존속보장(존속보호)이란 재산권에 대한 침해를 중지시킴으로써 재산권 자체의 존속을 보호하는 것을 말한다. ② 가치보장(보상보호)이란 재산권에 대한 침해는 수인하되 보상을 함으로써 재산적 가치를 보호하는 것을 말한다.[7]

---

[6] 분리이론에서 말하는 보상입법은 금전보상만을 말하는 것이 아니라 금전보상에 갈음하거나 손실을 완화할 수 있는 제도를 말한다.

[7] 예를 들어 건축허가 후 일정한 공익적 사정으로 행정청이 건축허가를 취소한 경우, 허가 받은 사인이 자신의 재산권 침해를 이유로 건축허가취소처분 취소소송을 제기하는 것은 존속보장의 방법이며, 만일 공익적 사정으로 인하여 건축허가취소처분이 적법하여 사인이 건축허가의 취소를 청구하지 못해 손실보상을 청구한다면 이는 가치보장의 방법이다.

> **헌법 제23조 제3항의 불가분조항 여부**★ [16 입시]
>
> ### 1. 문제점
> 수용 등에 대한 법적 근거는 있으나 보상에 대한 법적 근거가 없는 경우와 관련해 헌법 제23조 제3항의 법적 성격을 불가분조항[8])으로 볼 것인지에 대해 견해의 대립이 있다.
>
> ### 2. 학 설
> ⓐ 헌법 제23조 제3항을 불가분조항 규정으로 보면 보상규정이 없는 수용[9])법률은 모두 위헌이 선언될 것이어서 법적 안정성에 문제가 있다는 점을 근거로 불가분조항 규정이 아니라고 보는 견해와 ⓑ 헌법 제23조 제3항을 불가분조항으로 보는 견해가 대립된다.
>
> ### 3. 검 토
> 헌법 제23조 제3항은 국가 등의 자의적인 재산권 침해로부터 개인의 권리를 보호하기 위한 헌법적인 고려라는 점을 생각할 때 이를 불가분조항 규정으로 보는 견해가 타당하다. 따라서 법률에 수용에 대한 규율은 있으나 보상에 대한 규율이 없다면 이는 헌법에 위반되는 위헌적인 법률이 된다.

---

8) =결부조항. 헌법이 법률에 일정한 사항을 위임 - 앞의 예에서 '재산권의 수용·사용·제한' - 하면서 동시에 그 법률에 일정한 다른 내용을 함께 규정 - 앞의 예에서 '보상' - 하도록 의무지운 조항
9) (좁은 의미)수용+사용+제한=넓은 의미의 수용

제3절 손실보상(=수용보상)의 요건*

1. 공공의 필요

'공공의 필요'란 일정한 공익사업을 시행하거나 공공복리를 달성하기 위해 재산권의 제한이 불가피한 경우를 말한다. 구체적인 공공의 필요 여부는 재산권에 대한 침해로 얻게 되는 공익과 사인이 재산권을 보유함으로써 얻게 되는 사익 간의 이익형량을 통해서 판단된다(비례원칙). 그리고 특정 사기업이 급부영역에서 복리적인 기능을 수행한다면, 그 사기업을 위한 수용이 이루어질 수도 있다.10)

2. 재산권에 대한 수용·사용·제한

(개) 재산권은 원칙적으로 현재 법적으로 보호받는 개인의 재산적 가치 있는 권리를 말한다.
(내) 공용침해에는 수용·사용·제한이 있다.11) '수용'이란 사인의 재산권을 강제로 박탈하는 것을 말하며, '사용'이란 수용에 이르지 않는 일시적인 사용을 말하며, '제한'이란 수용·사용을 제외한 재산가치를 감소·하락시키는 제약12)을 말한다.

3. 적법·의도적인 공권력 행사

적법하고 재산적 가치를 가진 대상에 대한 의도적인 공권력 행사에 의한 경우만이 대상이 되고, 비권력적 행정작용이나 사실행위는 손실보상의 원인행위가 될 수 없다.

4. 특별한 희생

(1) 학 설

1) 형식적 기준설

이 견해는 행정기관의 행위에 의해 재산권에 대한 제약을 받는 자가 특정되어 있는지(소수(少數)인지)를 기준으로 특별한 희생 여부를 구분한다.13)

　a. 개별행위설
　　행정기관의 행위로 특정인의 재산권이 제약되었는지를 기준으로 하는 견해이다.

　b. 특별희생설
　　이 견해는 특정한 개인(집단)이 타인에 비해 불평등하게 다루어지고 또한 타인에게는 요구되지 않는 수인할 수 없는 희생을 강요하는 경우 특별한 희생이 있다고 본다.

---

10) 예: 사기업인 원자력발전소가 전기 공급을 위한 경우
11) 넓은 의미의 수용은 수용·사용·제한을 모두 포함하는 개념이다.
12) 예: 개발제한구역의 지정
13) 재산권의 제약을 받을 자가 특정되어 있는지 여부라는 형식적 기준에 따른다.

2) 실질적 기준설

이 견해는 재산권에 대한 공용침해행위의 성질과 정도라는 실질적 기준으로 특별한 희생 여부를 구분한다.

a. 중대설

공용침해 행위가 재산권에 미치는 침해의 중대성과 범위를 기준으로 하는 견해이다.

b. 목적위배설

공용침해이후 재산권이 객관적인 이용목적으로부터 이탈되었는지를 기준으로 하는 견해이다.

c. 보호가치설

재산권 중 보호가치 있는 부분에 대한 공용침해는 보상되어야 한다고 보는 견해이다.

d. 수인한도설

재산권에 대한 침해가 보상 없이는 그 상대방이 수인할 수 없다면 특별한 희생이 있다고 보는 견해이다.

(2) 검 토

일반적 견해는 양자를 모두 고려하여 특별한 희생 여부를 판단한다. 즉 형식적 기준설 중 특별희생설과 실질적 기준설의 중대설·목적위배설을 결합하는 것이 대표적인 견해이다.

5. 손실보상 규정의 존재

손실보상을 하기 위해서는 법률상 보상규정이 존재해야 한다. 만일 공용침해는 존재하였지만 손실보상에 관해 명문의 규정이 없다면 손실보상을 청구할 수 있는지에 관해 학설의 대립이 있다(후술).

제4절 일반론 – 전통적인 손해전보제도의 보완

제1항 보상규정 없는 법률에 기한 수용(공용침해)으로 인한 재산권 침해에 대한 권리구제** [16 입시] [20 변시]

1. 문제점

법률이 재산권에 대한 수용을 규정하면서도 보상규정을 두고 있지 않았지만, 이러한 법률에 근거하여 수용이 이루어졌다면 사인은 보상을 청구할 수 있는지가 문제된다.14)

2. 손실보상 인정 여부

(1) 학 설

1) 위헌무효설(보상부정설)

보상규정이 없이 재산권제약을 허용하는 법률은 헌법 제23조 제3항에 반하는 위헌·무효의 법률이 되고 따라서 이에 근거한 행정작용은 위법하기 때문에 당사자는 재산상 손해를 받은 경우 국가배상을 청구할 수 있다는 견해이다.

2) 직접효력규정설(헌법 제23조 제3항 확대적용설)

공공필요에 의한 재산권의 수용·사용·제한을 수권하는 법률이 보상규정을 두고 있지 않은 경우에도 헌법 제23조 제3항을 직접 근거로 손실보상을 청구할 수 있다는 견해이다.15)

3) 간접효력규정설

공용침해에 따르는 보상규정이 없는 경우에는 헌법 제23조 제1항(재산권 보장규정) 및 제11조(평등원칙)에 근거하고, 헌법 제23조 제3항 및 관련규정의 유추해석을 통하여 보상을 청구할 수 있다는 견해이다. 이 견해는 수용유사침해보상의 법리를 인정하여 이 문제를 해결하고자 한다(수용유사침해보상의 내용은 후술함).

4) 유추적용설

관련 법률의 유추해석(일반적인 법의 해석원리)을 통해 손실보상을 청구할 수 있다는 견해이다. 간접효력규정설은 보상의 근거를 헌법규정으로 보지만 유추적용설은 보상의 근거를 관련 법률로 보기 때문에 관련 법률에 보상규정이 있는 경우에만 손실보상이 가능하다는 점에서 차이가 있다.

---

14) 헌법 제23조 제3항의 성격과 관련해 이를 불가분조항으로 볼 것인지에 대해 학설의 대립이 있다. 만일 불가분조항으로 보게 된다면 보상규정을 두지 않은 법률은 위헌이기 때문이다.
15) 이 견해는 주로 헌법 제23조 제3항의 성격을 불가분조항으로 보지 않는다. 따라서 법률에 보상규정이 없이 수용이 이루어진 경우에도 그 수용이 바로 위법한 것이 아니므로 헌법 제23조 제3항을 근거로 손실보상을 청구할 수 있다고 본다.

(2) 판 례

㈎ 대법원은 경계이론에 입각하여 국유화가 된 하천제외지(堤外地)의 소유자가 손실보상을 청구한 사건에서 관련규정의 유추해석을 통해 손실보상을 인정하였다(대판 1987.7.21. 84누126)(유추적용설로 평가된다).

㈏ 헌법재판소는 분리이론에 입각해 (구)도시계획법 제21조에 규정된 개발제한구역제도와 관련된 사건(헌재 1998.12.24. 89헌마214, 90헌바16, 97헌바78(병합))에서 위헌무효설을 취한 것으로 평가된다.

(3) 검 토

① 수용 등의 행위가 공공복리를 위한 경우에는 국가배상보다는 손실보상으로 해결하는 것이 논리적이며(위헌무효설에 대한 비판), ② 현행 헌법 제23조 제3항은 보상은 법률로 하도록 규정하고 있어 직접효력설의 여지를 배제하고 있다. ③ 적법한 공용침해에 대해 보상을 한다면 위법한 공용침해에 대해서 보상은 하는 것은 당연하기 때문에 보상에 관한 법률의 규정 유무를 불문하고 공공필요에 의한 침해는 동일하게 취급하는 것이 정당하다.[16] 따라서 간접효력규정설이 타당하며, 헌법상의 여러 조항(헌법 제23조 제1항(재산권 보장규정)과 제11조(평등원칙) 그리고 헌법 제23조 제3항 및 관련규정)의 유기적인 해석을 통해 수용유사침해보상청구는 인정될 수 있다.

제2항 수용유사침해보상*

1. 개 념

(1) 의 의

수용유사침해보상이란 위법한 행정작용이 재산권에 특별한 희생을 가한 경우 수용보상[17]과 마찬가지로 그 손실을 보상하자는 이론을 말한다.[18]

(2) 구별개념

수용보상과 수용적 침해보상은 적법한 침해를, 수용유사침해보상은 위법한 침해를 요건으로 한다.

---

16) 보상규정이 있는 경우 수용보상(전통적인 손실보상), 보상규정이 없는 경우 수용유사침해보상
17) 적법한 행위에 대한 손실보상
18) 예: 위법하지만 과실 없는 군사훈련으로 주민들이 재산상 손해를 입는 경우

2. 인정 여부

(1) 학 설

1) 수용유사침해보상 도입을 긍정하는 견해

위법·무과실인 행위로 인해 재산권이 침해된 경우, 그에 대한 보상규정이 없다면 권리구제의 공백상태가 존재하게 되므로 이를 해결하기 위해 수용유사침해보상의 법리가 필요하다는 견해이다.

2) 수용유사침해보상 도입을 부정하는 견해

수용유사침해보상의 법리는 독일의 관습법에 근거한 것이므로 이를 우리나라에 도입할 수는 없고, 위법·무과실로 인한 재산권침해는 국가배상책임을 무과실책임으로 인정함으로써 해결할 수 있다는 견해이다.

(2) 판 례

대법원은 MBC주식강제증여사건에서 수용유사침해보상의 도입에 대해 판단을 유보하였다(대판 1993.10.26. 93다6409).

(3) 검 토

공용침해가 공공복리를 위한 경우에는 국가배상보다는 손실보상으로 해결하는 것이 논리적이며, 행정작용의 위법·적법 여부를 불문하고 공공필요에 의한 침해는 동일하게 취급하는 것이 타당하다(수용유사침해보상 긍정설). 따라서 헌법 제23조 제1항(재산권 보장규정)과 제11조(평등원칙) 그리고 헌법 제23조 제3항 및 헌법 제37조 제1항을 근거로 손실보상을 청구할 수 있다(간접효력규정설).

3. 요 건

아래의 요건을 만족하면 수용보상과 동일하게 손실보상을 청구할 수 있다.

(1) 공공의 필요

'공공의 필요'란 일정한 공익사업을 시행하거나 공공복리를 달성하기 위해 재산권의 제한이 불가피한 경우를 말한다.

(2) 재산권에 대한 수용·사용·제한

재산권은 원칙적으로 현재 법적으로 보호받는 개인의 재산적 가치 있는 권리를 말한다. 공용침해에는 수용·사용·제한이 있다.

(3) 위법·의도(비의도)적인 침해

㈎ 위법한 공용침해가 있어야 한다. 위법한 공용침해에는 수용 및 보상에 관한 법률이 위법하게 집행되는 경우뿐만 아니라 (간접효력규정설에 따르면) 보상규정이 없는 법률에 따라 수용이 이루어짐으로써 수용이 위법해지는 경우를 포함한다.

㈏ 침해는 의도적일 필요는 없다.

㈐ 공용침해는 법적 행위19) 외에 사실행위20)로도 이루어질 수 있다.

⑷ 특별한 희생

형식적 기준설 중 특별희생설과 실질적 기준설의 중대설·목적위배설 등을 모두 고려하여 특별한 희생 여부를 판단해야 한다.

제3항 수용적 침해보상** [19 감평] [11 입시]

1. 개 념

⑴ 의 의

수용적 침해보상이란 적법한 행정작용의 비의도적·비전형적인 결과로 재산권에 특별한 희생을 가하는 경우 그 손실을 보상하자는 이론을 말한다.21)

⑵ 구별개념

수용적 침해보상은 적법하나 비의도적인 침해에 대한 보상을 말하며, 수용보상은 적법하고 의도적인 침해에 대한 보상을 말한다.

2. 인정 여부

⑴ 학 설

1) 수용적 침해보상 도입을 긍정하는 견해

예상치 못한 부수적인 결과로 인한 피해에 대하여 적절한 보상입법이 행하여지지 않는 우리 현실을 감안하면 수용적 침해보상이론을 원용하여 권리구제의 수요를 충족시키는 것이 타당하다는 견해이다.

2) 수용적 침해보상 도입을 부정하는 견해

a. 보상부정설

수용적 침해가 논의되는 상황은 행정작용에 의해 의도된 손해가 발생한 경우가 아니어서 헌법 제23조 제3항이 적용될 수 없는 경우에 해당하므로 결국 입법적으로 별도의 손실보상규정을 마련하기 전에는 손실보상을 인정할 수 없다는 입장이다.

b. 헌법규정에 근거한 보상긍정설(헌법 제23조 제3항 확대적용설)

이 견해는 독일의 수용적 침해보상법리가 우리에게 적용될 수 없다는 전제 하에 수용적 침해보상이 문제되는 경우도 적법한 공권력 행사에 의해 직접 가해진 손실이므로, 적법

---

19) 예: 물건의 처분제한
20) 예: 물건의 파괴
21) 예: 도로건설공사로 인해 인근 상가매출이 감소하는 경우

한 재산권 침해에 대한 보상의 일반적 근거조항인 헌법 제23조 제3항을 확대적용하여 보상을 청구할 수 있다는 견해이다.

(2) 검 토

헌법 제23조 제1항의 재산권보장의 원리, 제11조의 평등의 원리 그리고 제23조 제3항의 특별희생의 원리, 제37조 제1항의 기본권보장의 원리를 종합적으로 고려한다면, 의도되지 아니한 재산권의 제약의 경우에도 수용적 침해보상을 긍정해야 한다는 견해가 타당하다(간접효력규정설).

3. 요 건

아래의 요건을 만족하면 수용적 침해보상을 청구할 수 있다.

(1) 공공의 필요

'공공의 필요'란 일정한 공익사업을 시행하거나 공공복리를 달성하기 위해 재산권의 제한이 불가피한 경우를 말한다.

(2) 재산권에 대한 수용·사용·제한

재산권은 원칙적으로 현재 법적으로 보호받는 개인의 재산적 가치 있는 권리를 말한다. 공용침해에는 수용·사용·제한이 있다.

(3) 적법·비의도적인 침해

① 수용보상의 경우와 같이 적법한 것이어야 한다. ② 그러나 수용보상은 의도적인 경우인데 수용적 침해보상은 의도하지 않은 결과가 발생해야 하며, ③ 또한 수용보상이 공권력 행사로 인한 손해라면 수용적 침해가 문제되는 경우는 주로 원인행위가 사실행위[22])로 인한 손해가 된다.

(4) 특별한 희생

형식적 기준설 중 특별희생설과 실질적 기준설의 중대설·목적위배설 등을 모두 고려하여 특별한 희생 여부를 판단해야 한다.

---

22) 예: 건설공사

제5절 손실보상의 기준과 내용

제1항 손실보상의 기준

1. 문제점

헌법 제23조 제3항은 재산권의 수용·사용·제한 및 보상은 법률로써 하되, 정당한 보상을 지급할 것을 규정하고 있는데, 여기서 '정당한 보상'의 의미에 관해 학설이 대립된다.

2. 학 설

ⓐ 제약받는 객관적인 재산가치에 대한 완전한 보상으로 보는 완전보상설(다수설)과 ⓑ 완전보상을 원칙으로 하되, 합리적인 이유[23]가 있는 경우 완전보상을 하회할 수 있다는 상당보상설이 있다.

3. 판 례

대법원과 헌법재판소 모두 '정당한 보상'을 완전보상으로 보고 있다(대판 2001.9.25. 2000두2426 ; 헌재 2010.2.25. 2008헌바6)(완전보장설).

4. 검 토

손실보상이 공익을 위한 재산권침해에 대한 손해전보수단임을 고려할 때 그 보상은 객관적 재산가치의 완전보상으로 보아야 한다(완전보장설).

제2항 손실보상의 내용

손실보상은 ① 재산권보상, ② 생활보상, ③ 간접손실보상을 내용으로 한다.

1. 재산권보상

재산권보상(대물적 보상)이란 손실을 시장의 객관적 교환가치에 따라 보상하는 것을 말한다. ① 토지에 대한 보상과 ② 건축물 등 물건에 대한 보상 및 ③ 권리에 대한 보상을 내용으로 한다.

(1) 토지에 대한 보상

 1) 일반적 보상기준

  a. 보상액산정의 기준시점

   ㈎ 토지보상법은 보상액 산정의 기준시점[24]을 '가격시점'이라고 한다(토지보상법 제2조 제6호). 보상액의 산정은 협의에 의한 경우에는 협의 성립 당시의 가격을, 재결에 의한 경우

---

23) 예: 공공의 필요, 사회경제적 사정
24) '기준시점'이란 대상물건의 감정평가액을 결정하는 기준이 되는 날짜를 말한다(감정평가에 관한 규칙 제2조 제2호).

에는 수용 또는 사용의 재결 당시의 가격이 가격시점이 된다(토지보상법 제67조 제1항).

㈏ '협의 성립 당시'란 사업시행자가 보상액을 결정하여 토지 등의 소유자에게 협의를 요청하고 토지 등의 소유자가 이에 대하여 승낙의 의사표시를 한 시점을 말한다.

㈐ '재결 당시'란 토지보상법 제50조 제1항 제3호의 수용 등의 개시일이 아니라, 토지수용위원회의 수용재결 당시를 말한다.

  b. 보상액의 산정방법

협의나 재결에 의하여 취득하는 토지에 대하여는 부동산 가격공시에 관한 법률에 따른 공시지가를 기준으로 하여 보상하여야 한다(공익사업을 위한 토지 등의 취득 및 보상에 관한 법률 제70조 제1항). 여기서 공시지가(표준지공시지가)란 국토교통부장관이 조사·평가하여 공시한 표준지의 단위면적당 가격을 말한다(부동산 가격공시에 관한 법률 제2조 제5호).

 2) 개발이익의 배제

공익사업을 위한 토지 등의 취득 및 보상에 관한 법률 제67조 제2항은 손실보상액을 산정할 경우에 해당 공익사업으로 인하여 토지 등의 가격이 변동되었을 때에는 이를 고려하지 아니한다고 명문으로 규정한다.

⑵ 건축물 등 물건에 대한 보상

건축물·입목·공작물과 그 밖에 토지에 정착한 물건에 대하여는 이전에 필요한 비용으로 보상한다(공익사업을 위한 토지 등의 취득 및 보상에 관한 법률 제75조 제1항).

⑶ 권리에 대한 보상

광업권·어업권 및 물(용수시설을 포함한다) 등의 사용에 관한 권리에 대하여는 투자비용, 예상 수익 및 거래가격 등을 고려하여 평가한 적정가격으로 보상한다(공익사업을 위한 토지 등의 취득 및 보상에 관한 법률 제76조 제1항).

2. 생활보상

⑴ 의 의

생활보상이란 재산권보상 후에도 남는 당사자의 생활근거 상실로 인한 손실을 생존배려차원에서 보상하는 것을 말한다.[25]

⑵ 법적 근거(특히 헌법적 근거)★

 1) 학 설

ⓐ 생활보상도 헌법 제23조 제3항의 완전보상에 포함될 수 있다는 견해(헌법 제23조설), ⓑ 헌법 제23조 제3항은 재산권 보상을 염두에 둔 규정으로 이해되어야 하며, 생활보상은 헌법 제34조의 사회보장수단으로서의 성격을 가진다는 견해(헌법 제34조설), ⓒ 생활보상을 헌법

---

25) 예를 들어 산간벽지의 농민들은 그 토지가 수용된다면 그 토지의 시장가치에 따른 보상만으로는 종전의 상태를 유지할 수 없기 때문에 재산권보상(객관적 시장가치에 따른 보상)에 추가하여 더 보상하는 것을 말한다.

제23조 제3항의 특별한 희생에 대한 보상이라는 성격과 헌법 제34조의 생존배려에 근거한 보상이라는 성격이 결합된 것으로 보는 견해(헌법 제23조·34조 결합설)(다수설)가 대립된다.

  2) 판 례

   ㈎ 생활보상의 성격인 생활대책을 대법원은 헌법 제23조 제3항의 보상으로 본다(대판 2011.10.13. 2008두17905)(헌법 제23조설의 입장).

   ㈏ 그러나 생활보상의 성격인 이주대책을 ① 대법원은 인간다운 생활을 보장하기 위한 것으로 본 판결을 하였고(대판 2003.7.25. 2001다57778)(헌법 제34조설의 입장), ② 헌법재판소는 이주대책에 대해 헌법 제23조 제3항의 보상이 아니라는 결정을 하였다(헌재 1993.7.29. 92헌마30)(헌법 제34조설의 입장으로 해석될 수 있다).

  3) 검 토

   ① 생활보상은 헌법 제23조 제3항의 특별한 희생에 대한 보상의 성격 외에 생존배려의 성격을 가지는바 헌법 제23조설은 타당하지 않고, ② 헌법 제34조설에 따르면 손실보상에는 헌법 제23조에 의한 것과 헌법 제34조에 의한 것이 있어 행정상 손실보상의 체계가 이원화된다는 문제가 있다. ③ 따라서 헌법 제23조·제34조 결합설이 타당하다.

(3) 범 위

  1) 학 설

   생활보상의 범위에 대해 ⓐ 광의설은 재산권 보상을 제외한 손실에 대한 보상을 생활보상이라고 본다(다수설).26) ⓑ 협의설은 재산권보상을 각종 재산권의 상실과 그 재산권상실에 부대하는 경제적 손실에 대한 보상으로 보면서, 이 재산권보상 이외에의 추가적인 보상을 생활보상이라고 본다.27)

  2) 검 토

   ㈎ 토지와 건축물 등·권리 등에 대한 보상 외의 추가적인 보상은 생존배려차원에서 보상하는 것이므로 헌법 제23조 제3항의 재산권보상과는 성질을 달리한다고 보아야 한다.28) 따라서 광의설이 타당하다.

   ㈏ 그러나 광의설과 협의설이 어떤 본질적 사항에 대해 견해를 달리하는 것은 아니고, 다만 일부의 보상항목을 재산권보상으로 보는지 또는 생활보상으로 보는지 하는 점에서 차이가 있을 뿐이다. 광의설은 실비변상적 보상29)과 일실손실보상30)을 생활보상으로 보지만, 협의설은 재산권보상으로 본다.

---

26) 이 견해는 재산권보상을 토지와 건축물등·권리 등에 대한 보상으로 한정한다.
27) 이 견해는 재산권 보상을 넓게 보면서 생활보상을 좁게 본다.
28) 앞의 헌법 제23조·제34조 결합설 또는 헌법 제34조설 참조
29) 예를 들어 물건의 이전료에 대한 보상처럼 재산권의 상실·이전에 따라 비용의 지출을 필요로 하는 보상
30) 전업기간 또는 휴업기간 중에 사업경영으로 얻을 수 있는 기대이익에 대한 보상

(4) 구체적 내용

생활보상(광의설)은 ① 이주대책[31]의 수립·실시나 주거대책비 보상[32]과 같은 '주거안정을 위한 보상'과 ② 생활대책, 생활비보상,[33] 고용알선이나 직업훈련·조세감면과 같은 '생활안정을 위한 보상'으로 나눌 수 있다.

3. 간접손실보상(간접보상)

(1) 의 의

'간접보상'이란 공공사업의 시행 또는 완성 후의 시설이 간접적으로 사업지범위 밖에 위치한 타인의 토지 등의 재산에 손실을 가하는 경우의 보상을 말한다.

(2) 성 질

① 간접보상을 ⓐ 재산권보상의 하나로 보는 견해와 ⓑ 생활보상의 한 내용으로 보는 견해, ⓒ 그리고 재산권보상 및 생활보상과 구별되는 확장된 보상 개념으로 보는 견해로 나누어진다. ② 확장된 보상개념으로 보는 견해가 타당하다.

(3) 유 형

물리적·기술적 손실[34]과 경제적·사회적 손실[35]이 포함된다.

(4) 간접보상의 근거★★

1) 토지보상법 규정

공익사업을 위한 토지 등의 취득 및 보상에 관한 법률 제73조는 잔여지의 손실과 공사비보상을, 제75조의2는 잔여건축물의 손실에 대한 보상을 규정한다. 그리고 동법 제79조는 그 밖의 토지에 관한 비용보상 등을 규정하면서 그 내용을 토지보상법 시행규칙에 위임하고 있는데, 토지보상법 시행규칙은 제59조(공익사업시행지구 밖의 대지 등에 대한 보상), 제60조(공익사업시행지구 밖의 건축물에 대한 보상), 제61조(소수잔존자에 대한 보상), 제62조(공익사업시행지구 밖의 공작물 등에 대한 보상), 제63조(공익사업시행지구 밖의 어업의 피해에 대한 보상), 제64조(공익사업시행지구 밖의 영업손실에 대한 보상), 제65조(공익사업시행지구 밖의 농업의 손실에 대한 보상)을 규정하고 있다.

2) 보상규정이 없는 경우 [19 감평]

㈎ 학설은 전술한 '수용적 침해보상'에 관한 논의로 해결한다.

---

31) 예: 이주자를 위한 주택건설
32) 예: 이사비용의 지급
33) 예: 이농비(離農費)
34) 공사 중의 소음·진동 또는 완성시설로 인한 일조나 전파 장애
35) 댐건설로 주민이 이전함으로 생기는 지역경제의 영향이나 어업권의 소멸로 어업활동이 쇠퇴하게 됨으로써 생기는 경제활동의 영향 등

(나) 판례는「보상에 관한 명문의 근거 법령이 없는 경우라고 하더라도 … 공공사업의 시행으로 인하여 그러한 손실이 발생하리라는 것을 쉽게 예견할 수 있고, 그 손실의 범위도 구체적으로 이를 특정할 수 있는 경우에는 그 손실의 보상에 관하여 구 공공용지의취득및손실보상에관한특례법 시행규칙의 관련 규정 등을 유추적용할 수 있다(대판 2004.9.23. 2004다25581)」라고 하여 보상에 관한 명문의 규정이 없더라도 ① 손실발생의 예견가능성, ② 손실범위의 특정가능성, ③ 토지보상법상의 관련규정의 요건을 갖추면 이를 유추적용하여 간접손실에 대한 보상을 청구할 수 있다고 본다.

CHAPTER 02 공익사업을 위한 토지 등의 취득 및 보상에 관한 법률

제1절 공용수용의 목적(공익사업)

'공용수용'이란 특정한 공익사업을 위해 법령이 정하는 바에 따라 타인의 재산권을 강제로 취득하는 물적 공용부담[36]을 말한다.

㈎ 공용수용은 공익사업을 위한 것이다. 공익사업의 범위는 사권보호를 위해 제한적으로 파악했던 과거와는 달리 확대되는 경향이 있으며, 토지보상법 역시 확장된 공익사업 개념에 입각하고 있다.

㈏ 토지보상법 제2조 제2호는 공익사업을 '제4조 각 호의 어느 하나에 해당하는 사업'이라고 정의하고, 동법 제4조는 '이 법에 따라 토지등을 취득하거나 사용할 수 있는 사업'을 공익사업이라고 한정한다.

㈐ 토지보상법 제4조는 공익사업을 아래의 사업으로 한정하면서 제1호 내지 제5호의 공익성의 정도가 높은 공익사업과 제6호 내지 제8호의 기타의 공익사업으로 구별하고 있다.

1. 국방·군사에 관한 사업
2. 관계 법률에 따라 허가·인가·승인·지정 등을 받아 공익을 목적으로 시행하는 철도·도로·공항·항만·주차장·공영차고지·화물터미널·궤도(軌道)·하천·제방·댐·운하·수도·하수도·하수종말처리·폐수처리·사방(砂防)·방풍(防風)·방화(防火)·방조(防潮)·방수(防水)·저수지·용수로·배수로·석유비축·송유·폐기물처리·전기·전기통신·방송·가스 및 기상관측에 관한 사업
3. 국가나 지방자치단체가 설치하는 청사·공장·연구소·시험소·보건시설·문화시설·공원·수목원·광장·운동장·시장·묘지·화장장·도축장 또는 그 밖의 공공용 시설에 관한 사업
4. 관계 법률에 따라 허가·인가·승인·지정 등을 받아 공익을 목적으로 시행하는 학교·도서관·박물관 및 미술관 건립에 관한 사업
5. 국가, 지방자치단체, 「공공기관의 운영에 관한 법률」 제4조에 따른 공공기관, 「지방공기업법」에 따른 지방공기업 또는 국가나 지방자치단체가 지정한 자가 임대나 양도의 목적으로 시행하는 주택 건설 또는 택지 및 산업단지 조성에 관한 사업

---

36) 특정의 공익사업이나 공익목적을 위하여 또는 일정한 물건을 효용을 확보하기 위하여 개인에게 강제적으로 부과되는 경제적 부담을 말한다.

6. 제1호부터 제5호까지의 사업을 시행하기 위하여 필요한 통로, 교량, 전선로, 재료 적치장 또는 그 밖의 부속시설에 관한 사업
7. 제1호부터 제5호까지의 사업을 시행하기 위하여 필요한 주택, 공장 등의 이주단지 조성에 관한 사업
8. 그 밖에 별표에 규정된 법률에 따라 토지등을 수용하거나 사용할 수 있는 사업

(다) 또한 토지보상법 제4조의2 제1항은 '이 법에 따라 토지등을 수용하거나 사용할 수 있는 사업은 제4조 또는 별표에 규정된 법률에 따르지 아니하고는 정할 수 없다'고 규정하고, 제2항은 '별표는 이 법 외의 다른 법률로 개정할 수 없다'고 규정함으로써 토지보상법 외의 다른 법률을 개정해서는 공익사업을 정할 수 없도록 제한하고 있다.

(라) 토지보상법 제4조 제8호와 관련해서, 중앙토지수용위원회는 제4조 제8호에 따른 사업의 신설, 변경 및 폐지, 그 밖에 필요한 사항에 관하여 심의를 거쳐 관계 중앙행정기관의 장에게 개선을 요구하거나 의견을 제출할 수 있으며, 개선요구나 의견제출을 받은 관계 중앙행정기관의 장은 정당한 사유가 없으면 이를 반영하여야 한다(토지보상법 제4조의3).

제2절 공용수용의 당사자

제1항 수용권의 주체(수용권자)

1. 수용권자(사업시행자)의 의의
'수용권자'란 공익사업을 위해 공용수용을 할 수 있는 주체를 말한다. 공익사업을 위한 토지 등의 취득 및 보상에 관한 법률 제2조 제3호는 공익사업의 주체를 '사업시행자'라고 한다.

2. 사업시행자의 분류
사업시행자는 토지보상법에 따라 신청에 의해 사업시행자가 되는 경우(일반적 사업시행자)와 개별법에서 요건을 제한하여 법률 또는 법률에 따른 행위에 의해 사업시행자가 되는 경우(개별적 사업시행자)가 있다.

(1) 일반적 사업시행자

사업시행자는 국가, 공공단체 및 사인(공무수탁사인)도 될 수 있다. 사업인정을 받으려는 자는 국토교통부령으로 정하는 사업인정신청서를 특별시장·광역시장·도지사 또는 특별자치도지사를 거쳐 국토교통부장관에게 제출하여야 한다. 다만, 사업시행자가 국가인 경우에는 해당 사업을 시행할 관계 중앙행정기관의 장이 직접 사업인정신청서를 국토교통부장관에게 제출할 수 있다(토지보상법 시행령 제10조 제1항).

(2) 개별적 사업시행자

개별적 사업시행자에는 공익사업의 종류에 따라 그 사업을 수행하는 사업시행자를 법률이 직접 정하는 경우도 있고, 개별법에 따라 행정청의 승인이나 일정한 지정행위를 받은 자만이 사업시행자가 되는 경우도 있다.

3. 국가 이외의 자가 수용권자인 경우 수용의 주체 문제*

(1) 문제점

국가가 수용권자인 경우는 문제가 없으나 국가 이외의 공공단체나 사인(공무수탁사인)이 수용권자인 경우 수용의 주체가 누구인지가 문제된다.

(2) 학 설

1) 국가수용권설

이 견해는 수용권자를 수용의 효과를 '야기'할 수 있는 능력을 가진 주체(사업인정을 하는 주체)로 보기 때문에 국가만이 수용권자라는 입장이다. 국가 이외의 사업시행자는 국가에 대하여 자기의 사업을 위하여 토지 등을 수용해 줄 것을 청구할 수 있는 권리(수용청구권)만을 갖는다는 입장이다.

2) 사업시행자수용권설

이 견해는 수용권자를 수용의 효과(재산권의 취득)를 '향수'할 수 있는 능력이라고 보고, 공공단체 또는 사인인 사업시행자도 수용의 효과를 향수할 수 있기 때문에 수용권자가 될 수 있다고 본다(다수설).

(3) 검 토

수용의 개념에는 수용의 효과를 발생시키는 원인행위와 재산권의 취득이라는 효과가 포함되는데, 수용행위의 본체는 원인행위가 아니라 재산권취득이라는 효과이다. 따라서 이러한 재산권 취득의 효과를 향수할 수 있는 자는 수용권자가 될 수 있다고 보는 사업시행자수용권설이 타당하다.

제2항 수용의 상대방(피수용자)

'피수용자'는 수용될 토지 등의 소유자와 소유권 이외의 재산권을 가진 자(관계인)이다(토지보상법 제2조 제4호·제5호).

1. 토지소유자

"토지소유자"란 공익사업에 필요한 토지의 소유자를 말한다(토지보상법 제2조 제4호). 토지소유자란 진실한 권리자이면 되고 명문의 규정이 없는 한 등기를 필요로 하지 않는다. 다만, 등기부상의 소유자는 진정한 소유자로 추정된다(대판 1995.12.22. 94다40765).

2. 관계인

㈎ "관계인"이란 사업시행자가 취득하거나 사용할 토지에 관하여 지상권·지역권·전세권·저당권·사용대차 또는 임대차에 따른 권리 또는 그 밖에 토지에 관한 소유권 외의 권리를 가진 자나 그 토지에 있는 물건에 관하여 소유권이나 그 밖의 권리를 가진 자를 말한다(토지보상법 제2조 제5호).

㈏ 다만, 관계인에 관한 규정에서 열거하는 권리는 하나의 예시에 불과하고 토지소유권 외의 권리자를 모두 포함하는 것으로 해석한다. 즉, 사업시행자가 토지를 수용하는 경우 그 해당 토지에 대해 소유권 이외의 권리를 가진 자나 해당 토지 위에 있는 건물의 소유자나 저당권자뿐만 아니라 임차권이나 지하 이용권, 온천권 등을 가진 자로 포함된다.

㈐ 그러나 토지보상법 제22조에 따른 사업인정의 고시가 된 후에 권리를 취득한 자는 기존의 권리를 승계한 자를 제외하고는 관계인에 포함되지 아니한다(토지보상법 제2조 제5호 단서). 이처럼 관계인의 범위를 제한하는 것은 사업인정 고시에 의해 장래 수용이 예정되어 있음을 알면서 새롭게 권리를 취득한 자를 보호할 필요가 없기 때문이다.

제3항 공용수용 당사자의 권리·의무와 승계

1. 사업시행자의 권리·의무

(가) 사업시행자는 권리·의무는 국가에 대한 것과 피수용자에 대한 것으로 구분된다.

(나) 국가에 대한 권리는 사업인정신청권, 협의성립확인신청권, 재결에 대한 행정쟁송권 등이 있고, 의무는 토지 및 물건조서 작성의무, 협의불성립시 재결신청의무 등이 있다.

(다) 피수용자에 대한 권리는 토지 출입권, 장해물제거권, 대집행권 등이 있고, 손실보상의무, 수용목적물에 대한 위험부담의무, 재결신청청구이행의무, 토지 및 물건의 인도 또는 이전대행의무 등이 있다.

2. 피수용자의 권리·의무

(가) 피수용자의 권리·의무 역시 국가에 대한 것과 사업시행자에 대한 것으로 구분된다.

(나) 국가에 대한 권리는 의견제출권, 잔여지 수용청구권, 재결에 대한 행정쟁송권 등이 있고, 토지보전의무 등이 있다.

(다) 사업시행자에 대한 권리는 손실보상청구권, 재결신청청구권, 환매권 등이 있고, 수용목적물의 인도 또는 이전의무 등이 있다.

3. 권리·의무의 승계

(1) 공익사업의 승계

공익사업을 승계한 경우 사업시행자의 권리·의무는 그 사업을 승계한 자에게 이전한다(토지보상법 제5조 제1항).

(2) 절차와 그 밖의 행위의 승계

토지보상법에 따라 이행한 절차(취득절차, 손실보상 절차 등)와 그 밖의 행위는 사업시행자, 토지소유자 및 관계인의 승계인에게도 그 효력이 미친다(토지보상법 제5조 제2항). 즉, 수용절차가 진행되는 중 사업시행자나 토지소유자 또는 관계인이 변경되더라도 변경 전에 이미 이행된 행위는 승계 받은 자가 별도로 행할 필요 없이 이미 이행된 것으로 본다.

제3절 공용수용의 목적물

제1항 목적물의 종류

1. 목적물의 의의

공익사업의 목적물이란 공익사업을 위해 독립해서 취득의 대상이 되는 토지, 물건 등에 관한 소유권 및 기타 권리를 말하지만, 이러한 토지나 물건 등이 모두 수용의 목적물이 되는 것은 아니며 그 목적물이 아니면 해당 공익사업이 불가능하거나 그 사업이 지극히 곤란한 경우에만 수용이 인정된다. 결국 수용의 목적물은 공익사업의 필요와 피수용자의 권리보호라는 측면을 비교·형량하여 결정된다.

2. 목적물의 종류★

토지보상법은 공익사업을 위해 '토지등'을 취득하거나 사용하는 경우 적용된다(토지보상법 제3조). '토지등'이란 토지보상법 제3조 각 호[37]에 해당하는 토지·물건 및 권리를 말한다(토지보상법 제2조 제1호).

(1) 토지 및 이에 관한 소유권 외의 권리(제1호)

1) 토지소유권

공용수용의 목적물은 원칙적으로 토지소유권이다. 토지의 소유권은 정당한 이익이 있는 범위 내에서 토지의 상하에 미친다(민법 제212조).

2) 토지소유권 외의 권리

㈎ '토지소유권 외의 권리'란 물권인 지상권·지역권·전세권·저당권뿐만 아니라 채권인 임차권·사용권 등을 말한다. 이러한 '토지소유권 외의 권리'는 토지소유권과 함께 공익사업의 목적물이 되는 것이 일반적이나, '토지소유권 외의 권리'도 독립하여 수용의 목적물이 될 수도 있음을 규정한다.

㈏ 이는 공익사업을 위해 토지를 수용한 후에 그러한 권리들이 존속하여 사업을 지연시킬 수 있기 때문에 이를 강제적으로 소멸[38]시켜 공익사업을 원활히 하는데 목적이 있다.

(2) 토지와 함께 공익사업을 위하여 필요한 입목(立木), 건물, 그 밖에 토지에 정착된 물건 및 이에 관한 소유권 외의 권리(제2호)

토지에 정착된 물건의 소유권 전부가 아니라, 토지와 함께 공익사업을 위하여 필요한 토지에 정착된 물건의 소유권이어야 한다.

---

[37] 1. 토지 및 이에 관한 소유권 외의 권리 2. 토지와 함께 공익사업을 위하여 필요한 입목(立木) 건물, 그 밖에 토지에 정착된 물건 및 이에 관한 소유권 외의 권리 3. 광업권·어업권·양식업권 또는 물의 사용에 관한 권리 4. 토지에 속한 흙·돌·모래 또는 자갈에 관한 권리

[38] 이를 소멸수용이라고 부르기도 한다.

1) 토지에 정착된 물건의 소유권

㉮ '토지에 정착한 물건'이란 건물이나 입목 등이 고정적으로 부착되어 있는 상태로 사용되는 것이 그 물건의 일반적인 거래의 성질인 경우를 말한다.

㉯ '토지와 함께 공익사업을 위하여 필요한' 토지에 정착된 물건의 소유권이어야 한다. 즉, ① 토지에 정착된 물건이 토지와 "함께"라야 그 물건의 소유권이 공용수용의 목적물이 된다. ② 또한 토지에 정착된 물건 그 자체가 "공익사업에 필요한"것이어야 한다. 예를 들어 산림의 존재를 전제로 해당 토지를 공원용지로 하기 위해 그 산림을 수용하는 경우가 이에 해당한다.

㉰ 토지와 함께 공익사업에 필요하지 않은 토지에 정착된 물건은 수용의 대상이 아니라, 대부분 이전의 대상이 된다(이 경우가 일반적이다). 토지보상법 제75조 제1항 본문도 '건축물·입목·공작물과 그 밖에 토지에 정착한 물건(건축물등)에 대하여는 이전에 필요한 비용으로 보상하여야 한다'고 규정한다.[39]

2) 토지에 정착된 물건의 소유권 외의 권리

㉮ "토지와 함께 공익사업을 위하여 필요한" 토지에 정착된 물건의 소유권 외의 권리이어야 한다.

㉯ 여기서 '토지에 정착된 물건의 소유권 외의 권리'란 소유권 외에 물권, 채권 기타 공법상 권리 등을 말한다. '토지에 정착된 물건의 소유권 외의 권리' 역시 사업시행 지연의 원인이 될 수 있기 때문에, 수용되는 경우 대부분 소멸하게 된다.

(3) 광업권·어업권·양식업권 또는 물의 사용에 관한 권리(제3호)

'광업권·어업권·양식업권 또는 물의 사용에 관한 권리'도 그 자체로 소멸수용이나 사용의 목적물이 될 수 있다.

(4) 토지에 속한 흙·돌·모래 또는 자갈에 관한 권리(제4호)

㉮ 토지에 속한 흙·돌·모래 또는 자갈 등은 토지의 구성부분이기 때문에 토지가 취득되면 당연히 소유권을 취득한다. 그러나 예를 들어 해당 공익사업에 그 토지는 필요 없으나 그에 속한 흙·돌·모래 또는 자갈 등이 공사용 자재로 필요로 하는 경우 토지와는 별도로 이를 수용의 목적물로 하는 것이다.

㉯ 여기서 '토지에 속한'이란 인공적으로 토지에서 분리시킨 것이 아닌 토지의 구성 부분을 의미하며, 이미 채석된 돌 등은 수용의 목적물이 될 수 없다.

---

[39] 취득 가격이 아니라 이전비를 보상한다.

제2항 목적물의 제한

1. 일반적인 제한

㈎ 공용수용은 해당 토지 등이 공익사업을 위하여 필요한 경우에 한하여 허용된다(토지보상법 제19조 제1항). 또한, 수용할 목적물의 범위도 필요한 최소한에 그쳐야 하는 것이 원칙이다.

㈏ 판례도 「수용할 목적물의 범위는 원칙적으로 사업을 위하여 필요한 최소한도에 그쳐야 하므로 그 한도를 넘는 부분은 수용대상이 아니므로 그 부분에 대한 수용은 위법하고, 초과 수용된 부분이 적법한 수용대상과 불가분적 관계에 있는 경우에는 그에 대한 재결 전부를 취소할 수밖에 없다(대판 1994.1.11. 93누8108)」고 본다.

2. 토지 세목에 따른 제한

국토교통부 장관이 사업인정을 한 경우 사업지역 및 수용하거나 사용할 토지의 세목(세부목록)을 관보에 고시[40]하여야 하므로(토지보상법 제22조 제1항), 토지세목에 기재되지 아니한 토지 등은 수용의 목적물이 될 수 없다.

3. 목적물의 성질에 따른 제한

㈎ '공물'이란 법령이나 행정주체의 행위에 의해 직접 공적 목적에 제공된 물건을 말하는 학문상 개념이다.[41] 그리고 '재정재산'이란 공물과는 달리 그 자본의 가치로 행정주체의 재정수익의 수단이 됨으로써 행정목적에 간접적으로 기여하는 재산을 말한다.[42]

㈏ 재정재산은 문제가 없지만, 공물은 현재 공적 목적에 제공되고 있는 상태이므로 이러한 상태에서 다른 공적 목적을 위해 수용 등이 가능한지가 문제된다(후술).

쟁점 — 공물의 수용가능성★ [20 감평]

1. 문제점

현재 공적 목적에 제공되고 있는 토지 등(공물)을 공용폐지[43]를 하지 않고 다른 공적 목적을 위해 수용(사용)할 수 있는지가 문제된다.

2. 학 설

(1) 부정설

공물을 다른 행정목적에 제공하기 위해서는 공용폐지가 선행되어야 한다는 견해로 공익사업을 위한 토지 등의 취득 및 보상에 관한 법률 제19조 제2항(공익사업에 수용되거나 사용되고 있는 토지 등은 특별히 필요한 경우가 아니면 다른 공익사업을 위하여 수용 또는 사용할 수 없다)을 실정법적 근거로 한다(다수설).

---

40) 사업인정에 의하여 지정된 범위 내에서 구체적으로 수용할 수 있는 목적물을 임시로 결정하는 행위
41) 예를 들어 국유재산법상 행정재산
42) 예를 들어 국유재산법상 일반재산
43) 공용폐지란 행정주체가 특정물건을 공적 목적에 사용하지 않겠다는 법적 행위를 말한다.

(2) 긍정설

현재 공공목적에 제공되고 있는 물건은 가능한 현재의 용도를 유지하기 위하여 공물은 수용의 목적물로 할 수 없는 것이 원칙이나, 보다 더 중요한 공익사업에 제공할 필요가 있는 경우에는 공물도 예외적으로 공용폐지가 선행되지 않고서도 수용의 목적물이 될 수 있는 것으로 본다.

3. 판 례

판례는 지방문화재로 지정된 토지도 택지개발을 위해 수용될 수 있다고 보고 있어 긍정설의 입장이다(대판 1996.4.26. 95누13241).

4. 검 토

공물은 원칙적으로 수용의 대상이 아니지만 특별한 필요가 있는 경우 공용폐지를 한 후 다른 공익사업을 위해 수용하여야 한다(부정설). 따라서 공익사업을 위한 토지 등의 취득 및 보상에 관한 법률 제19조 제2항의 '특별히 필요한 경우'란 법령에 명문의 규정이 있는 경우로 해석하여야 한다.

제3항 목적물의 확장

㈎ 공용수용은 공익사업에 필요한 최소한에 그쳐야 하는 것이 원칙이나, 예외적으로 피수용자의 권리보호 또는 공익사업의 목적 달성을 위해 필요한 한도를 넘어 수용하는 경우가 있는데 이 경우를 '목적물의 확장'이라고 한다. 목적물의 확장에는 확장수용과 지대수용이 있다.

㈏ 일반적으로 공용수용은 공익사업 수행을 위해 필요한 범위에서 수용이 이루어진다. 하지만 ① 확장수용은 '피수용자'의 권리구제를 위해 공익사업의 목적물의 범위를 넘어 수용하는 것을 말하며, ② 지대수용은 '사업시행자'측에서 공익사업을 위해 부수적으로 필요한 토지를 수용하는 것을 말한다. 전자는 명문의 규정이 있지만, 후자는 명문의 규정은 없다.

Ⅰ. 확장수용*

㈎ '확장수용'이란 공익사업을 위해 필요한 범위나 정도를 넘어 수용하는 것을 말하는데, 이는 주로 피수용자의 이익을 도모하기 위해 사업시행자에게 수용의무를 부담시키는 것을 말한다.

㈏ 확장수용이 공용수용의 특수한 형태이기는 하지만 사업시행자가 일방적으로 권리를 취득하는 것이므로 그 본질에서 공용수용과 다를 바 없어 그 성질은 공용수용에 해당한다(공용수용설, 통설).

1. 완전수용(사용에 갈음하는 수용)

'완전수용'이란 해당 공익사업은 단지 토지를 사용함으로써 족하지만 토지소유자가 받게 되는 토지이용의 현저한 장애 내지 제한에 갈음하여 수용보상을 가능하게 한 제도를 말한다. 즉, 사용하는 토지라도 사업인정고시가 된 후 일정한 경우 해당 토지소유자는 사업시행자에게 해당 토지의 매수를 청구하거나 관할 토지수용위원회에 그 토지의 수용을 청구할 수 있다(토지보상법 제72조).

2. 잔지수용(잔여지수용, 전부수용)

'잔지수용'이란 동일한 소유자에게 속하는 일단의 토지의 일부가 협의에 의하여 매수되거나 수용됨으로 인하여 잔여지를 종래의 목적에 사용하는 것이 현저히 곤란할 때에는 해당 토지소유자는 사업시행자에게 잔여지를 매수하여 줄 것을 청구하거나 사업인정 이후에는 관할 토지수용위원회에 수용을 청구하여 그 일단의 토지 전부를 매수하거나 수용하는 것을 말한다(토지보상법 제74조 제1항).

3. 이전수용(이전에 갈음하는 수용)

공익사업에 필요한 것은 원칙적으로 토지이며 토지의 정착물이 아니기 때문에 건축물·입목·공작물과 그 밖에 토지에 정착한 물건(건축물 등)에 대하여는 이전에 필요한 비용(이전비)으로 보상하는 것이 원칙이다(토지보상법 제75조 제1항 본문). 그러나 토지의 정착물은 이전이 물리적·기술적으로 불가능한 경우가 있고, 설사 이전을 하더라도 종래 목적으로 사용이 곤란하거나 비용이 지나치게 많이 드는 경우도 있다. 이처럼 건축물 등의 이전비를 보상하는 것이 아니라 물건의 가격을 보상하여 그 소유권을 소멸시키는 방법은 '이전수용'이라고 한다(토지보상법 제75조 제1항 단서 참조).

Ⅱ. 지대수용(地帶收用)(부대수용)

'지대수용'이란 공익사업에 직접 필요하지는 않지만, 토지나 건축물을 조성·정리하기 위해 또는 주변의 개발이익을 흡수하기 위해 본래의 공익사업에 필요한 토지 외에 인접한 일대의 토지를 수용하는 것을 말한다. 조성·정리가 완성된 후에는 타인에게 매각 또는 임대하여 조성·정리에 소요되는 비용의 일부에 충당하는 것이 보통이다. 지대수용을 명문으로 규정하고 있는 실정법은 현재 없다.

제4절 공익사업의 준비

⑺ '공익사업의 준비'란 공익사업을 준비하기 위해 출입하여 조사·측량하거나 장해물을 제거하는 행위 등을 말한다. 공익사업의 준비절차도 그 사업이 공익사업에 해당하는 경우에만 인정된다.

⑻ 공익사업의 준비에 대해 ① ⓐ 공용제한으로 이해하는 견해와 ⓑ 공용사용으로 이해하는 견해가 있으나, ② 공익사업의 준비는 일시적인 사용을 전제로 하기 때문에 공용사용으로 보는 것이 타당하다.

제1항 타인점유 토지의 출입 및 측량·조사

1. 타인점유 토지에 출입

사업시행자는 공익사업을 준비하기 위하여 타인이 점유하는 토지에 출입하여 측량하거나 조사할 수 있다(토지보상법 제9조 제1항).

(1) 시장 등의 출입허가

⑺ 사업시행자[44]는 측량이나 조사를 하려면 사업의 종류와 출입할 토지의 구역 및 기간을 정하여 특별자치도지사, 시장·군수 또는 구청장의 허가를 받아야 한다. 다만, 사업시행자가 국가일 때에는 그 사업을 시행할 관계 중앙행정기관의 장이 특별자치도지사, 시장·군수 또는 구청장에게 통지하고, 사업시행자가 특별시·광역시 또는 도일 때에는 특별시장·광역시장 또는 도지사가 시장·군수 또는 구청장에게 통지하여야 한다(토지보상법 제9조 제2항).

⑻ 시장 등의 허가는 처분으로 항고소송의 대상인 된다. 그 법적 성질에 대해서는 ⓐ 특허로 보는 견해, ⓑ 허가로 보는 견해가 대립된다(큰 실익은 없다).

(2) 시장 등의 공고와 통지

특별자치도지사, 시장·군수 또는 구청장은 다음 각 호[45]의 어느 하나에 해당할 때에는 사업시행자, 사업의 종류와 출입할 토지의 구역 및 기간을 공고하고 이를 토지점유자에게 통지하여야 한다(토지보상법 제9조 제3항).

(3) 사업시행자의 출입의 통지 등

타인이 점유하는 토지에 출입하려는 사업시행자는 출입하려는 날의 5일 전까지 그 일시 및 장소를 특별자치도지사, 시장·군수 또는 구청장에게 통지하여야 한다. 그리고 특별자치도

---

[44] 특별자치도, 시·군 또는 자치구가 사업시행자인 경우는 제외한다.
[45] 1. 제9조 제2항 본문에 따라 허가를 한 경우 2. 제9조 제2항 단서에 따라 통지를 받은 경우 3. 특별자치도 시·군 또는 구가 사업시행자인 경우로서 제9조 제1항에 따라 타인이 점유하는 토지에 출입하여 측량이나 조사를 하려는 경우

지사, 시장·군수 또는 구청장은 통지를 받은 경우 또는 특별자치도, 시·군 또는 구가 사업시행자인 경우에 특별자치도지사, 시장·군수 또는 구청장이 타인이 점유하는 토지에 출입하려는 경우에는 지체 없이 이를 공고하고 그 토지점유자에게 통지하여야 한다. 그러나 해가 뜨기 전이나 해가 진 후에는 토지점유자의 승낙 없이 그 주거(住居)나 경계표·담 등으로 둘러싸인 토지에 출입할 수 없다(토지보상법 제10조 제1항·제2항·제3항).

2. 타인점유 토지의 측량·조사

시장 등의 출입허가와 출입의 통지가 있으면 사업시행자는 타인이 점유하는 토지에 출입하여 측량하거나 조사를 할 수 있다(토지보상법 제9조 제1항).

3. 법적 성질*

토지보상법 제11조는 토지점유자는 정당한 사유 없이 사업시행자가 토지보상법 제10조에 따라 통지하고 출입·측량 또는 조사하는 행위를 방해하지 못한다고 규정하여 토지점유자의 인용의무(수인의무 내지 부작위의무)를 규정하고 있고, 토지보상법 제97조 제2호는 동법 제11조를 위반하여 사업시행자 또는 감정평가법인등의 행위를 방해한 토지점유자에게 벌금을 과할 것을 규정하고 있는 바, 사업시행자가 타인점유 토지를 출입·측량 또는 조사하는 행위는 권력적 사실행위(권력적 조사)에 해당한다.

4. 사업시행자의 증표 등의 휴대와 제시

특별자치도지사, 시장·군수 또는 구청장의 허가를 받고 타인이 점유하는 토지에 출입하려는 사람은 그 신분을 표시하는 증표와 특별자치도지사, 시장·군수 또는 구청장의 허가증을 지녀야 한다(토지보상법 제13조 제1항). 그리고 토지보상법 제9조 제2항 단서에 따라 특별자치도지사, 시장·군수 또는 구청장에게 통지하고 타인이 점유하는 토지에 출입하려는 사람과 사업시행자가 특별자치도, 시·군 또는 구인 경우로서 제9조 제3항 제3호에 따라 타인이 점유하는 토지에 출입하려는 사람은 그 신분을 표시하는 증표를 지녀야 한다(토지보상법 제13조 제2항). 증표 및 허가증은 토지의 소유자 및 점유자, 그 밖의 이해관계인에게 이를 보여주어야 한다(토지보상법 제13조 제3항).

5. 손실보상

사업시행자는 타인이 점유하는 토지에 출입하여 측량·조사함으로써 발생하는 손실을 보상하여야 한다(토지보상법 제9조 제4항).

(1) 손실보상 청구기간

손실의 보상은 손실이 있음을 안 날부터 1년이 지났거나 손실이 발생한 날부터 3년이 지난 후에는 청구할 수 없다(토지보상법 제9조 제5항).

(2) 협의와 재결신청★★

㈎ 손실의 보상은 사업시행자와 손실을 입은 자가 협의하여 결정한다. 협의가 성립되지 아니하면 사업시행자나 손실을 입은 자는 대통령령으로 정하는 바에 따라 토지보상법 제51조에 따른 관할 토지수용위원에 재결을 신청할 수 있다(토지보상법 제9조 제6항·제7항).

㈏ 이 재결신청권은 토지보상법 제28조 제1항의 재결신청권과는 달리 사업시행자뿐만 아니라 토지소유자 등에게도 인정된다.

제2항 장해물의 제거 등

1. 소유자 등의 동의, 시장 등의 허가, 의견청취

㈎ 사업시행자는 제9조에 따라 타인이 점유하는 토지에 출입하여 측량 또는 조사를 할 때 장해물을 제거하거나 토지를 파는 행위(장해물의 제거 등)를 하여야 할 부득이한 사유가 있는 경우에는 그 소유자 및 점유자의 동의를 받아야 한다(토지보상법 제12조 제1항).

㈏ 다만, 그 소유자 및 점유자의 동의를 받지 못하였을 때에는 사업시행자(특별자치도, 시·군 또는 구가 사업시행자인 경우는 제외한다)는 특별자치도지사, 시장·군수 또는 구청장의 허가를 받아 장해물 제거 등을 할 수 있으며, 특별자치도, 시·군 또는 구가 사업시행자인 경우에 특별자치도지사, 시장·군수 또는 구청장은 허가 없이 장해물 제거 등을 할 수 있다. 그리고 특별자치도지사, 시장·군수 또는 구청장은 허가를 하거나 장해물 제거 등을 하려면 미리 그 소유자 및 점유자의 의견을 들어야 한다(토지보상법 제12조 제1항 단서·제2항).

2. 사업시행자의 통지

장해물 제거 등을 하려는 자는 장해물 제거 등을 하려는 날의 3일 전까지 그 소유자 및 점유자에게 통지하여야 한다(토지보상법 제12조 제3항).

3. 사업시행자의 증표 등의 휴대와 제시

장해물 제거 등을 하려는 사람[46]은 그 신분을 표시하는 증표와 특별자치도지사, 시장·군수 또는 구청장의 허가증을 지녀야 한다(토지보상법 제13조 제1항). 타인이 점유하는 토지에 출입하거나 장해물 제거 등을 하려는 사람은 그 신분을 표시하는 증표를 지녀야 한다(토지보상법 제13조 제2항). 그리고 증표 및 허가증은 토지 또는 장해물의 소유자 및 점유자, 그 밖의 이해관계인에게 이를 보여주어야 한다(토지보상법 제13조).

4. 손실보상

(1) 손실보상 청구기간

사업시행자는 장해물 제거 등을 함으로써 발생하는 손실을 보상하여야 한다(토지보상법 제

---

[46] 특별자치도, 시·군 또는 구가 사업시행자인 경우는 제외한다.

12조 제4항). 손실의 보상은 손실이 있음을 안 날부터 1년이 지났거나 손실이 발생한 날부터 3년이 지난 후에는 청구할 수 없다(토지보상법 제12조 제5항, 제9조 제5항).

(2) 협의와 재결신청

㈎ 손실의 보상은 사업시행자와 손실을 입은 자가 협의하여 결정한다. 협의가 성립되지 아니하면 사업시행자나 손실을 입은 자는 대통령령으로 정하는 바에 따라 토지보상법 제51조에 따른 관할 토지수용위원에 재결을 신청할 수 있다(토지보상법 제12조 제5항, 제9조 제6항·제7항).

㈏ 이 재결신청권은 토지보상법 제28조 제1항의 재결신청권과는 달리 사업시행자뿐만 아니라 토지소유자 등에게도 인정된다.

제5절 협의에 의한 취득(사용)

공익사업을 위한 토지 등의 취득 및 보상에 관한 법률은 공익사업을 위해 토지등을 취득하는 방식을 협의에 의한 방법과 수용에 의한 방법으로 나누고 있다. 즉, 동법은 수용에 의한 취득(사용)(제4장)의 첫 번째 절차인 사업인정 이전에 제3장에서 공익사업에 필요한 토지 등을 협의로 취득(사용)할 수 있음을 규정하고 있다.47) 이를 규정하는 것은 강제수용에 의한 취득보다는 사업시행자와 토지소유자(관계인)가 합의를 하는 것이 보다 바람직하기 때문이다.

제1항 토지조서 · 물건조서의 작성, 보상계획의 공고(통지)와 열람

1. 토지조서·물건조서의 작성

(1) 의 의

㈎ '토지조서·물건조서'란 공익사업을 위해 수용 등을 필요로 하는 토지와 그 토지 위에 있는 물건의 내용을 사업시행자가 일정한 절차를 거쳐 작성하는 문서를 말한다. 토지조서·물건조서의 작성은 사업시행자의 의무이다.

㈏ 사업시행자는 사업인정 전에 협의에 의한 취득을 위해 토지조서·물건조서를 작성해야 하고(토지보상법 제14조 제1항), 사업인정을 받은 경우에도 다시 토지조서·물건조서를 작성해야 한다. 다만, 사업인정을 받은 사업으로 토지조서·물건조서의 내용에 변동이 없는 경우에는 다시 작성하지 않아도 된다(토지보상법 제26조 제2항).

(2) 조서작성의 절차

㈎ 사업시행자는 공익사업의 수행을 위하여 사업인정 전에 협의에 의한 토지등의 취득 또는 사용이 필요할 때에는 토지조서와 물건조서를 작성하여 서명 또는 날인을 하고 토지소유자와 관계인의 서명 또는 날인을 받아야 한다(토지보상법 제14조 제1항 본문).

㈏ 그러나 다음 각 호48)의 어느 하나에 해당하는 경우에는 그러하지 아니하다. 이 경우 사업시행자는 해당 토지조서와 물건조서에 그 사유를 적어야 한다(토지보상법 제14조 제1항 단서).

---

47) 수용에 의한 취득에 앞선 절차이지만 의무적인 절차는 아니며, 사업시행자가 협의할 것인지 여부를 결정한다.
48) 1. 토지소유자 및 관계인이 정당한 사유 없이 서명 또는 날인을 거부하는 경우 2. 토지소유자 및 관계인을 알 수 없거나 그 주소·거소를 알 수 없는 등의 사유로 서명 또는 날인을 받을 수 없는 경우

㉢ 사업시행자는 토지보상법 시행령 제7조 제1항[49])에 따라 작성된 용지도와 기본조사서를 기본으로 하여 토지조서 및 물건조서를 작성해야 한다(토지보상법 시행령 제7조 제2항).

㉣ 토지조서에는 다음 각 호의 사항[50])이 포함되어야 하며(토지보상법 시행령 제7조 제3항), 물건조서에는 다음 각 호의 사항[51])이 포함되어야 한다(토지보상법 시행령 제7조 제4항).

(3) 토지조서·물건조서의 내용에 대한 이의신청

토지조서 및 물건조서의 내용에 대하여 이의가 있는 토지소유자 또는 관계인은 보상계획의 열람기간인 14일 이내에 사업시행자에게 서면으로 이의를 제기할 수 있다(토지보상법 제15조 제3항). 그리고 사업시행자는 해당 토지조서 및 물건조서에 제기된 이의를 부기(附記)하고 그 이의가 이유 있다고 인정할 때에는 적절한 조치를 하여야 한다(토지보상법 제15조 제4항).

2. 보상계획의 공고(통지)와 열람

(1) 보상계획의 공고 및 통지

사업시행자는 토지조서와 물건조서를 작성하였을 때에는 공익사업의 개요, 토지조서 및 물건조서의 내용과 보상의 시기·방법 및 절차 등이 포함된 보상계획을 전국을 보급지역으로 하는 일간신문에 공고하고, 토지소유자 및 관계인에게 각각 통지하여야 한다(토지보상법 제15조 제1항).

(2) 보상계획의 열람

사업시행자는 보상계획의 공고나 통지를 하였을 때에는 그 내용을 14일 이상 일반인이 열람할 수 있도록 하여야 한다(토지보상법 제15조 제2항).

(3) 보상계획에 대한 이의신청

보상계획의 내용에 대하여 이의가 있는 토지소유자 또는 관계인은 보상계획의 열람기간인 14일 이내에 사업시행자에게 서면으로 이의를 제기할 수 있다(토지보상법 제15조 제3항).

---

49) 사업시행자는 공익사업의 계획이 확정되었을 때에는 「공간정보의 구축 및 관리 등에 관한 법률」에 따른 지적도 또는 임야도에 대상 물건인 토지를 표시한 용지도와 토지등에 관한 공부의 조사 결과 및 현장조사 결과를 적은 기본조사서를 작성해야 한다.

50) 1. 토지의 소재지·지번·지목·전체면적 및 편입면적과 현실적인 이용상황 2. 토지소유자의 성명 또는 명칭 및 주소 3. 토지에 관하여 소유권 외의 권리를 가진 자의 성명 또는 명칭 및 주소와 그 권리의 종류 및 내용 4. 작성일 5. 그 밖에 토지에 관한 보상금 산정에 필요한 사항

51) 1. 물건이 있는 토지의 소재지 및 지번 2. 물건의 종류·구조·규격 및 수량 3. 물건소유자의 성명 또는 명칭 및 주소 4. 물건에 관하여 소유권 외의 권리를 가진 자의 성명 또는 명칭 및 주소와 그 권리의 종류 및 내용 5. 작성일 6. 그 밖에 물건에 관한 보상금 산정에 필요한 사항

제2항 (사업인정 전) 협의

1. 의의

(가) '협의'란 사업시행자가 공익사업에 제공될 토지 등에 관한 권리를 취득하거나 소멸시키기 위해 토지소유자 및 관계인과 합의하는 것을 말한다.

(나) 수용 등에 의한 강제취득보다는 합의를 통해 토지 등을 취득함으로써 비례원칙을 지키고 신속하게 공익사업을 진행하기 위한 절차이다.

2. 법적 성질★ [15 5급]

사업인정 이전의 협의취득의 법적 성질에 대해 ① ⓐ 협의는 공법인 공익사업을 위한 토지 등의 취득 및 보상에 관한 법률 제16조가 사업시행자의 성실협의 규정을 두고 있음을 근거로 공법상 계약이라는 견해가 있지만, ⓑ 공익사업을 위한 토지 등의 취득 및 보상에 관한 법률 제16조가 사업시행자의 성실협의 규정을 두고 있지만 해당 규정은 선언적 의미이기 때문에 사법상 계약이라는 견해(다수설)도 있다. ② 판례도 협의취득의 법적 성질을 사법상 계약으로 본다(대판 1994.12.13. 94다25209). ③ 사법상 계약이라는 견해가 타당하다.

3. 협의의 범위와 내용

(가) 협의는 토지조서와 물건조서의 범위 내에서 이루어져야 한다.

(나) 협의할 내용은 토지보상법 제50조 제1항의 재결사항[52]과 거의 같다.

4. 협의취득 절차

(1) 성실협의 의무

사업시행자는 토지 등에 대한 보상에 관하여 토지소유자 및 관계인과 성실하게 협의하여야 한다(토지보상법 제16조). 협의 자체는 사적자치를 바탕으로 하기 때문에 사업인정 전 협의는 임의적이며, 성실협의 의무는 선언적 규정에 불과하다.

(2) 협의 기간

사업인정 전 협의는 특별한 사유가 없으면 30일 이상으로 하고 있다(토지보상법 시행령 제8조 제3항).

(3) 토지소유자 등에게 통지

사업시행자는 협의를 하려는 경우에는 국토교통부령으로 정하는 보상협의요청서에 다음 각 호의 사항[53]을 적어 토지소유자 및 관계인에게 통지하여야 한다(토지보상법 시행령 제8조 제1항).

---

[52] 1. 수용하거나 사용할 토지의 구역 및 사용방법 2. 손실보상 3. 수용 또는 사용의 개시일과 기간 4. 그 밖에 이 법 및 다른 법률에서 규정한 사항

[53] 1. 협의기간·협의장소 및 협의방법 2. 보상의 시기·방법·절차 및 금액 3. 계약체결에 필요한 구비서류

⑷ 협의 경위서의 작성

사업시행자와 토지소유자 등 간에 협의가 성립되면 수용절차는 종료된다. 다만, 협의기간에 협의가 성립되지 아니한 경우에는 사업시행자는 국토교통부령으로 정하는 협의경위서에 다음 각 호의 사항54)을 적어 토지소유자 및 관계인의 서명 또는 날인을 받아야 한다(토지보상법 시행령 제8조 제5항).

5. 협의의 효과*

⑺ 사업시행자는 제16조에 따른 협의가 성립되었을 때에는 토지소유자 및 관계인과 계약을 체결하여야 한다(토지보상법 제17조). 체결되는 계약의 내용에는 계약의 해지 또는 변경에 관한 사항과 이에 따르는 보상액의 환수 및 원상복구 등에 관한 사항이 포함되어야 한다(토지보상법 시행령 제8조 제4항). 협의가 성립되면 사업시행자는 목적물을 승계취득하며, 토지소유자 등은 손실보상청구권을 취득한다.

⑷ 협의가 불성립되면 사업시행자는 국토교통부장관에게 사업인정을 신청할 수 있다(토지보상법 제20조 참조).

---

54) 1. 협의의 일시·장소 및 방법 2. 대상 토지의 소재지·지번·지목 및 면적과 토지에 있는 물건의 종류·구조 및 수량 3. 토지소유자 및 관계인의 성명 또는 명칭 및 주소 4. 토지소유자 및 관계인의 구체적인 주장내용과 이에 대한 사업시행자의 의견 5. 그 밖에 협의와 관련된 사항

제6절　수용에 의한 취득(사용)

수용에 의한 취득(사용)(=공용수용)에서 수용권은 법률의 규정에 의해 발생하는 경우와 법률에서 정한 일정한 절차를 거쳐 별도의 처분에 의해 발생하는 경우가 있다. 후자가 일반적이며, 토지보상법은 ① 사업인정, ② 토지조서·물건조서의 작성(보상계획의 공고와 열람), ③ 협의, ④ 재결절차를 규정하고 있다.

제1항　사업인정

Ⅰ. 사업인정의 의의

'사업인정'이란 사업시행자가 하려는 사업을 토지 등을 수용하거나 사용할 공익사업으로 결정하는 것을 말한다(토지보상법 제2조 제7호).

Ⅱ. 법적 성질 ★[23 감평]

1. 형성행위인지 여부

(1) 학 설

ⓐ 확인행위설은 사업인정은 사업자가 하려는 특정사업이 토지보상법에 규정된 공익사업(동법 제4조 참조)에 해당됨을 확인하는 행위라고 본다. 이 견해는 사업시행자의 수용권은 사업인정에 의하여 발생하는 것이 아니라 사업인정 후 협의 또는 토지수용위원회의 재결에 의하여 발생한다고 한다. ⓑ 형성행위설은 사업인정은 사업시행자가 하려는 사업이 공익사업임을 인정하면서 일정한 절차를 거칠 것을 조건으로 하여 사업시행자에게 수용권을 발생시키므로 형성적 행정행위에 해당한다고 본다(다수설).

(2) 판 례

판례는 <u>사업인정이란 공익사업의 시행자에게 그 후 일정한 절차를 거칠 것을 조건으로 일정한 내용의 수용권을 설정하여 주는 형성행위라고 본다</u>(대판 2011.1.27. 2009두1051).

(3) 검 토

사업인정으로 사업시행자에게는 수용권이 발생하는 것이므로 형성행위설이 타당하다.

2. 재량행위인지 여부

㈎ 판례는 ① 관련법령에 대한 종합적인 판단을 전제로 하면서(대판 2001.2.9. 98두17593), ② 효과재량설을 기준으로 활용하거나(대판 2011.1.27. 2010두23033), ③ 공익성을 구별기준으로 들고 있다.

(나) ① ⓐ 사업인정은 기속행위라는 견해가 있으나[55], ⓑ 공익적 사정이 중요하게 고려되어야 하기에 재량행위로 보는 견해가 타당하다.[56] ② 판례도 재량행위로 본다(대판 1992.11.13. 92누596).

3. 복효적 행정행위

사업인정은 사업시행자에게는 수용권을 설정해 주는 수익적 행정행위이지만, 피수용자에게는 토지의 보전의무나 재산권 상실의 침익적 효과를 가져온다. 따라서 피수용자는 처분의 상대방이 아니지만, 장관의 사업인정처분을 다툴 법률상 이익이 인정된다(대판 1973.7.30. 72누137).

4. 신청을 요하는 행정행위(쌍방적 행정행위)

사업인정은 토지 등을 수용하거나 사용하려는 사업시행자가 국토교통부장관에게 처분을 발령해 줄 것을 신청하고, 장관이 사업인정을 하는 쌍방적 행정행위이다(토지보상법 제20조). 사업인정을 받으려는 자는 국토교통부령으로 정하는 사업인정신청서에 다음 각 호[57]의 사항을 적어 특별시장·광역시장·도지사 또는 특별자치도지사를 거쳐 국토교통부장관에게 제출하여야 한다. 다만, 사업시행자가 국가인 경우에는 해당 사업을 시행할 관계 중앙행정기관의 장이 직접 사업인정신청서를 국토교통부장관에게 제출할 수 있다(토지보상법 시행령 제10조 제1항).

Ⅲ. 사업인정의 적법요건

1. 주체 요건

사업인정권은 국토교통부장관에게 있다(토지보상법 제20조 제1항). 현행 토지보상법은 사업인정절차와 재결절차를 분리하여 다른 기관이 담당하고 있다. 다만, 모든 공익사업에 대해 국토교통부장관의 사업인정이 요구되는 것은 아니며, 개별법에서 다른 행정청의 행위(사업지구의 지정, 실시계획의 인가)로 사업인정이 의제되기도 한다.

2. 절차 요건(협의 및 의견청취)

국토교통부장관은 사업인정을 하려면 관계 중앙행정기관의 장 및 특별시장·광역시장·도지사·특별자치도지사와 협의하여야 하며, 대통령령으로 정하는 바에 따라 미리 사업인정에 이해관계가 있는 자의 의견을 들어야 한다(토지보상법 제21조 제1항).

---

55) 주로 확인행위설이 주장
56) 주로 형성행위설이 주장
57) 1. 사업시행자의 성명 또는 명칭 및 주소 2. 사업의 종류 및 명칭 3. 사업예정지 4. 사업인정을 신청하는 사유

3. 내용 요건

① 해당 사업이 공익사업을 위한 토지 등의 취득 및 보상에 관한 법률 제4조가 정하는 공익사업에 해당하여야 하고, ② 뿐만 아니라 그 사업이 공용수용을 할 만한 <u>공익성이 있는지의 여부</u>와 공익성이 있는 경우에도 그 사업의 내용과 방법에 관하여 사업인정에 관련된 자들의 이익을 <u>공익과 사익 사이에서는 물론, 공익 상호간 및 사익 상호간에도 정당하게 비교·교량하여야 하고, 그 비교·교량은 비례의 원칙에 적합하도록 하여야 한다</u>(대판 2011.1.27. 2009두1051). ③ 그리고 사업시행자에게 <u>해당 사업을 수행할 의사와 능력이 있어야 한다</u>(대판 2011.1.27. 2009두1051).

Ⅳ. 사업인정의 고시(통지)와 효과

1. 사업인정의 고시(통지)

(1) 장관의 고시와 통지

⑦ 국토교통부장관은 사업인정을 하였을 때에는 지체 없이 그 뜻을 사업시행자, 토지소유자 및 관계인, 관계 시·도지사에게 통지하고 사업시행자의 성명이나 명칭, 사업의 종류, 사업지역 및 수용하거나 사용할 토지의 세목을 관보에 고시하여야 한다. 그리고 사업인정의 사실을 통지받은 시·도지사(특별자치도지사는 제외한다)는 관계 시장·군수 및 구청장에게 이를 통지하여야 한다. 사업인정은 고시한 날부터 그 효력이 발생한다(토지보상법 제22조).

㉯ 여기서 '토지의 세목의 고시'는 사업인정에 의하여 지정된 범위 내에서 구체적으로 수용할 수 있는 목적물을 임시로 결정하는 행위이며, 이로써 목적물에 대하여 막연한 효력밖에 없었던 사업인정이 현실적으로 구체화된다.

(2) 사업인정고시의 법적 성질★[23 감평]

⑦ 사업인정고시의 법적 성질에 관해 ① ⓐ 사업인정과는 별도로 사업인정고시를 준법률행위적 행정행위인 통지라고 보는 견해와 ⓑ 사업인정의 요건 중 하나인 절차요건으로 보는 견해로 나누어진다. ② 사업인정고시는 사업인정처분의 한 구성요건으로 절차요건으로 보는 것이 타당하다. 다만, 사업인정고시는 사업인정의 절차요건이기도 하면서 효력발생요건이기도 하다(토지보상법 제22조).

㉯ 다만, 판례는 사업인정고시 절차를 누락한 경우 사업인정의 하자는 취소사유라고 한다(대판 2000.10.13. 2000두5142).

2. 사업인정(고시)의 효과★★★

(1) 토지수용권의 발생

사업인정이 고시됨으로써 사업시행자에게는 일정한 절차를 거칠 것을 조건으로 목적물을 수용할 수 있는 권한이 부여된다(토지보상법 제20조 참조). 즉, <u>사업시행자는 목적물에 관한 현</u>

재 및 장래의 권리자에게 대항할 수 있는 공법상의 권리를 취득한다(대판 1987.9.8. 87누395).

(2) 수용목적물의 확정

국토교통부장관이 사업인정을 고시할 때 토지세목을 함께 고시하도록 하고 있다(토지보상법 제22조). 따라서 사업인정이 고시되면 수용의 목적물은 확정된다.

(3) 토지 등의 보전의무

㈎ 사업인정고시가 된 후에는 누구든지(토지소유자나 관계인에 한정되지 않는다) 고시된 토지에 대하여 사업에 지장을 줄 우려가 있는 형질의 변경이나 물건을 손괴하거나 수거하는 행위를 하지 못한다(토지보상법 제25조 제1항).

㈏ 사업인정고시가 된 후에 고시된 토지에 건축물의 건축·대수선, 공작물(工作物)의 설치 또는 물건의 부가(附加)·증치(增置)를 하려는 자는 특별자치도지사, 시장·군수 또는 구청장의 허가를 받아야 한다. 이 경우 특별자치도지사, 시장·군수 또는 구청장은 미리 사업시행자의 의견을 들어야 한다(토지보상법 제25조 제2항).

㈐ 시장 등의 허가 없이 건축물의 건축·대수선, 공작물의 설치 또는 물건의 부가·증치를 한 토지소유자 또는 관계인은 해당 건축물·공작물 또는 물건을 원상으로 회복하여야 하며 이에 관한 손실의 보상을 청구할 수 없다(토지보상법 제25조 제3항).

(4) 토지·물건 측량·조사권의 발생

사업인정이 고시되면 사업시행자 등에게는 일정한 토지 및 물건에 관한 출입 및 측량·조사권이 부여된다(토지보상법 제27조 참조).

(5) 관계인의 범위 제한

사업인정의 고시가 된 후에 권리를 취득한 자는 기존의 권리를 승계한 자를 제외하고는 관계인에 포함되지 않는다(토지보상법 제2조 제5호). 이는 사업인정에 의해 수용이 예정된 이상 새롭게 권리를 설정한 자를 수용절차에서 보호할 필요가 없으며, 법률관계가 복잡해지기 때문이다.

(6) 사업시행자의 토지조서·물건조서의 작성의무

협의에 의한 취득 또는 사용을 위해 토지조서 및 물건조서를 작성하였다고 하여도 사업인정 이후 조서를 다시 작성해야 한다(토지보상법 제26조 제1항). 다만 협의에 의한 취득 또는 사용을 위해 작성한 토지조서 및 물건조서의 내용에 변동이 없는 경우에는 작성절차를 생략할 수 있다(토지보상법 제26조 제2항).

V. 사업인정의 실효

1. 재결신청기간 경과로 인한 사업인정의 실효와 손실보상

(1) 사업인정의 실효

㈎ 사업시행자가 사업인정의 고시가 된 날부터 1년 이내에 토지소유자 등과 협의가 성립되지 아니하거나 협의를 할 수 없음에도 재결신청을 하지 아니한 경우에는 사업인정고시가 된 날부터 1년이 되는 날의 다음 날에 사업인정은 그 효력을 상실한다(토지보상법 제23조 제1항). 이는 사업인정의 효력기간을 한정함으로써 사업시행을 지연함에 따른 토지소유자 등의 불안정한 상태를 해소하고 사업시행자로 하여금 공익사업을 조속히 시행하도록 촉구하기 위한 것이다.

㈏ 사업인정의 실효 사유인 <u>토지보상법 제23조 제1항의 '사업시행자가 사업인정의 고시가 된 날부터 1년 이내에 … 재결신청을 하지 아니한 경우'에는 토지보상법 제42조 제1항에 따라 사업시행자가 재결된 보상금을 그 수용 등의 개시일까지 지급 또는 공탁하지 않아 수용재결이 실효된 경우도 포함된다</u>(대판 1987.3.10. 84누158). 즉, 사업시행자가 재결된 보상금을 지급하지 않아 수용재결이 실효되었다면 재결신청도 실효된 것이므로 이 경우도 역시 사업시행자가 사업인정의 고시가 된 날로부터 1년 이내에 재결을 신청하지 않은 경우에 해당하기 때문이다.

(2) 손실 보상

사업시행자는 사업인정이 실효됨으로 인하여 토지소유자나 관계인이 입은 손실을 보상하여야 한다(토지보상법 제23조 제2항). 손실의 보상은 손실이 있음을 안 날부터 1년이 지났거나 손실이 발생한 날부터 3년이 지난 후에는 청구할 수 없다. 그리고 그에 따른 손실의 보상은 사업시행자와 손실을 입은 자가 협의하여 결정한다. 협의가 성립되지 아니하면 사업시행자나 손실을 입은 자는 대통령령으로 정하는 바에 따라 토지보상법 제51조에 따른 관할 토지수용위원에 재결을 신청할 수 있다(토지보상법 제23조 제3항, 제9조 제5항에서 제7항).

2. 사업의 폐지와 변경으로 인한 사업인정의 실효와 손실보상

(1) 사업인정의 실효

사업인정고시가 된 후 사업의 전부 또는 일부를 폐지하거나 변경함으로 인하여 토지 등의 전부 또는 일부를 수용하거나 사용할 필요가 없게 되었을 때에는 사업시행자는 지체 없이 사업지역을 관할하는 시·도지사에게 신고하고, 토지소유자 및 관계인에게 이를 통지하여야 한다. 이때 시·도지사는 사업의 전부 또는 일부가 폐지되거나 변경된 내용을 관보에 고시해야 하는데, 이 고시가 된 날부터 그 고시된 내용에 따라 사업인정의 전부 또는 일부는 그 효력을 상실한다(토지보상법 제24조 제1항·제2항·제5항). 이는 사업인정 이후 해당 사업이 폐지 또는 변경 등으로 인해 해당 토지 등이 필요 없게 된 경우에도 토지소유자에게 조속히

사업인정 이전의 상태로 회복할 필요가 있기 때문에 사업인정의 효력을 상실하게 하여 국민의 재산권을 보호하기 위한 제도이다.

(2) 손실 보상

사업시행자는 사업의 전부 또는 일부를 폐지·변경함으로 인하여 토지소유자 또는 관계인이 입은 손실을 보상하여야 한다. 손실의 보상은 손실이 있음을 안 날부터 1년이 지났거나 손실이 발생한 날부터 3년이 지난 후에는 청구할 수 없다. 그리고 그에 따른 손실의 보상은 사업시행자와 손실을 입은 자가 협의하여 결정한다. 협의가 성립되지 아니하면 사업시행자나 손실을 입은 자는 대통령령으로 정하는 바에 따라 토지보상법 제51조에 따른 관할 토지수용위원에 재결을 신청할 수 있다(토지보상법 제24조 제6항·제7항, 제9조 제5항에서 제7항).

Ⅵ. 사업인정에 대한 불복

1. 항고소송

(1) 대상적격

사업인정이 고시되면 수용목적물의 범위가 결정되고, 토지소유자 등에게 토지의 보전의무가 부과되며, 사업시행자에게 토지물건조사권이 주어지고 공용수용권이 부여된다. 따라서 사업인정은 행정소송법 제2조 제1항의 '행정청이 행하는 구체적 사실에 관한 법집행으로서의 공권력의 행사'에 해당하는 처분이다. 따라서 항고소송의 대상이 된다.

(2) 원고적격

사업인정처분(거부처분)의 취소를 구할 법률상 이익이 있는 자에게는 원고적격이 인정된다(행정소송법 제12조 제1문). 즉, 사업인정처분의 직접 상대방인 사업시행자 뿐만 아니라 법률상 이익을 가진 토지소유자나 관계인은 원고적격이 있다(대판 1973.7.30. 72누137).

(3) 제소기간★★

㈎ 판례는 「통상 고시 또는 공고에 의하여 행정처분을 하는 경우에는 그 처분의 상대방이 불특정 다수인이고, 그 처분의 효력이 불특정 다수인에게 일률적으로 적용되는 것이므로, 그에 대한 행정심판 청구기간도 그 행정처분에 이해관계를 갖는 자가 고시 또는 공고가 있었다는 사실을 현실적으로 알았는지 여부에 관계없이 고시가 효력을 발생하는 날에 행정처분이 있음을 알았다(대판 2000.9.8. 99두11257)」고 본다.

㈏ 따라서 사업인정의 경우 공익사업을 위한 토지 등의 취득에 관한 법률 제22조 제3항이 그 고시일에 그 효력이 발생하는 것으로 규정하고 있으므로, 사업인정에 대한 취소소송은 행정소송법 제20조 제1항 본문 규정에 따라 그 고시한 날부터 90일 이내에 취소소송을 제기하여야 한다.

2. 하자의 승계*** [16 감평] [20 변시]

사업인정처분에 위법이 있는 경우 사업인정처분을 직접 다투는 것은 문제가 없으나, 후속처분인 수용재결을 다투는 취소소송에서 사업인정처분의 위법을 주장할 수는 없다. 즉, 사업인정처분의 하자는 수용재결에 승계되지 않는다.[58]

Ⅶ. 사업인정 의제**

1. 의의

사업인정 의제란 개별법률상의 일정한 행위가 있는 경우 토지보상법에 규정하는 사업인정을 받은 것으로 간주하는 것을 말한다. 행정기본법은 "인허가의제"를 하나의 인허가(주된 인허가)를 받으면 법률로 정하는 바에 따라 그와 관련된 여러 인허가(관련 인허가)를 받은 것으로 보는 것을 말한다고 규정한다(행정기본법 제24조 제1항).

2. 사업인정 의제에 대한 규제

(1) 토지등의 수용·사용에 관한 특례의 제한

① 토지보상법 제4조 제8호는 '그 밖에 별표에 규정된 법률에 따라 토지등을 수용하거나 사용할 수 있는 사업'을 규정하고, '[별표] '그 밖에 별표에 규정된 법률에 따라 토지등을 수용하거나 사용할 수 있는 사업' 제2호에서 사업인정이 의제되는 사업을 구체적으로 열거하였다. ② 그리고 동법 제4조의2는 제1항에서 '이 법에 따라 토지등을 수용하거나 사용할 수 있는 사업은 제4조 또는 별표에 규정된 법률에 따르지 아니하고는 정할 수 없다', 제2항은 '별표는 이 법 외의 다른 법률로 개정할 수 없다'고 규정하였다.

(2) 중앙토지수용위원회의 공익사업 신설 등에 대한 개선요구권

중앙토지수용위원회는 제4조 제8호에 따른 사업의 신설, 변경 및 폐지, 그 밖에 필요한 사항에 관하여 심의를 거쳐 관계 중앙행정기관의 장에게 개선을 요구하거나 의견을 제출할 수 있다(토지보상법 제4조의3 제1항). 개선요구나 의견제출을 받은 관계 중앙행정기관의 장은 정당한 사유가 없으면 이를 반영하여야 한다(토지보상법 제4조의3 제2항). 그리고 중앙토지수용위원회는 개선요구·의견제출을 위하여 필요한 경우 관계 기관 소속 직원 또는 관계 전문기관이나 전문가로 하여금 위원회에 출석하여 그 의견을 진술하게 하거나 필요한 자료를 제출하게 할 수 있다(토지보상법 제4조의3 제3항).

---

[58] 건설부장관이 위와 같은 절차를 누락한 경우 이는 절차상의 위법으로서 수용재결 단계 전의 <u>사업인정 단계에서 다툴 수 있는 취소사유에 해당하기는 하나</u>, 더 나아가 그 사업인정 자체를 무효로 할 중대하고 명백한 하자라고 보기는 어렵고, 따라서 이러한 위법을 들어 <u>수용재결처분의 취소를 구하거나 무효확인을 구할 수는 없다</u>(대판 2000.10.13. 2000두5142).

3. 사업인정 의제에 따른 특례

(1) 사업인정 절차에 대한 특례

개별법에서 사업인정이 의제되는 경우 많은 경우 사업인정 절차가 생략된다. 행정기본법도 제24조 제5항에서 원칙적으로 절차집중을 인정하고 있다. 다만 토지보상법 제21조 제2항은 "법률에 따라 사업인정이 있는 것으로 의제되는 공익사업의 허가·인가·승인권자 등은 사업인정이 의제되는 지구지정·사업계획승인 등을 하려는 경우 제1항에 따라 제49조에 따른 중앙토지수용위원회와 협의하여야 하며, 대통령령으로 정하는 바에 따라 사업인정에 이해관계가 있는 자의 의견을 들어야 한다"라고 규정한다.

(2) 재결신청기간의 특례

토지보상법 제28조 제1항은 재결신청기간을 사업인정고시가 있은 날부터 1년 이내로 규정하지만, 사업인정이 의제되는 사업은 개별법에서 대부분 재결신청기간을 사업시행기간 내로 정하고 있다. 이에 따라 사업시행자는 언제든 재결을 신청할 수 있고, 토지 소유자 등이 재산권의 제한을 받는 기간이 길어지는 부작용을 초래하기도 한다.

4. 사업인정 의제의 효과

사업인정이 의제되면 토지수용권의 발생, 수용목적물의 확정, 토지 등의 보전의무 등 사업인정의 효과가 발생한다.

5. 사업인정 의제제도의 문제점

(1) 토지소유자의 권리보호 문제

사업인정이 의제되면 사업인정 단계에서 토지소유자의 사업인정절차 참여권이 제한되어 권리보호에 문제가 발생할 수 있다.

(2) 토지보상법의 일반법적 지위의 문제

사업인정이 의제되는 범위가 확장되면 토지보상법이 가지는 수용과 사용에 관한 일반법적 지위가 몰각될 수 있다.

6. 관련 논점

(1) 주된 인·허가가 거부된 경우

개별법상의 주된 인·허가를 거부하면서 그 사유로 개별법상의 거부사유뿐만 아니라 사업인정의 거부사유를 함께 제시한 경우, <u>주된 인·허가 거부처분을 대상으로 쟁송을 제기하여야 한다</u>(대판 2001.1.16. 99두10988).

(2) 주된 인·허가를 인용한 후, 의제된 인·허가취소 및 주된 인·허가취소를 한 경우 항고소송의 대상과 권리보호필요성

<u>산지전용허가 등이 의제되는 사업계획을 승인하면서</u> 산지전용허가와 관련하여 재해방지

등 명령을 이행하지 아니한 경우 산지전용허가를 취소할 수 있다는 조건을 첨부하였는데, <u>갑 회사가 재해방지 조치를 이행하지 않았다는 이유로 산지전용허가 취소를 통보하고</u>, 이어 토지의 형질변경 허가 등이 취소되어 <u>공장설립 등이 불가능하게 되었다는 이유로 갑 회사에 사업계획승인을 취소한 사안에서, 산지전용허가 취소는 군수가 의제된 산지전용허가의 효력을 소멸시킴으로써 갑 회사의 구체적인 권리·의무에 직접적인 변동을 초래하는 행위로 보이는 점 등을 종합하면 의제된 산지전용허가 취소가 항고소송의 대상이 되는 처분에 해당하고</u>, 산지전용허가 취소에 따라 사업계획승인은 산지전용허가를 제외한 나머지 인·허가 사항만 의제하는 것이 되므로 사업계획승인 취소는 산지전용허가를 제외한 나머지 인·허가 사항만 의제된 사업계획승인을 취소하는 것이어서 <u>산지전용허가 취소와 사업계획승인 취소가 대상과 범위를 달리하는 이상, 원고로서는 사업계획승인 취소와 별도로 산지전용허가 취소를 다툴 필요가 있다</u>(대판 2018.7.12. 2017두48734).

제2항 토지조서·물건조서의 작성, 보상계획의 공고(통지)와 열람

Ⅰ. 토지조서·물건조서의 작성

1. 의 의

㈎ '토지조서·물건조서'란 공익사업을 위해 수용 등을 필요로 하는 토지와 그 토지 위에 있는 물건의 내용을 사업시행자가 일정한 절차를 거쳐 작성하는 문서를 말한다. 토지조서·물건조서의 작성은 사업시행자의 의무이다.

㈏ 토지조서·물건조서의 작성은 재결절차 개시 전에 사업시행자로 하여금 미리 토지·물건에 대해 필요한 사정을 확인하고, 토지소유자 등에게도 토지·물건의 상황을 명백히 함으로써 차후 토지·물건의 상황에 대한 당사자 간의 분쟁을 예방하고 토지수용위원회의 심리와 재결절차를 용이하게 하는데 목적이 있다. 따라서 토지조서·물건조서는 수용목적물인 토지나 물건의 내용·수량 또는 면적 등에 관한 사실확인적인 의미를 가진다.

2. 토지조서·물건조서 작성의 절차

(1) 토지 및 물건에 관한 출입·측량 및 조사권

1) 의 의

㈎ 사업인정의 고시가 된 후에는 사업시행자 또는 감정평가를 의뢰받은 감정평가법인 등은 다음 각 호[59])에 해당하는 경우에는 해당 토지나 물건에 출입하여 측량하거나 조사할 수 있다. 이 경우 사업시행자는 해당 토지나 물건에 출입하려는 날의 5일 전까지 그 일시

---

59) 1. 사업시행자가 사업의 준비나 토지조서 및 물건조서를 작성하기 위하여 필요한 경우 2. 감정평가법인 등이 감정평가를 의뢰받은 토지 등의 감정평가를 위하여 필요한 경우

및 장소를 토지점유자에게 통지하여야 한다(토지보상법 제27조 제1항).

㈏ 이 경우 공익사업의 준비에서의 출입·측량 조사 규정을 준용한다(토지보상법 제27조 제2항·제9조). 따라서 사업시행자 또는 감정평가를 의뢰받은 감정평가법인 등이 토지나 물건에 출입하여 측량하거나 조사하려는 경우 증표 등을 휴대해야 하며, 이 경우 토지점유자는 정당한 사유 없이 사업시행자가 출입·측량 또는 조사하는 행위를 방해하지 못한다(토지보상법 제11조, 제13조 참조).

2) 사업준비를 위한 토지의 출입·측량 및 조사와의 차이★

㈎ 토지보상법은 사업준비를 위해 타인 토지의 출입 및 측량·조사를 규정하면서도(토지보상법 제9조), 사업인정 이후에도 토지조서와 물건조서를 작성하기 위해 타인 토지에 출입·측량 및 조사할 수 있음을 다시 규정하고 있다(토지보상법 제27조 제1항).

㈏ ① 사업인정 이후의 경우 사업준비를 위한 경우와 달리 시장 등의 허가 사항으로 규정하지 않고 간단한 절차로 규정하고 있으며,60) ② 사업준비를 위한 경우와 달리 조서작성을 위한 장해물 제거에 대한 규정도 없다.61)

3) 법적 성질★

토지보상법 제27조 제2항은 동법 제11조를 준용하므로 토지점유자는 정당한 사유 없이 사업시행자가 통지하고 출입·측량 또는 조사하는 행위를 방해하지 못한다. 이처럼 동 규정은 토지점유자의 인용의무(수인의무 내지 부작위의무)를 규정하고 있고, 토지보상법 제97조 제2호는 동법 제27조 제2항을 위반하여 사업시행자 또는 감정평가법인 등의 행위를 방해한 토지점유자에게 벌금을 과할 것을 규정하고 있는 바, 사업시행자가 타인점유 토지를 출입·측량 또는 조사하는 행위는 권력적 사실행위(권력적 조사)에 해당한다.

4) 손실의 보상

㈎ 사업시행자는 타인이 점유하는 토지에 출입하여 측량·조사함으로써 발생하는 손실62)을 보상하여야 한다(토지보상법 제27조 제4항).

㈏ 손실의 보상은 손실이 있음을 안 날부터 1년이 지났거나 손실이 발생한 날부터 3년이 지난 후에는 청구할 수 없다. 그리고 그에 따른 손실의 보상은 사업시행자와 손실을 입은 자가 협의하여 결정한다. 협의가 성립되지 아니하면 사업시행자나 손실을 입은 자는 대통령령으로 정하는 바에 따라 토지보상법 제51조에 따른 관할 토지수용위원회에 재결을 신청할 수 있다(토지보상법 제27조 제5항, 토지보상법 제9조 제5항부터 제7항 참조).

---

60) 이는 사업인정으로 해당 사업이 공익사업임이 확인되었고 사업시행자에게 수용권이 부여되었기 때문이다.
61) 그렇지만 학설은 해석상 이를 인정하고 있다.
62) 감정평가법인 등이 제1항 제2호에 따른 감정평가를 위하여 측량·조사함으로써 발생하는 손실을 포함한다.

(2) 토지조서·물건조서의 작성과 이의신청

1) 토지조서·물건조서의 작성

협의에 의한 취득 또는 사용을 위해 토지조서 및 물건조서를 작성하였다고 하여도 사업인정 이후 조서를 다시 작성해야 한다(토지보상법 제26조 제1항). 다만 협의에 의한 취득 또는 사용을 위해 작성한 토지조서 및 물건조서의 내용에 변동이 없는 경우에는 작성절차를 생략할 수 있다(토지보상법 제26조 제2항). 조서의 작성시기에 대한 명문의 규정은 없으나, 조서가 재결의 기초가 된다는 점에서 재결 신청 전까지만 작성하면 된다.

2) 이의신청

사업인정고시가 된 후에는 토지조서 및 물건조서의 내용에 대하여 이의(異議)가 있는 토지소유자 또는 관계인은 보상계획의 열람기간인 14일 이내에 사업시행자에게 서면으로 이의를 제기할 수 있다(토지보상법 제27조 제3항 본문, 제15조 제3항 참조).

3. 토지조서·물건조서의 효력

(1) 진실의 추정력

㈎ 토지조서나 물건조서는 그것을 작성한 당시의 토지나 물건의 현상을 증명하고 토지수용위원회가 재결을 하는 과정에서 당사자 간의 분쟁을 해결하는 증거방법이기 때문에 별도의 입증이 없이도 진정한 것으로 추정되는 효력(진실의 추정력)을 가진다. 토지조서나 물건조서의 효력이 미치는 대상자는 사업시행자와 토지소유자 및 관계인이다.

㈏ ① 그러나 토지조서나 물건조서의 내용에 대해 열람기간인 14일 이내에 이의를 제기할 수 있는데(토지보상법 제27조 제3항 본문, 제15조 제3항 참조), 이 경우 이의를 제기한 자에 대해서는 추정력이 차단된다. ② 또한 토지조서 및 물건조서의 내용이 진실과 다르다는 것을 입증한 때에도 추정력은 차단된다(토지보상법 제27조 제3항 단서).

(2) 절차상 하자 있는 조서

1) 절차상 하자 있는 조서의 효력

<u>토지수용을 함에 있어 절차상 하자 있게 작성된 토지조서는 토지조서로서의 효력이 부인되어 조서의 기재에 대한 증명력에 관하여 추정력이 인정되지 않는다</u>(대판 1993.9.10. 93누5543).

2) 절차상 하자 있는 조서에 따른 재결의 효력

다수설과 판례는 <u>조서의 효력은 토지수용위원회의 심리를 위해 중요한 방법이지만 유일한 증거방법은 아니며 그 기재내용에 토지수용위원회의 사실인정을 구속하는 법률상 힘이 있는 것은 아니라는 점을 근거로 조서 작성에 절차상 하자가 있다고 하더라도 재결이 위법하게 되지는 않는다고 본다</u>(대판 1990.1.23. 87누947).

Ⅱ. 보상계획의 공고(통지)와 열람, 이의신청

1. 보상계획의 공고 및 통지
사업시행자는 토지조서와 물건조서를 작성하였을 때에는 공익사업의 개요, 토지조서 및 물건조서의 내용과 보상의 시기·방법 및 절차 등이 포함된 보상계획을 전국을 보급지역으로 하는 일간신문에 공고하고, 토지소유자 및 관계인에게 각각 통지하여야 한다(토지보상법 제26조 제1항, 제15조 제1항).

2. 보상계획의 열람
사업시행자는 보상계획의 공고나 통지를 하였을 때에는 그 내용을 14일 이상 일반인이 열람할 수 있도록 하여야 한다(토지보상법 제26조 제1항, 제15조 제2항).

3. 보상계획에 대한 이의신청
보상계획의 내용에 대하여 이의가 있는 토지소유자 또는 관계인은 보상계획의 열람기간인 14일 이내에 사업시행자에게 서면으로 이의를 제기할 수 있다(토지보상법 제26조 제1항, 제15조 제3항).

제3항 (사업인정 후) 협의

1. 의 의
㈎ '협의'란 사업시행자가 공익사업에 제공될 토지 등에 관한 권리를 취득하거나 소멸시키기 위해 토지소유자 및 관계인과 합의하는 것을 말한다.

㈏ 수용 등에 의한 강제취득보다는 합의를 통해 토지 등을 취득함으로써 비례원칙을 지키고 신속하게 공익사업을 진행하기 위한 절차이다.

2. 법적 성질*
(1) 문제점
사업인정 후 협의도 수용재결과는 달리 쌍방의 합의에 의해 이루어지지만, 공법관계인지 사법관계인지가 문제된다.

(2) 학 설
1) 사법상 계약설
협의는 사업시행자가 토지소유자 등과 대등한 지위에서 행하는 합의이므로 사법상 계약과 동일한 성질을 가진다는 입장이다.

2) 공법상 계약설
협의는 사업시행자가 사업인정으로 수용권을 취득한 이후의 문제이고, 협의가 성립되지 않으면 재결에 의해 수용이 이루어진다는 점에서 공법상 계약이라는 입장이다(다수설).

(3) 판 례

판례는 사법상 계약으로 보고 있는 것 같다.[63]

(4) 검 토

협의는 수용권의 주체인 사업시행자가 수용권을 실행하는 방법이기 때문에 공법상 계약으로 보는 것이 타당하다.

3. 협의의 범위와 내용

㈎ 협의는 토지조사와 물건조서의 범위 내에서 이루어져야 한다.

㈏ 협의 할 내용은 토지보상법 제50조 제1항의 재결사항[64]과 거의 같다.

4. 협의의 절차

(1) 협의의 만료일

토지보상법 제28조 제1항이 '협의가 성립되지 아니하거나 협의를 할 수 없을 때[65]에는 사업시행자는 사업인정고시가 된 날부터 1년 이내에 대통령령으로 정하는 바에 따라 관할 토지수용위원회에 재결을 신청할 수 있다'고 규정하기 때문에 사업인정 후 협의는 재결신청기간인 사업인정고시가 된 날로부터 1년 이내에 해야 한다.

(2) 토지소유자 등에게 통지

사업시행자는 협의를 하려는 경우에는 국토교통부령으로 정하는 보상협의요청서에 다음 각 호의 사항[66]을 적어 토지소유자 및 관계인에게 통지하여야 한다(토지보상법 시행령 제8조 제1항).

(3) 협의기간

협의기간은 특별한 사유가 없으면 30일 이상으로 하여야 한다(토지보상법 시행령 제8조 제3항).

(4) 협의경위서의 작성

사업시행자와 토지소유자 등 간에 협의가 성립되면 수용절차는 종료된다. 다만, 협의기간에 협의가 성립되지 아니한 경우에는 사업시행자는 국토교통부령으로 정하는 협의경위서

---

63) 공공사업의 시행자가 토지수용법에 의하여 그 사업에 필요한 토지를 취득하는 경우 그것이 협의에 의한 취득이고 토지수용법 제25조의2의 규정에 의한 협의 성립의 확인이 없는 이상, 그 취득행위는 어디까지나 사경제 주체로서 행하는 사법상의 취득으로서 승계취득한 것으로 보아야 할 것이다(대판 1996.2.13. 95다3510).
64) 1. 수용하거나 사용할 토지의 구역 및 사용방법 2. 손실보상 3. 수용 또는 사용의 개시일과 기간 4. 그 밖에 이 법 및 다른 법률에서 규정한 사항
65) 제26조 제2항 단서에 따른 협의 요구가 없을 때를 포함한다.
66) 1. 협의기간·협의장소 및 협의방법 2. 보상의 시기·방법·절차 및 금액 3. 계약체결에 필요한 구비서류

에 다음 각 호의 사항67)을 적어 토지소유자 및 관계인의 서명 또는 날인을 받아야 한다(토지보상법 시행령 제8조 제5항).

5. 협의의 효과★

(1) 협의가 성립된 경우

협의가 성립되면 토지수용절차는 종료되고 협의의 내용에 따라 수용의 효과가 발생한다. 따라서 피수용자는 토지 등을 인도·이전할 의무를 부담하고, 사업시행자는 목적물을 승계취득한다.68)

(2) 협의가 불성립된 경우

사업인정 후 협의가 불성립되면 사업시행자는 재결을 신청할 수 있고, 토지소유자 등은 재결신청을 청구할 수 있다(토지보상법 제28조, 제30조 참조).

6. 사업인정 전 협의와 사업인정 후 협의★★★ [14 감평] [19 감평]

토지보상법은 제14조 내지 제16조에서 협의에 의한 취득 등을 규정하고, 동법 제26조에서 사업인정을 받은 사업시행자의 협의 절차를 제14조 내지 제16조를 준용하도록 규정하고 있다.

(1) 사업인정 전 협의와 사업인정 후 협의의 차이점

1) 법적 성질

① 사업인정 전의 협의는 사법상 계약이라는 것이 다수설이지만, ② 사업인정 후의 협의는 공법상 계약이라는 것이 다수설이다. 다만, 판례는 양자를 모두 사법상 계약으로 본다.

2) 필수절차 여부

① 사업인정 전의 협의취득은 임의적이나, ② 사업인정 후의 협의는 필수절차이다. 따라서 협의를 거치지 않은 재결은 위법하다. 하지만 그 하자의 정도는 취소사유이다(토지보상법 제16조, 제26조 참조).69)

3) 확인제도의 유무

① 사업인정 전의 협의취득은 협의성립확인제도가 없으나, ② 사업인정 후의 협의는 협의성립확인제도를 두고 있다(토지보상법 제29조 참조)(후술).

---

67) 1. 협의의 일시·장소 및 방법 2. 대상 토지의 소재지·지번·지목 및 면적과 토지에 있는 물건의 종류·구조 및 수량 3. 토지소유자 및 관계인의 성명 또는 명칭 및 주소 4. 토지소유자 및 관계인의 구체적인 주장내용과 이에 대한 사업시행자의 의견 5. 그 밖에 협의와 관련된 사항

68) 관할 토지수용위원회의 확인을 받지 아니한 경우에 기업자가 토지소유권을 취득하기 위하여는 법률행위로 인한 부동산물권변동의 일반원칙에 따라 소유권이전등기를 마쳐야 하고, 소유권이전등기를 마치지 아니하고도 토지소유권을 원시취득하는 것은 아니다(대판 1997.7.8. 96다53826).

69) 기업자가 토지소유자와 협의를 거치지 아니한 채 토지의 수용을 위한 재결을 신청하였다는 등의 하자들 역시 절차상 위법으로서 이의재결의 취소를 구할 수 있는 사유가 될지언정 당연무효의 사유라고 할 수는 없다(대판 1993.8.13. 93누2148).

4) 협의의 효과

　a. 협의가 성립된 경우

　　협의가 성립되면 사업인정 전 협의든 사업인정 후 협의든 모두 사업시행자는 목적물을 승계취득한다. 다만, 사업인정 후 협의가 성립되어 협의 성립확인절차를 거치면 그러한 확인은 재결로 보기 때문에 이 경우는 원시취득이 된다(토지보상법 제29조 제4항)(대판 1994.6.28. 94누2732).

　b. 협의가 불성립된 경우

　　① 사업인정 전 협의가 불성립되면 사업시행자는 국토교통부장관에게 사업인정을 신청할 수 있고, ② 사업인정 후 협의가 불성립되면 사업시행자는 재결을 신청할 수 있고, 토지소유자 등은 재결신청을 청구할 수 있다(토지보상법 제28조, 제30조 참조).

(2) 사업인정 전 협의와 사업인정 후 협의의 관계

　사업인정 후 협의절차는 필수절차이지만, ① 사업인정 이전에 협의절차를 거쳤으나 협의가 성립되지 아니하고 ② 사업인정을 받은 사업으로서 토지조서 및 물건조서의 내용에 변동이 없을 때에는 협의절차를 거치지 아니할 수 있다. 다만, 사업시행자나 토지소유자 및 관계인이 협의를 요구할 때에는 협의하여야 한다(토지보상법 제26조 제2항).

 쟁점 ── **협의 성립 확인**★★★ [19 감평]

1. 의 의

　'협의 성립 확인'이란 협의가 성립된 경우 사업시행자가 해당 토지소유자 및 관계인의 동의를 받아 관할 토지수용위원회의에 협의 성립의 확인을 받는 것을 말한다(토지보상법 제29조).

2. 법적 성질

　㈎ 협의 성립을 확인하는 것은 토지수용위원회의 의사표시가 아니라 판단 내지 인식의 표시에 대해 토지보상법이 일정한 법적 효과를 부여하는 준법률행위적 행정행위이다. 특히 특정의 사실 또는 법률관계의 존재 여부에 관해 의문이 있거나 다툼이 있는 경우에 공권적으로 판단하여 이것을 확정하는 행위로 확인행위에 해당한다.

　㈏ 그리고 확인행위는 판단작용으로서 객관적 진실에 따라 결정되므로 성질상 기속행위이다.

　㈐ 사업시행자는 협의 성립의 확인을 반드시 신청하여야 하는 것은 아니며 신청 여부를 선택할 수 있다(토지보상법 제29조 제1항 참조).

3. 확인 신청의 요건(토지보상법 제29조 제1항)

　① 협의 성립의 확인을 신청하려면 먼저 당사자 간에 협의가 성립되어야 한다.

② 사업시행자만 신청이 가능하다.

③ 사업인정고시가 된 날로부터 1년 이내에 신청하여야 한다(토지보상법 제29조 제1항, 제28조 제1항 참조).

④ 사업시행자는 토지소유자와 관계인의 동의를 받아야 한다. <u>여기서 '토지소유자'는 토지의 진정한 소유자를 말하며, 단순히 등기부상의 소유명의자를 말하는 것이 아니다</u>.[70]

⑤ 관할 토지수용위원회에 신청한다.

4. 확인의 방법

협의 성립의 확인은 일반적 확인 방법과 공증에 의한 확인 방법으로 이원화되어 있다.

(1) 일반적 확인

'일반적 확인'이란 사업시행자와 토지소유자 및 관계인 간에 협의가 성립되었을 때에는 사업시행자는 재결 신청기간 이내에 해당 토지소유자 및 관계인의 동의를 받아 관할 토지수용위원회에 협의 성립의 확인을 신청할 수 있고, 협의성립을 확인할 때 재결절차에 관한 사항을 준용하여 협의 성립을 확인하는 것을 말한다(토지보상법 제29조 제1항·제2항).

(2) 공증에 의한 확인

㈎ 사업시행자가 협의가 성립된 토지의 소재지·지번·지목 및 면적 등 협의성립확인신청서의 기재사항에 대하여 「공증인법」에 따른 공증을 받아 협의 성립의 확인을 신청하였을 때에는 관할 토지수용위원회가 이를 수리함으로써 협의 성립이 확인된 것으로 본다(토지보상법 제29조 제3항).

㈏ 공증에 의한 확인의 경우는 확인을 조속히 하고자 하는 경우이므로 재결절차에 관한 사항을 준용하지 않는다.

5. 확인의 효과

(1) 수용재결로 간주, 확정력의 발생

협의 성립 확인은 토지보상법상 재결로 보며 확정력을 갖고 있기 때문에, 사업시행자·토지소유자 및 관계인은 그 확인된 "협의의 성립이나 내용"을 다툴 수 없다(토지보상법 제29조 제4항). 일반적 확인과 공증에 의한 확인이 모두 포함된다.

---

[70] <u>토지보상법 제29조 제3항에 따른 협의 성립의 확인 신청에 필요한 동의의 주체인 토지소유자는 협의 대상이 되는 '토지의 진정한 소유자'를 의미한다고 보아야 한다. 따라서 사업시행자가 진정한 토지소유자의 동의를 받지 못한 채 단순히 등기부상 소유명의자의 동의만을 얻은 후 관련 사항에 대한 공증을 받아 토지보상법 제29조 제3항에 따라 협의 성립의 확인을 신청하였음에도 토지수용위원회가 그 신청을 수리하였다면, 그 수리 행위는 다른 특별한 사정이 없는 한 토지보상법이 정한 소유자의 동의 요건을 갖추지 못한 것으로서 위법하다</u>(대판 2018.12.13. 2016두51719).

(2) 목적물의 원시취득

협의 성립확인절차를 거치면 그러한 확인은 재결로 보기 때문에 이 경우는 사업시행자는 목적물을 원시취득한다(대판 1994.6.28. 94누2732).

(3) 실질적 존속력(불가변력)의 발생

㈎ 협의 성립의 확인은 준법률행위적 행정행위로 확인행위에 해당한다. 이러한 준법률행위적 행정행위인 확인행위에 실질적 존속력[71]을 인정하려는 소수견해가 있다.

㈏ 이러한 소수견해에 따른다면, 협의 성립을 확인한 토지수용위원회는 자신의 협의 성립 확인행위에 하자가 있음을 알았다고 하더라도 스스로 확인행위를 직권취소하거나 철회할 수 없다.

6. 확인의 실효

협의 성립확인은 토지보상법상 재결로 간주되므로, 재결의 실효사유는 협의 성립확인의 실효사유이기도 하다(토지보상법 제42조의 재결의 실효 참조). 따라서 협의 성립 확인을 받은 후에도 협의에서 정한 보상일까지 사업시행자가 보상금을 지급하지 않으면 확인행위의 효력은 상실된다. 다만, 확인의 효력만 실효될 뿐 협의 자체의 효력은 유지된다.

7. 확인에 대한 불복

㈎ 협의 성립 '확인(거부)행위'는 재결로 보기 때문에 그에 대한 불복 수단은 재결에 대한 것과 같다. 즉, 관할 토지수용위원회에 이의신청을 하거나 행정소송을 제기할 수 있다(토지보상법 제83조 내지 제85조).

㈏ 그리고 협의 성립 확인행위는 확정력을 갖고 있기 때문에 사업시행자·토지소유자 및 관계인은 바로 확인된 "협의"의 성립이나 내용을 다툴 수는 없고(토지보상법 제29조 제4항), 만일 다투려 한다면 "확인행위"에 대해 행정쟁송을 먼저 제기하여 그 효력을 소멸시킨 후라야 협의의 성립이나 내용을 다툴 수 있다.

제4항 재결(수용재결)

Ⅰ. 의 의

'재결'이란 협의가 성립되지 않거나 협의를 할 수 없는 경우 행하는 공용수용의 종국적인 절차로, 사업시행자에게 수용권 자체를 부여하는 것이 아니라 토지수용위원회가 사업시행자에게 부여된 수용권의 구체적인 내용을 결정하고 그 실행을 완성시키는 형성적 행정행위를 말한다.

---

71) 행정행위에 원시적인 흠이나 후발적 사유가 있으면 처분청은 이를 취소(변경)·철회할 수 있지만, 일부의 행정행위는 그 행정행위를 발령한 행정청도 직권으로 취소(변경)·철회할 수 없는 구속력

Ⅱ. 재결신청

1. 사업시행자의 재결신청

(1) 재결신청의 요건

협의가 성립되지 아니하거나 협의를 할 수 없을 때72)에는 사업시행자는 관할 토지수용위원회에 재결을 신청할 수 있다(토지보상법 제28조 제1항).

1) 협의가 성립되지 아니하거나 협의를 할 수 없을 때

㈎ '협의가 성립되지 아니한 때'에는 사업시행자가 토지소유자 등과 토지보상법에서 정한 <u>협의절차를 거쳤으나 보상액 등에 관하여 협의가 성립하지 아니한 경우는 물론 토지소유자 등이 손실보상대상에 해당한다고 주장하며 보상을 요구하는데도 사업시행자가 손실보상대상에 해당하지 아니한다며 보상대상에서 이를 제외한 채 협의를 하지 않아 결국 협의가 성립하지 않은 경우도 포함된다</u>(대판 2011.7.14. 2011두2309).

㈏ '협의를 할 수 없을 때'란 피수용자가 행방불명인 경우, 사업시행자가 과실 없이 피수용자를 알 수 없는 경우, 목적물이 분쟁 중에 있어 누가 피수용자인지 판단하기 곤란한 경우 등이 포함될 수 있다.

2) 사업시행자의 재결신청

재결신청권은 사업시행자에게만 인정되고 피수용자에게는 인정되지 않는다.

(2) 재결신청 기간

사업인정고시가 된 날부터 1년 이내에 관할 토지수용위원회에 재결을 신청할 수 있다(토지보상법 제28조 제1항).

2. 토지소유자 등의 재결신청청구**

(1) 의의, 인정근거

㈎ 사업인정 후 협의가 성립되지 아니한 경우 토지소유자와 관계인이 사업시행자에게 재결을 신청할 것을 청구하는 것을 말한다(토지보상법 제30조 제1항).

㈏ 토지수용법이 토지소유자 등에게 재결신청의 청구권을 부여한 이유는, 협의가 성립되지 아니한 경우 <u>시행자는 사업인정의 고시 후 1년 이내에는 언제든지 재결을 신청할 수 있는</u> 반면 <u>토지소유자는 재결신청권이 없으므로, 수용을 둘러싼 법률관계의 조속한 확정을 바라는 토지소유자 등의 이익을 보호함과 동시에 수용당사자 간의 공평을 기하기 위한 것</u>이다(대판 1993.8.27. 93누9064).

---

72) 제26조 제2항 단서에 따른 협의 요구가 없을 때를 포함한다.

(2) 재결신청청구의 요건

　1) 재결신청청구의 주체

　　재결신청청구의 청구인은 토지소유자와 관계인이다.

　2) 재결신청청구의 상대방

　　토지소유자 및 관계인은 재결신청을 청구하려는 경우에는 일정한 사항을 적은 재결신청청구서를 사업시행자에게 제출하여야 한다(토지보상법 시행령 제14조 제1항).

　3) 재결신청청구의 사유

　　㈎ 사업인정고시가 된 후 협의가 성립되지 아니하였을 때 토지소유자 등은 사업시행자에게 재결신청을 청구할 수 있다(토지보상법 제30조 제1항). 토지소유자 등의 재결신청청구는 사업시행자의 재결신청(협의가 성립되지 아니하거나 협의를 할 수 없을 때)과는 달리 재결신청을 청구할 수 있는 경우를 사업시행자와 토지소유자 및 관계인 사이에 '협의가 성립하지 아니한 때'로 한정하고 있다.

　　㈏ 공익사업을 위한 토지 등의 취득 및 보상에 관한 법률 제30조 제1항에서 정한 '<u>협의가 성립되지 아니한 때</u>'에는 <u>토지소유자 등이 손실보상대상에 해당한다고 주장하며 보상을 요구하는데도 사업시행자가 손실보상대상에 해당하지 않는다며 보상대상에서 이를 제외한 채 협의를 하지 않아 결국 협의가 성립하지 않은 경우도 포함된다</u>(대판 2011.7.14. 2011두2309).

　　㈐ 사업시행자와 토지소유자 등의 협의기간은 특별한 사유가 없으면 30일 이상으로 하여야 한다(토지보상법 시행령 제8조 제3항).

　4) 청구기간

　　협의가 성립되지 않은 경우 재결신청을 청구하는 것이므로 사업시행자의 '재결신청'의 기간만료일과 토지소유자 등의 '재결신청청구'의 기간만료일은 같다. 따라서 재결신청청구의 기간만료일은 사업인정 고시 후 1년 이내이다(토지보상법 제28조 제1항 참조).

(3) 행사 효과

　1) 사업시행자의 재결신청의무

　　사업시행자는 재결신청청구를 받았을 때에는 그 청구를 받은 날부터 60일 이내에 관할 토지수용위원회에 재결을 신청하여야 한다(토지보상법 제30조 제2항).

　2) 사업시행자의 지연가산금 지급의무

　　사업시행자가 재결신청청구를 받은 날부터 60일을 넘겨서 재결을 신청하였을 때에는 그 지연된 기간에 대하여「소송촉진 등에 관한 특례법」제3조에 따른 법정이율을 적용하여 산정한 금액을 관할 토지수용위원회에서 재결한 보상금에 가산(加算)하여 지급하여야 한다(토지보상법 제30조 제3항).

(4) 재결신청 청구인의 권리구제

1) 사업시행자가 재결신청을 거부(부작위)하는 경우** [21 감평]

㉮ 사업시행자의 재결신청거부는 항고소송의 대상인 거부처분에 해당하고, 상대방의 권리의무에 직접 영향을 미치는 행위이므로 토지소유자 등은 사업시행자의 재결신청거부에 대해 취소소송 등을 제기할 수 있다.

㉯ 판례도「토지소유자나 관계인의 재결신청 청구에도 사업시행자가 재결신청을 하지 않을 때 토지소유자나 관계인은 사업시행자를 상대로 거부처분 취소소송 또는 부작위 위법확인소송의 방법으로 다투어야 한다. 구체적인 사안에서 토지소유자나 관계인의 재결신청 청구가 적법하여 사업시행자가 재결신청을 할 의무가 있는지는 본안에서 사업시행자의 거부처분이나 부작위가 적법한가를 판단하는 단계에서 고려할 요소이지, 소송요건 심사단계에서 고려할 요소가 아니다(대판 2019.8.29. 2018두57865)」고 본다.

㉰ 그리고 판례는 항고소송의 대상인 거부처분 성립에 신청권이 필요하다고 보지만, 토지보상법 제30조 제1항이 재결신청 청구를 명문으로 인정하기 때문에 법규상 신청권이 인정된다.

2) 지연가산금에 대한 소송

토지보상법 제30조 제3항에 따라 사업시행자가 재결신청기간을 넘겨서 재결을 신청한 경우 가산되는 지연가산금은 수용보상금에 대한 법정 지연손해금의 성격을 갖는 것이므로 이에 대한 불복은 수용보상금에 대한 불복절차에 의함이 상당하다. 따라서 지연가산금에 대한 불복은 보상금에 대한 사항이므로 그에 대한 소송은 보상금증감청구소송이 된다(대판 1997.10.24. 97다31175).

3. 재결 절차

(1) 관할 토지수용위원회에 재결신청서의 제출

사업시행자는 재결을 신청하는 경우에는 국토교통부령으로 정하는 재결신청서에 일정한 사항을 적어 관할 토지수용위원회에 제출하여야 한다(토지보상법 시행령 제12조 제1항). 재결의 신청은 관할 토지수용위원회에 신청해야 하며, 관할 위반이 된 토지수용위원회의 재결은 재결할 권한 없는 자의 행위로 그 재결은 무효이다.

(2) 공고 및 열람 등

토지수용위원회는 재결신청서를 접수하였을 때에는 대통령령으로 정하는 바에 따라 지체 없이 이를 공고하고, 공고한 날부터 14일 이상 관계 서류의 사본을 일반인이 열람할 수 있도록 하여야 한다. 그리고 토지수용위원회가 공고를 하였을 때에는 관계 서류의 열람기간 중에 토지소유자 또는 관계인은 의견을 제시할 수 있다(토지보상법 제31조).

(3) 심 리

　1) 심리의 개시

　　토지수용위원회는 열람기간이 지났을 때에는 지체 없이 해당 신청에 대한 조사 및 심리를 하여야 한다. 토지수용위원회는 심리를 할 때 필요하다고 인정하면 사업시행자, 토지소유자 및 관계인을 출석시켜 그 의견을 진술하게 할 수 있다. 그리고 토지수용위원회는 사업시행자, 토지소유자 및 관계인을 출석하게 하는 경우에는 사업시행자, 토지소유자 및 관계인에게 미리 그 심리의 일시 및 장소를 통지하여야 한다(토지보상법 제32조).

　2) 심리의 원칙

　　토지수용위원회의 심리는 서면주의·비공개주의·직권주의에 따른다.

Ⅲ. 재결(수용재결)

1. 재결기관

토지 등의 수용과 사용에 관한 재결을 하기 위하여 국토교통부에 중앙토지수용위원회를 두고, 특별시·광역시·도·특별자치도에 지방토지수용위원회를 둔다(토지보상법 제49조). 토지수용위원회는 독립한 합의제 행정청이다.

2. 재결의 형식과 송달

토지수용위원회의 재결은 서면으로 한다. 재결서에는 주문 및 그 이유와 재결일을 적고, 위원장 및 회의에 참석한 위원이 기명날인한 후 그 정본(正本)을 사업시행자, 토지소유자 및 관계인에게 송달하여야 한다(토지보상법 제34조).

3. 재결기간

토지수용위원회는 심리를 시작한 날부터 14일 이내에 재결을 하여야 한다. 다만, 특별한 사유가 있을 때에는 14일의 범위에서 한 차례만 연장할 수 있다(토지보상법 제35조).

4. 재결의 종류

재결은 각하재결, 기각재결 그리고 인용재결로 구분된다. 각하재결은 사업시행자의 재결신청이 토지보상법상 요건에 흠결이 있어 본안심리를 거절하는 재결이고, 기각재결은 본안심리의 결과 재결신청이 이유 없어 수용 또는 사용을 배척하는 재결이며, 인용재결은 사업시행자에게 강제적으로 토지나 토지의 사용권을 취득하게 하는 재결을 말한다.

5. 재결의 (내용상) 적법요건★★★

(1) 명문의 규정이 있는 경우

1) 재결사항과 범위

㈎ 토지수용위원회는 재결사항[73]을 심리한다(토지보상법 제50조 제1항). 그리고 토지수용위원회는 사업시행자, 토지소유자 또는 관계인이 신청한 범위에서 재결하여야 한다. 다만, 토지보상법 제50조 제1항 제2호의 손실보상의 경우에는 증액재결(增額裁決)을 할 수 있다(토지보상법 제50조 제2항).

㈏ 판례는 「지방토지수용위원회가 갑 소유의 토지 중 일부는 수용하고 일부는 사용하는 재결을 하면서 재결서에는 수용대상 토지 외에 사용대상 토지에 관해서도 '수용'한다고만 기재한 사안에서, … 위 재결 중 사용대상 토지에 관한 부분은 토지보상법 제50조 제1항에서 정한 사용재결의 기재사항에 관한 요건을 갖추지 못한 흠이 있어 사용재결로서는 위법하다(대판 2019.6.13. 2018두42641)」라고 보았다.

2) 재결의 경정과 유탈

a. 재결의 경정

재결에 계산상 또는 기재상의 잘못이나 그 밖에 이와 비슷한 잘못이 있는 것이 명백할 때에는 토지수용위원회는 직권으로 또는 당사자의 신청에 의하여 경정재결(更正裁決)을 할 수 있다(토지보상법 제36조 제1항).

b. 재결의 유탈

토지수용위원회가 신청의 일부에 대한 재결을 빠뜨린 경우에 그 빠뜨린 부분의 신청은 계속하여 그 토지수용위원회에 계속(係屬)된다(토지보상법 제37조). 토지수용위원회는 이 유탈된 부분에 대해 정당한 사유가 없는 한 재결을 하여야 한다.

(2) 수용권 남용의 경우 [17 감평]

판례는 사업시행자가 사업인정을 받았다고 하더라도 수용권을 남용하지 못하도록 판시하고 있다. 즉, ① 사업시행자가 사업인정을 받은 후 그 사업이 공용수용을 할 만한 공익성을 상실하거나 사업인정에 관련된 자들의 이익이 현저히 비례의 원칙에 어긋나게 된 경우, ② 사업시행자가 해당 공익사업을 수행할 의사나 능력을 상실하였음에도 여전히 그 사업인정에 기하여 수용권을 행사하는 것은 수용권의 공익 목적에 반하는 수용권의 남용에 해당하여 허용되지 않는다(대판 2011.1.27. 2009두1051). ③ 그리고 토지수용위원회는 행정쟁송에 의하여 사업인정이 취소되지 않는 한 그 기능상 사업인정 자체를 무의미하게 하는, 즉 사업의 시행이 불가능하게 되는 것과 같은 재결을 행할 수는 없다(대판 1994.11.11. 93누19375).

---

[73] 1. 수용하거나 사용할 토지의 구역 및 사용방법 2. 손실보상 3. 수용 또는 사용의 개시일과 기간 4. 그 밖에 이 법 및 다른 법률에서 규정한 사항

6. 재결의 효과

⑺ 토지수용위원회의 재결이 있으면 공용수용절차는 종료되고, 일정한 조건 아래 수용의 효과가 발생한다. 즉 사업시행자는 보상금의 지급(공탁)을 조건으로 수용의 개시일에 토지에 대한 권리를 원시취득하며, 피수용자에게는 그 권리를 상실하게 하는 효과가 발생한다.

⑷ 그러나 중앙토지수용위원회가 지방국토관리청장이 시행하는 공익사업을 위하여 갑 소유의 토지에 대하여 수용재결을 한 후, 갑과 사업시행자가 '공공용지의 취득협의서'를 작성하고 협의취득을 원인으로 소유권이전등기를 마쳤는데, 갑이 '사업시행자가 수용개시일까지 수용재결보상금 전액을 지급·공탁하지 않아 수용재결이 실효되었다'고 주장하며 수용재결의 무효확인을 구하는 소송을 제기한 사안에서, <u>갑과 사업시행자가 수용재결과는 별도로 '토지의 소유권을 이전한다는 점과 그 대가인 보상금의 액수'를 합의하는 계약을 새로 체결하였다고 볼 여지가 충분하고</u>, 만약 이러한 별도의 협의취득 절차에 따라 토지에 관하여 소유권이전등기가 마쳐진 것이라면 <u>설령 갑이 수용재결의 무효확인 판결을 받더라도 토지의 소유권을 회복시키는 것이 불가능하고, 나아가 무효확인으로써 회복할 수 있는 다른 권리나 이익이 남아 있다고도 볼 수 없다</u>(대판 2017.4.13. 2016두64241).

7. 재결의 실효

(1) 사 유

⑺ 사업시행자가 수용 또는 사용의 개시일까지 관할 토지수용위원회가 재결한 보상금을 지급하거나 공탁하지 아니하였을 때에는 해당 토지수용위원회의 재결은 효력을 상실한다(토지보상법 제42조 제1항).

⑷ 그러나 <u>중앙토지수용위원회의 이의재결에 관하여서는 재결의 실효에 관한 규정이 없을 뿐만 아니라, 토지보상법상의 이의재결절차는 원재결에 대한 불복절차이면서 원재결과는 확정의 효력 등을 달리하는 별개의 절차이고 이의재결에서 증액된 손실보상금의 지급 또는 공탁이 없는 것을 이의재결의 실효요건으로 할 것인가의 여부는 입법정책으로 정할 사항이므로 기업자가 이의재결에서 증액된 보상금을 일정한 기간내에 지급 또는 공탁하지 아니하였더라도 특별한 규정이 없는 한 그 사유만으로 이의재결이 당연히 실효된다고 해석할 수 없다</u>(대판 1989.6.13. 88누3963).

(2) 효 과

1) 손실보상

사업시행자는 재결의 효력이 상실됨으로 인하여 토지소유자 또는 관계인이 입은 손실을 보상하여야 한다(토지보상법 제42조 제2항). 손실의 보상은 손실이 있음을 안 날부터 1년이 지났거나 손실이 발생한 날부터 3년이 지난 후에는 청구할 수 없다. 그리고 그에 따른 손실의 보상은 사업시행자와 손실을 입은 자가 협의하여 결정한다. 협의가 성립되지 아니하면 사업시행자나 손실을 입은 자는 대통령령으로 정하는 바에 따라 토지보상법 제51조에 따른 관할 토지수용위원회에 재결을 신청할 수 있다(토지보상법 제42조 제3항, 제9조 제5항~제7항).

  2) 재결의 실효에 따른 사업인정의 실효
    사업시행자가 재결된 보상금을 지급하지 않아 수용재결이 실효되었다면 재결신청도 실효된 것이고, 이 경우도 역시 토지보상법 제28조 제1항의 사업시행자가 사업인정의 고시가 된 날로부터 1년 이내에 재결을 신청하지 않은 경우에 해당하기 때문에 사업인정도 실효된다. 재결이 실효되었다고 사업의 공익성이 없어지는 것은 아니지만, 개인의 권리보호를 위해 재결실효의 효과가 사업인정의 실효까지 확대되는 것이다.

(3) 실효된 재결에 대한 재신청의 가능성
  ㈎ 재결이 실효되면 재결신청도 효력을 상실한다. 하지만 재결신청기간이 아직 유효한 경우 다시 재결신청이 가능하다.
  ㈏ 다만, 사업시행자가 다시 토지수용위원회에 재결을 신청하는 경우 <u>토지소유자 등이 이미 재결신청 청구를 한 바가 있을 때에는 재결실효일부터 60일 내에 하여야 한다</u>(토지보상법 제30조 제2항 참조).

8. 하자의 승계

장관이 사업인정을 하는 때에는 지체 없이 그 뜻을 기업자·토지소유자·관계인 및 관계도지사에게 통보하고 기업자의 성명 또는 명칭, 사업의 종류, 기업지 및 수용 또는 사용할 토지의 세목을 관보에 공시하여야 한다고 규정하고 있는 바, <u>장관이 위와 같은 절차를 누락한 경우 이는 절차상의 위법으로서 수용재결 단계 전의 사업인정 단계에서 다툴 수 있는 취소사유에 해당하기는 하나</u>, 더 나아가 그 사업인정 자체를 무효로 할 중대하고 명백한 하자라고 보기는 어렵고, 따라서 <u>이러한 위법을 들어 수용재결처분의 취소를 구하거나 무효확인을 구할 수는 없다</u>(대판 2000.10.13. 2000두5142).

제5항   화 해

1. 의 의

㈎ '화해'는 토지수용위원회의 심리과정에서 사업시행자와 토지소유자 등이 서로 양보하여 상호간의 주장을 일치시킴으로써 분쟁을 종결시키는 것을 말한다. 화해는 "재결신청 후 그 재결이 발령되기 전"에 이루어지며 재결 전에는 언제든지 가능하다. 화해는 당사자의 의사를 존중하면서도 이해를 조정하여 재결에 의하지 않고도 수용목적을 달성하고자 하는 목적이 있다.

㈏ 화해는 협의와 유사하지만 재결신청 이후에 이루어지는 임의적 절차이므로 이를 결하더라도 수용의 효력에 영향을 주지 않는다.

2. 화해의 절차

(1) 화해의 권고

토지수용위원회는 그 재결이 있기 전에는 그 위원 3명으로 구성되는 소위원회로 하여금 사업시행자, 토지소유자 및 관계인에게 화해를 권고하게 할 수 있다(토지보상법 제33조 제1항). 화해의 권고는 토지수용위원회의 재량에 따른 임의적 절차이다.

(2) 화해조서의 작성과 송달

㈎ 화해가 성립되었을 때에는 해당 토지수용위원회는 화해조서를 작성하여 화해에 참여한 위원, 사업시행자, 토지소유자 및 관계인이 서명 또는 날인을 하도록 하여야 한다(토지보상법 제33조 제2항).

㈏ 토지수용위원회는 화해가 성립된 경우에는 화해조서의 정본을 사업시행자·토지소유자 및 관계인에게 송달하여야 한다(토지보상법 시행령 제17조).

3. 화해의 효력

화해조서에 서명 또는 날인이 된 경우에는 당사자 간에 화해조서와 동일한 내용의 합의가 성립된 것으로 본다(토지보상법 제33조 제3항). 이로써 화해는 재결과 같은 효력[74]이 발생하게 된다. 따라서 사업시행자는 화해에서 정해진 보상금을 지급하고 피수용자는 그 시기까지 토지·물건을 인도·이전해야 한다.

제6항 공용수용의 약식절차

1. 공용수용의 약식절차의 의의

㈎ 토지의 수용 등은 원칙적으로 공용수용의 모든 단계를 거쳐야 하지만, 특별한 사유가 있는 경우 공용수용의 보통절차 중 일부를 생략하는 절차를 '약식절차'라고 한다.

㈏ 사업시행자는 해당 공익사업을 위한 공사에 착수하기 이전에 토지소유자와 관계인에게 보상액 전액을 지급하여야 하는 사전보상원칙을 취하고 있지만, 약식절차의 경우 공용침해가 먼저 있고 사후에 보상이 이루어진다(토지보상법 제62조 참조).

2. 천재·지변시의 토지의 사용허가

(1) 의 의

천재지변이나 그 밖의 사변(事變)으로 인하여 공공의 안전을 유지하기 위한 공익사업을 긴급히 시행할 필요가 있을 때 약식절차를 인정한다(토지보상법 제38조).

---

74) 협의성립의 확인과 같은 성질

(2) 요 건

① 천재지변이나 그 밖의 사변(事變)으로 인하여 ② 공공의 안전을 유지하기 위한 ③ 공익사업을 긴급히 시행할 필요가 있을 때에는 사업시행자는 대통령령으로 정하는 바에 따라 특별자치도지사, 시장·군수 또는 구청장의 허가를 받아 즉시 타인의 토지를 사용할 수 있다. 다만, 사업시행자가 국가일 때에는 그 사업을 시행할 관계 중앙행정기관의 장이 특별자치도지사, 시장·군수 또는 구청장에게, 사업시행자가 특별시·광역시 또는 도일 때에는 특별시장·광역시장 또는 도지사가 시장·군수 또는 구청장에게 각각 통지하고 사용할 수 있으며, 사업시행자가 특별자치도, 시·군 또는 구일 때에는 특별자치도지사, 시장·군수 또는 구청장이 허가나 통지 없이 사용할 수 있다(토지보상법 제38조 제1항).

(3) 절 차

특별자치도지사, 시장·군수 또는 구청장은 토지의 사용을 허가를 하거나 통지를 받은 경우 또는 특별자치도지사, 사업시행자가 국가나 지방자치단체인 경우로서 시장·군수·구청장이 타인의 토지를 사용하려는 경우에는 대통령령으로 정하는 사항[75])을 즉시 토지소유자 및 토지점유자에게 통지하여야 한다(토지보상법 제38조 제2항).

(4) 사용기간

토지의 사용기간은 6개월을 넘지 못한다(토지보상법 제38조 제3항).

(5) 손실보상

사업시행자는 타인의 토지를 사용함으로써 발생하는 손실을 보상하여야 한다. 손실의 보상은 손실이 있음을 안 날부터 1년이 지났거나 손실이 발생한 날부터 3년이 지난 후에는 청구할 수 없다. 그리고 그에 따른 손실의 보상은 사업시행자와 손실을 입은 자가 협의하여 결정한다. 협의가 성립되지 아니하면 사업시행자나 손실을 입은 자는 대통령령으로 정하는 바에 따라 토지보상법 제51조에 따른 관할 토지수용위원에 재결을 신청할 수 있다(토지보상법 제38조 제4항·제5항, 제9조 제5항부터 제7항).

3. 시급한 토지의 사용허가

(1) 의 의

재결절차가 지연됨으로 인해 재해를 방지하기 곤란하거나 그 밖에 공공의 이익에 현저한 지장을 줄 우려가 있다고 인정할 때 약식절차를 인정한다(토지보상법 제39조).

(2) 요 건

① 재결신청을 받은 토지수용위원회는 ② 그 재결을 기다려서는 재해를 방지하기 곤란하거나 그 밖에 공공의 이익에 현저한 지장을 줄 우려가 있다고 인정할 때에는 사업시행자의

---

75) 공익사업의 종류 및 명칭, 사용하려는 토지의 구역과 사용의 방법 및 기간

신청을 받아 대통령령으로 정하는 바에 따라 담보를 제공하게 한 후 즉시 해당 토지의 사용을 허가할 수 있다. 다만, 국가나 지방자치단체가 사업시행자인 경우에는 담보를 제공하지 아니할 수 있다(토지보상법 제39조 제1항).

(3) 절 차

토지수용위원회가 토지의 사용을 허가한 경우 대통령령으로 정하는 사항[76]을 즉시 토지소유자 및 토지점유자에게 통지하여야 한다(토지보상법 제39조 제3항).

(4) 사용기간

토지의 사용기간은 6개월을 넘지 못한다(토지보상법 제39조 제2항).

(5) 손실보상

토지를 사용하는 경우 토지수용위원회의 재결이 있기 전에 토지소유자나 관계인이 청구할 때에는 사업시행자는 자기가 산정한 보상금을 토지소유자나 관계인에게 지급하여야 한다. 그리고 토지소유자나 관계인은 사업시행자가 토지수용위원회의 재결에 따른 보상금의 지급시기까지 보상금을 지급하지 아니하면 제공된 담보의 전부 또는 일부를 취득한다(토지보상법 제41조 제2항).

---

76) 공익사업의 종류 및 명칭, 사용하려는 토지의 구역과 사용의 방법 및 기간

제7절 공용수용의 효과

제1항 사업시행자의 권리 · 의무

Ⅰ. 사업시행자의 권리

1. 토지나 물건의 원시취득

(1) 권리취득 시기

사업시행자는 "수용의 개시일"에 토지나 물건의 소유권을 취득하며, 그 토지나 물건에 관한 다른 권리는 이와 동시에 소멸한다(토지보상법 제45조 제1항). 그러나 토지수용위원회의 재결로 인정된 권리는 소멸되거나 그 행사가 정지되지 아니한다(토지보상법 제45조 제3항).

(2) 원시취득

㈎ 사업시행자의 권리취득은 소유권의 승계취득이 아니라 원시취득으로 그 효과는 대물적으로 모든 권리자에게 발생한다(이를 대물적 효과라고도 한다). 따라서 수용목적물에 대한 종래의 권리는 소멸한다.[77]

㈏ 그리고 민법 제187조[78]에 따라 사업시행자의 소유권 취득은 등기를 요하지 않고 수용의 개시일에 소유권을 취득한다.

2. 토지나 물건의 인도·이전의 대행청구 및 대집행의 신청

자세한 내용은 피수용자의 권리·의무에서 후술한다.

Ⅱ. 사업시행자의 의무

1. 보상금의 지급(공탁)의무

(1) 보상금의 지급

사업시행자는 수용 또는 사용의 개시일까지 관할 토지수용위원회가 재결한 보상금을 지급하여야 한다(토지보상법 제40조 제1항).

(2) 보상금의 공탁

1) 의 의

'공탁'이란 금전·유가증권 기타의 물건을 공탁소에 임치하는 것을 말하는데, 보상금의

---

[77] 수용절차를 마쳤다면, 그 수용의 효과를 부인할 수 없게 되어 수용목적물의 소유자가 누구임을 막론하고 이미 가지고 있던 소유권은 소멸함과 동시에 기업자가 완전하고 확실하게 그 권리를 취득하게 된다(대판 1993.11.12. 93다34756).

[78] 상속, 공용징수, 판결, 경매 기타 법률의 규정에 의한 부동산에 관한 물권의 취득은 등기를 요하지 아니한다. 그러나 등기를 하지 아니하면 이를 처분하지 못한다.

공탁은 보상을 지급할 수 없는 특수한 사정이 있는 경우 지급에 갈음하여 보상금을 공탁함으로써 보상의 불이행으로 인해 수용의 효력이 상실되는 것을 방지하기 위한 것이다.

2) 법적 성질

공탁은 변제를 위해 또는 담보나 집행, 보관을 위해 이용되지만, 보상금의 공탁은 변제를 위한 공탁(변제공탁)의 성질을 가진다. 따라서 변제공탁이 있으면 사업시행자는 그 의무를 면하게 된다. 판례는 보상금의 공탁을 제3자를 위한 공법상 임치계약으로 본다.

3) 공탁의 요건★

사업시행자는 다음 각 호79)의 어느 하나에 해당할 때에는 수용 또는 사용의 개시일까지 수용하거나 사용하려는 토지 등의 소재지의 공탁소에 보상금을 공탁(供託)할 수 있다(토지보상법 제40조 제2항).

4) 공탁 및 미공탁의 효과

a. 공탁의 효과

변제공탁으로 채무소멸의 효과가 발생하고, 수용의 효과가 발생한다.

b. 미공탁의 효과

사업시행자가 수용 또는 사용의 개시일까지 공탁하지 아니하였을 때에는 해당 토지수용위원회의 재결은 효력을 상실한다(토지보상법 제42조 제1항).

5) 공탁의 하자

㈎ 공탁의 효력이 발생하려면 적법해야 하는데 공탁의 요건에 해당하지 않으면 보상금 지급에 갈음하는 효력이 발생하지 않는다.

㈏ 보상금의 일부만을 공탁하는 경우나 피수용자의 동의 없는 반대급부의 이행을 조건으로 공탁하는 경우(조건부 공탁)(대판 1979.10.30. 78누378) 등은 적법한 공탁이 아니다. 다만, 보상금의 일부만을 공탁하는 경우와 피수용자의 동의 없는 반대급부의 이행을 조건으로 한 공탁의 경우 토지소유자가 아무런 이의를 유보함이 없이 공탁금을 수령하였다면 공탁의 하자는 치유되어 수용재결은 유효한 것이 된다(대판 1983.6.14. 81누254).

㈐ ① 공탁의 요건을 구비하지 못한 공탁은 무효이다. ② 따라서 사업시행자가 일단 수용재결에 따른 보상금을 공탁하였다고 하더라도 그 공탁이 무효라면 수용의 시기까지 보상금을 지불 또는 공탁하지 아니하였을 때에 해당하므로 그 수용재결은 효력을 상실한다(대판 1996.9.20. 95다17373).

---

79) 1. 보상금을 받을 자가 그 수령을 거부하거나 보상금을 수령할 수 없을 때 2. 사업시행자의 과실 없이 보상금을 받을 자를 알 수 없을 때 3. 관할 토지수용위원회가 재결한 보상금에 대하여 사업시행자가 불복할 때 4. 압류나 가압류에 의하여 보상금의 지급이 금지되었을 때

6) 공탁금의 수령

공탁금은 피수용자가 수령하는 것이 원칙이나, 사업인정고시가 된 후 권리의 변동이 있을 때에는 그 권리를 승계한 자가 공탁금을 받는다(토지보상법 제40조 제3항).

7) 공탁금의 회수금지

사업시행자가 토지수용의 재결이 있은 후 토지보상금을 공탁하였다면 그 수용재결이 당연무효이거나 소송 등에 의하여 취소되지 않는 한 사업시행자는 민법에 의한 공탁과는 달리 그 공탁금에 대한 회수청구를 할 수 없다(대판 1998.9.22. 98다12812).

2. 토지 등의 반환 및 원상회복의무(토지나 물건을 사용하는 경우)

사업시행자는 토지나 물건의 사용기간이 끝났을 때나 사업의 폐지·변경 또는 그 밖의 사유로 사용할 필요가 없게 되었을 때에는 지체 없이 그 토지나 물건을 그 토지나 물건의 소유자 또는 그 승계인에게 반환하여야 한다. 이 경우에 사업시행자는 토지소유자가 원상회복을 청구하면 미리 그 손실을 보상한 경우를 제외하고는 그 토지를 원상으로 회복하여 반환하여야 한다(토지보상법 제48조).

제2항 피수용자의 권리·의무

Ⅰ. 피수용자의 권리(손실보상청구권)

수용의 효과는 수용의 시기에 보상금의 지급(공탁)을 조건으로 발생하는 것이므로 피수용자는 수용목적물의 권리에 관해 손실보상청구권을 가진다. 이에 따라 공익사업을 위한 토지 등의 취득 및 보상에 관한 법률은 손실보상에 대한 기본원칙과 손실보상의 내용을 규정하고 있다.

Ⅱ. 피수용자의 의무(토지나 물건의 인도·이전 의무)

1. 토지 등의 인도·이전 의무의 발생

토지소유자 및 관계인과 그 밖에 토지소유자나 관계인에 포함되지 아니하는 자로서 수용하거나 사용할 토지나 그 토지에 있는 물건에 관한 권리를 가진 자는 수용 또는 사용의 개시일까지 그 토지나 물건을 사업시행자에게 인도하거나 이전하여야 한다(토지보상법 제43조).

2. 토지 등의 인도·이전 의무의 불이행

(1) 토지·물건의 인도·이전 의무의 대행

'토지나 물건을 인도하거나 이전하여야 할 자가 고의나 과실 없이 그 의무를 이행할 수 없을 때 또는 사업시행자가 과실 없이 토지나 물건을 인도하거나 이전하여야 할 의무가 있는 자를 알 수 없을 때'에는 특별자치도지사, 시장·군수 또는 구청장은 사업시행자의 청구에 의하여 토지나 물건의 인도 또는 이전을 대행하여야 한다(토지보상법 제44조 제1항). 제1항에 따라 특별자치도지사, 시장·군수 또는 구청장이 토지나 물건의 인도 또는 이전을 대행하는 경우 그로 인한 비용은 그 의무자가 부담한다(토지보상법 제44조 제2항).

(2) 대집행

토지 등의 인도나 이전 의무를 이행하여야 할 자가 그 정하여진 기간 이내에 의무를 이행하지 아니하거나 완료하기 어려운 경우 또는 그로 하여금 그 의무를 이행하게 하는 것이 현저히 공익을 해친다고 인정되는 사유가 있는 경우에는 사업시행자는 시·도지사나 시장·군수 또는 구청장에게 행정대집행법에서 정하는 바에 따라 대집행을 신청할 수 있다. 이 경우 신청을 받은 시·도지사나 시장·군수 또는 구청장은 정당한 사유가 없으면 이에 따라야 한다(토지보상법 제89조 제1항).

제3항 기 타

Ⅰ. 위험부담의 사업시행자로 이전

㈎ '위험부담'이란 채무자의 책임 없는 사유로 이행이 불가능하게 된 경우 해당 채무를 어떻게 처리할 것인지의 문제를 말한다.

㈏ 토지수용위원회의 재결이 있은 후 수용하거나 사용할 토지나 물건이 토지소유자 또는 관계인의 고의나 과실 없이 멸실되거나 훼손된 경우 그로 인한 손실은 사업시행자가 부담한다(토지보상법 제46조). 이는 수용이나 사용의 목적물에 대한 권리는 이미 재결로 사실상 소멸이 확실한 상태이므로 사업시행자의 부담으로 하는 것이므로, 재결이 있기 전에는 사업시행자가 위험을 부담하지 않는다.

㈐ 그러나 위험부담의 이전은 수용목적물의 멸실·훼손으로 인한 경우에 한정되며 목적물의 가격하락은 포함하지 않는데, 손실액에 대한 보상액산정은 재결시를 기준으로 하기 때문이다.

Ⅱ. 담보물권자의 보상금에 대한 물상대위

1. 의 의

㈎ '물상대위권'이란 목적물이 멸실·훼손된 경우 그 목적물의 교환가치를 대신하는 금전[80]이나 물건에 위에 존재하는 권리를 말한다.

㈏ 토지보상법 제47조 본문은 '담보물권의 목적물이 수용되거나 사용된 경우 그 담보물권은 그 목적물의 수용 또는 사용으로 인하여 채무자가 받을 보상금에 대하여 행사할 수 있다'고 규정한다.

---

80) 보험금이나 손해배상금, 수용보상금 등

2. 지급 전 압류

⑺ 토지보상법 제47조 단서는 채무자가 받을 손실보상금이 채무자에게 지급되기 전에 압류하여야 한다고 규정한다. 이는 손실보상금이 채무자의 일반재산과 합쳐지기 전에 그 특정성을 유지하여 담보권자의 우선변제권을 인정하고자 하는데 목적이 있다.

⑻ 따라서 저당목적물의 변형물인 금전 기타 물건에 대하여 <u>이미 제3자가 압류하여 그 금전 또는 물건이 특정된 이상 저당권자가 스스로 이를 압류하지 않고서도 물상대위권을 행사하여 일반 채권자보다 우선변제를 받을 수 있다</u>(대판 1998.9.22. 98다12812).

제8절 토지수용위원회

1. 의의 및 법적 성격

(1) 의 의

토지수용위원회는 사업시행자와 토지소유자 또는 관계인 사이의 수용이나 손실보상에 관한 분쟁을 해결하여 해결하는 행정기관이다.

(2) 법적 성격

토지수용위원회는 독립한 합의제 행정청이며, 토지보상법 제83조의 이의신청에 따라 이를 심리하는 중앙행정심판위원회는 특별행정심판위원회로 준사법기관의 성격을 가진다.

2. 설 치

토지 등의 수용과 사용에 관한 재결을 하기 위하여 국토교통부에 중앙토지수용위원회를 두고, 특별시·광역시·도·특별자치도에 지방토지수용위원회를 둔다(토지보상법 제48조).

3. 재결사항

토지수용위원회의 재결사항은 다음 각 호(1. 수용하거나 사용할 토지의 구역 및 사용방법 2. 손실보상 3. 수용 또는 사용의 개시일과 기간 4. 그 밖에 이 법 및 다른 법률에서 규정한 사항)이며, 토지수용위원회는 사업시행자, 토지소유자 또는 관계인이 신청한 범위에서 재결하여야 한다. 다만, 손실보상의 경우에는 증액재결(增額裁決)을 할 수 있다(토지보상법 제50조).

4. 관 할

중앙토지수용위원회는 다음 각 호(1. 국가 또는 시·도가 사업시행자인 사업 2. 수용하거나 사용할 토지가 둘 이상의 시·도에 걸쳐 있는 사업)의 사업의 재결에 관한 사항을 관장하며, 지방토지수용위원회는 중앙토지수용위원회가 관장하는 사업을 제외한 사업의 재결에 관한 사항을 관장한다(토지보상법 제51조).

제9절 손실보상의 원칙과 내용

제1항 손실보상의 원칙

Ⅰ. 사업시행자보상의 원칙

공익사업에 필요한 토지 등의 취득 또는 사용으로 인하여 토지소유자나 관계인이 입은 손실은 사업시행자가 보상하여야 한다(토지보상법 제61조). 사업시행자의 수용권 행사가 손실의 원인이 되므로 사업시행자가 손실을 보상해야 한다.

Ⅱ. 사전보상의 원칙

사업시행자는 해당 공익사업을 위한 공사에 착수하기 이전에 토지소유자와 관계인에게 보상액 전액(全額)을 지급하여야 한다(토지보상법 제62조 본문). 다만, ① 약식절차인 토지보상법 제38조에 따른 천재지변 시의 토지 사용과 제39조에 따른 시급한 토지 사용의 경우 또는 ② 토지소유자 및 관계인의 승낙이 있는 경우에는 그러하지 아니하다(토지보상법 제62조 단서).

Ⅲ. 현금보상의 원칙

1. 원 칙

손실보상은 다른 법률에 특별한 규정이 있는 경우를 제외하고는 현금으로 지급하여야 한다(토지보상법 제63조 제1항 본문).

2. 현금보상의 대체수단★

(1) 채권보상

1) 의 의

'채권보상'이란 일정한 요건에 해당하는 피수용자에게 현금대신 채권으로 보상하는 것을 말한다(토지보상법 제63조 제7항·제8항). 이는 사업시행자의 재정부담을 줄여 공익사업을 원활히 하고, 보상금의 일시적인 투기자금화를 방지하는데 목적이 있다.

2) 종 류

임의적 채권보상과 의무적 채권보상으로 나눌 수 있고, 임의적 채권보상이 일반적인 채권보상이며, 의무적 채권보상은 투기억제를 목적으로 하는 채권보상이다.

a. 임의적 채권보상

① 사업시행자가 국가, 지방자치단체, 그 밖에 대통령령으로 정하는 「공공기관의 운영에

관한 법률」에 따라 지정·고시된 공공기관 및 공공단체인 경우로서 ② 다음 각 호[81])의 어느 하나에 해당되는 경우에는 해당 사업시행자가 발행하는 채권으로 지급할 수 있다(토지보상법 제63조 제7항).

  b. 의무적 채권보상

  ① 토지투기가 우려되는 지역으로서 대통령령으로 정하는 지역에서 ② 다음 각 호[82])의 어느 하나에 해당하는 공익사업을 시행하는 자 중 ③ 대통령령으로 정하는 「공공기관의 운영에 관한 법률」에 따라 지정·고시된 공공기관 및 공공단체[83])는 ④ 부재부동산 소유자의 토지[84])에 대한 보상금 중 대통령령으로 정하는 1억 원 이상의 일정 금액(1억 원)을 초과하는 부분에 대하여는 해당 사업시행자가 발행하는 채권으로 지급하여야 한다(토지보상법 제63조 제8항).

 3) 상환기간

 채권으로 지급하는 경우 채권의 상환 기한은 5년을 넘지 아니하는 범위에서 정하여야 한다(토지보상법 제63조 제9항).

(2) 현물보상

 1) 대토보상

  a. 의 의

  '대토보상'이란 토지소유자가 받을 현금 또는 채권 등의 보상 대신 공익사업의 시행으로 조성된 토지를 분양받을 수 있는 법적 지위를 부여하는 것을 말한다. 이는 공익사업으로 토지소유권을 상실한 주민이 그곳에 재정착할 수 있도록 하고, 부동산 시장의 안정에 기여하기 위한 제도이다.

  b. 대토보상의 요건

  ① 토지소유자가 원하는 경우로서 ② 사업시행자가 해당 공익사업의 합리적인 토지이용계획과 사업계획 등을 고려하여 토지로 보상이 가능한 경우에는 ③ 토지소유자가 받을 보상금 중 현금 또는 채권으로 보상받는 금액을 제외한 부분에 대하여 그 공익사업의 시행으로 조성한 토지로 보상할 수 있다(토지보상법 제63조 제1항). ④ 토지소유자에게 토지

---

81) 1. 토지소유자나 관계인이 원하는 경우 2. 사업인정을 받은 사업의 경우에는 대통령령으로 정하는 부재부동산 소유자의 토지에 대한 보상금이 대통령령으로 정하는 일정 금액(1억 원)을 초과하는 경우로서 그 초과하는 금액에 대하여 보상하는 경우
82) 1. 「택지개발촉진법」에 따른 택지개발사업 2. 「산업입지 및 개발에 관한 법률」에 따른 산업단지개발사업 3. 그 밖에 대규모 개발사업으로서 대통령령으로 정하는 사업
83) 1. 「한국토지주택공사법」에 따른 한국토지주택공사 2. 「한국관광공사법」에 따른 한국관광공사 3. 「산업집적활성화 및 공장설립에 관한 법률」에 따른 한국산업단지공단 4. 「지방공기업법」에 따른 지방공사
84) 사업인정고시일 1년 전부터 다음 각 호의 어느 하나의 지역에 계속하여 주민등록을 하지 아니한 사람이 소유하는 토지와 주민등록을 하였으나 해당 지역에 사실상 거주하고 있지 아니한 사람이 소유하는 토지(토지보상법 시행령 제26조 제1항·제2항)

로 보상하는 보상면적은 주택용지는 990제곱미터, 상업용지는 1천100제곱미터를 초과할 수 없다(토지보상법 제63조 제2항).

c. 대토보상의 제한(전매 제한)

해당 공익사업의 시행으로 조성한 토지로 보상받기로 결정된 권리는 그 보상계약의 체결일부터 소유권이전등기를 마칠 때까지 전매[85]할 수 없으며, 이를 위반할 때에는 사업시행자는 토지로 보상하기로 한 보상금을 현금으로 보상할 수 있다(토지보상법 제63조 제3항).

d. 현금보상으로 전환

토지소유자가 해당 공익사업의 시행으로 조성한 토지로 보상받기로 한 경우 그 보상계약 체결일부터 1년이 지나면 이를 현금으로 전환하여 보상하여 줄 것을 요청할 수 있다. 그리고 사업시행자는 해당 사업계획의 변경 등 사유로 보상하기로 한 토지의 전부 또는 일부를 토지로 보상할 수 없는 경우에는 현금으로 보상할 수 있다(토지보상법 제63조 제4항·제5항).

2) 대체지 보상

'대체지 보상'이란 금전보상에 갈음하여 수용되는 토지와 동일 내지 유사한 용도의 다른 토지로 보상하는 것을 말한다. 이는 보상수단을 다양화하여 피수용자들의 권리를 보호하고 공익사업을 원활하게 진행하는데 기여한다.

(3) 기타 수단

1) 공사대행, 이전대행

'공사대행'이나 '이전대행'이란 공사비보상[86]이나 이전비보상[87] 대신 사업시행자가 직접 공사나 이전을 대행함으로써 보상의 효과를 가져오는 방법을 말한다.

2) 매수보상

'매수보상'이란 물건의 이용제한으로 종래의 목적대로 이용하기 곤란한 경우 그 물건의 소유자 등이 상대방에게 매수를 청구하여 실질적으로 보상의 효과를 가져오는 것을 말한다. 유사한 제도로 토지보상법 제74조 제1항[88]을 들 수 있다.

---

85) 매매, 증여, 그 밖에 권리의 변동을 수반하는 모든 행위를 포함하되, 상속 및 「부동산투자회사법」에 따른 개발전문 부동산투자회사에 현물출자를 하는 경우는 제외한다.
86) 토지보상법 제73조 ① 사업시행자는 동일한 소유자에게 속하는 일단의 토지의 일부가 취득되거나 사용됨으로 인하여 잔여지의 가격이 감소하거나 그 밖의 손실이 있을 때 또는 잔여지에 통로·도랑·담장 등의 신설이나 그 밖의 공사가 필요할 때에는 국토교통부령으로 정하는 바에 따라 그 손실이나 공사의 비용을 보상하여야 한다.
87) 토지보상법 제75조 ① 건축물·입목·공작물과 그 밖에 토지에 정착한 물건에 대하여는 이전에 필요한 비용으로 보상하여야 한다.
88) 동일한 소유자에게 속하는 일단의 토지의 일부가 협의에 의하여 매수되거나 수용됨으로 인하여 잔여지를 종래의 목적에 사용하는 것이 현저히 곤란할 때에는 해당 토지소유자는 사업시행자에게 잔여지를 매수하여 줄 것을 청구할 수 있으며, 사업인정 이후에는 관할 토지수용위원회에 수용을 청구할 수 있다.

Ⅳ. 개인별 보상의 원칙

손실보상은 원칙상 토지소유자나 관계인에게 개인별로 하여야 한다(개별주의). 다만, 개인별로 보상액을 산정할 수 없을 때에는 그러하지 아니하다(토지보상법 제64조). 예를 들어 토지소유자와 담보권자가 있어도 보상액을 나눌 수 있는 경우에는 개별주의가 원칙이지만, 각 권리자별로 보상액을 산정할 수 없거나 진정한 권리자가 불분명한 경우처럼 개인별로 보상액을 산정할 수 없을 때에는 토지소유자에게 보상액을 일괄 지불하고 각 권리자가 자기 권리에 상응하는 보상금을 받도록 한다(대위주의).

Ⅴ. 일괄보상의 원칙

사업시행자는 동일한 사업지역에 보상시기를 달리하는 동일인 소유의 토지 등이 여러 개 있는 경우 토지소유자나 관계인이 요구할 때에는 한꺼번에 보상금을 지급하도록 하여야 한다(토지보상법 제65조). 이는 시기적으로 분리 지급됨으로 인해 토지소유자의 이주나 대체지 구입 등에 지장이 발생하지 않도록 하기 위한 것이다.

Ⅵ. 사업시행 이익과의 상계금지

(가) 사업시행자는 동일한 소유자에게 속하는 일단(一團)의 토지의 일부를 취득하거나 사용하는 경우 해당 공익사업의 시행으로 인하여 잔여지(殘餘地)의 가격이 증가하거나 그 밖의 이익이 발생한 경우에도 그 이익을 그 취득 또는 사용으로 인한 손실과 상계(相計)할 수 없다(토지보상법 제66조). 이는 공익사업으로 잔여 토지의 가격이 상승한 경우 사업시행자가 개발이익을 차감하고 보상할 수 없도록 하여 피수용자를 보호하기 위한 장치이다.

(나) 그러나 개발이익을 그대로 피수용자에게 귀속시키는 것은 아니며, 개발이익환수에 관한 법률에 따라 개발부담금을 부과·징수하게 된다.

Ⅶ. 시가보상의 원칙

보상액의 산정은 협의에 의한 경우에는 협의 성립 당시의 가격을, 재결에 의한 경우에는 수용 또는 사용의 재결 당시의 가격을 기준으로 한다(토지보상법 제67조 제1항). 즉, 토지보상법은 시가보상의 원칙을 채택하고 있으며 이는 헌법 제23조 제1항의 정당보상의 원칙과도 합치된다. 그러나 정당보상의 원칙과 개발이익 배제 간의 관계가 문제되는 바 토지보상법 제67조 제2항은 보상액을 산정할 경우에 해당 공익사업으로 인하여 토지 등의 가격이 변동되었을 때에는 이를 고려하지 아니한다고 규정한다(자세한 내용은 후술).

> **쟁점** 개발이익 배제★★ [17 감평]

1. 의 의
'개발이익'이란 개발사업의 시행이나 토지이용계획의 변경, 그 밖에 사회적·경제적 요인에 따라 정상지가 상승분을 초과하여 개발사업을 시행하는 자나 토지 소유자에게 귀속되는 토지 가액의 증가분을 말한다(개발이익환수에 관한 법률 제2조 제1호).

2. 필요성
개발이익을 사회에 귀속시키지 않고 이것이 사유화된다면 토지 투기와 지가의 불안정 그리고 소득불균형을 초래하기 때문에 보상액 산정에서 개발이익은 배제되어야 한다.

3. 개발이익을 배제하는 제도

(1) 개발이익배제의 원칙
보상액의 산정은 협의에 의한 경우에는 협의 성립 당시의 가격을, 재결에 의한 경우에는 수용 또는 사용의 재결 당시의 가격을 기준으로 한다(토지보상법 제67조 제1항). 다만, 보상액을 산정할 경우에 '해당' 공익사업으로 인하여 토지 등의 가격이 변동되었을 때에는 이를 고려하지 아니한다(토지보상법 제67조 제2항). 따라서 '<u>해당 공공사업과는 관계없는</u>' <u>다른 사업의 시행으로 인한 개발이익은 이를 배제하지 아니한 가격으로 평가하여야 한다</u>(대판 1992.2.11. 91누7774).

(2) 공시지가에서 개발이익의 배제

1) 공시지가를 기준으로 보상액 산정
협의나 재결에 의하여 취득하는 토지에 대하여는 「부동산 가격공시에 관한 법률」에 따른 공시지가를 기준으로 하여 보상한다(토지보상법 제70조 제1항 전단).

2) 적용공시지가의 선택
적용공시지가는 기준시점 당시 공시된 공시지가 중 가격시점에서 가장 가까운 시점에 공시된 표준지공시지가를 선택함이 원칙이다. 그러나 개발이익 배제를 위해 아래의 규정을 두고 있다.

a. 사업인정 후 취득의 경우
사업인정 후의 취득의 경우에 공시지가는 사업인정고시일 "전"의 시점을 공시기준일로 하는 공시지가로서, 해당 토지에 관한 협의의 성립 또는 재결 당시 공시된 공시지가 중 그 사업인정고시일과 가장 가까운 시점에 공시된 공시지가로 한다(토지보상법 제70조 제4항). 이는 사업인정 후 발생한 개발이익을 보상액 산정에서 배제하기 위한 규정이다.

b. 공익사업계획 또는 시행 공고 등으로 인해 토지가격이 변동된 경우

사업인정 전 협의취득 및 사업인정 후 취득의 경우에도 불구하고 공익사업의 계획 또는 시행이 공고되거나 고시됨으로 인하여 취득하여야 할 토지의 가격이 변동되었다고 인정되는 경우 공시지가는 해당 공고일 또는 고시일 "전"의 시점을 공시기준일로 하는 공시지가로서 그 토지의 가격시점 당시 공시된 공시지가 중 그 공익사업의 공고일 또는 고시일과 가장 가까운 시점에 공시된 공시지가로 한다(토지보상법 제70조 제5항). 이는 개발이익배제원칙을 충실히 하기 위해 해당 공익사업으로 토지가치가 변동된 경우 사업인정 후 취득의 경우에도 적용공시지가를 소급하게 한 것이다.

(3) 공시기준일부터 가격시점까지의 토지의 이용계획, 지가변동률 등을 고려하여 평가(시점수정)

㈎ 협의나 재결에 의하여 취득하는 토지에 대하여는 「부동산 가격공시에 관한 법률」에 따른 공시지가를 기준으로 하여 보상하지만, 그 공시기준일부터 가격시점까지의 관계 법령에 따른 그 토지의 이용계획, 해당 공익사업으로 인한 지가의 영향을 받지 아니하는 지역의 대통령령으로 정하는 지가변동률, 생산자물가상승률과 그 밖에 그 토지의 위치·형상·환경·이용상황 등을 고려하여 평가한 적정가격으로 보상하여야 한다(토지보상법 제70조 제1항 후단).

㈏ 즉, 표준지공시지가의 공시기준일과 가격시점이 상이한 경우, 그 시간적 차이를 제거하여 그 가치를 동일하게 수정하는데 이를 '시점수정'이라고 한다(후술).

제2항 손실보상의 내용

제1목 | 취득(사용)하는 토지의 평가

제1 일반적 토지 평가의 기준

보상액의 산정은 협의에 의한 경우에는 협의 성립 당시의 가격을, 재결에 의한 경우에는 수용 또는 사용의 재결 당시의 가격이 가격시점이 된다(토지보상법 제67조 제1항).

I. 공시지가기준 원칙

㈎ 원칙상 협의나 재결에 의하여 취득하는 토지에 대하여는 「부동산 가격공시에 관한 법률」에 따른 공시지가를 기준으로 하여 보상한다(토지보상법 제70조 제1항).

㈏ 감정평가법인 등은 토지를 감정평가할 때에 다음 각 호의 순서[89]에 따라야 한다(감정평가에 관한 규칙 제14조 제2항).

---

[89] 1. 비교표준지 선정 2. 시점수정 3. 지역요인 비교 4. 개별요인 비교 5. 그 밖의 요인 보정

1. 비교표준지의 선정(지역적 선정기준)

(1) 비교표준지의 의의

토지보상법 제70조 제1항의 공시지가는 표준지공시지가를 말한다(대판 1994.10.14. 94누2664). '비교표준지'란 취득하는 토지의 평가기준이 되는 표준지를 말한다.

(2) 비교표준지의 선정

㈎ 비교표준지의 선정은 특별한 사유가 있는 경우를 제외하고는 다음 각 호의 기준(1.「국토의 계획 및 이용에 관한 법률」제36조부터 제38조까지, 제38조의2 및 제39조부터 제42조까지에서 정한 용도지역, 용도지구, 용도구역 등 공법상 제한이 같거나 유사할 것 2. 평가대상 토지와 실제 이용상황이 같거나 유사할 것 3. 평가대상 토지와 주위 환경 등이 같거나 유사할 것 4. 평가대상 토지와 지리적으로 가까울 것)에 따른 토지로 한다(토지보상법 시행규칙 제22조 제3항).

㈏ <u>당해 토지와 같은 용도지역의 표준지가 있으면 다른 특별한 사정이 없는 한 용도지역이 같은 토지를 당해 토지에 적용할 표준지로 선정함이 상당하다</u>(대판 1993.2.26. 92누8675).

2. 적용공시지가의 선택(시간적 선정기준)★

(1) 적용공시지가의 의의

'적용공시지가'란 비교표준지의 연도별 공시지가 중에서 대상토지의 감정평가의 기준으로 선정된 연도의 공시지가를 말한다.

(2) 적용공시지가의 선택

표준지공시지가결정은 매년 1월 1일을 공시기준일로 하여 공시되므로 감정평가에서 어느 연도의 표준지공시지가를 기준으로 감정평가를 할 것인가의 문제가 발생한다. 즉, 적용공시지가는 기준시점 당시 공시된 공시지가 중 가격시점에서 가장 가까운 시점에 공시된 표준지공시지가를 선택함이 원칙이다.

1) 사업인정 전 협의취득의 경우

㈎ 사업인정 전 협의에 의한 취득의 경우에 공시지가는 해당 토지의 가격시점 당시 공시된 공시지가 중 가격시점(협의)과 가장 가까운 시점에 공시된 공시지가로 한다(토지보상법 제70조 제3항).

㈏ 그러나 사업인정 전 협의취득은 사법상 계약에 따른 것이기 때문에 <u>당사자 간의 합의로 손실보상의 요건을 완화하는 약정을 할 수 있고, 당사자 간의 합의로 같은 법 소정의 손실보상의 기준에 의하지 아니한 매매대금을 정할 수 있다</u>(대판 1999.3.23. 98다48866).

2) 사업인정 후 취득의 경우

사업인정 후의 취득의 경우에 공시지가는 사업인정고시일 "전"의 시점을 공시기준일로 하는 공시지가로서, 해당 토지에 관한 협의의 성립 또는 재결 당시 공시된 공시지가 중 그 사업인정고시일과 가장 가까운 시점에 공시된 공시지가로 한다(토지보상법 제70조 제4

항). 이는 사업인정 후 발생한 개발이익을 보상액 산정에서 배제하기 위한 규정이다.

3) 공익사업계획 또는 시행 공고 등으로 인해 토지가격이 변동된 경우

㉮ 위의 1), 2)에도 불구하고 공익사업의 계획 또는 시행이 공고되거나 고시됨으로 인하여 취득하여야 할 토지의 가격이 변동되었다고 인정되는 경우 공시지가는 해당 공고일 또는 고시일 "전"의 시점을 공시기준일로 하는 공시지가로서 그 토지의 가격시점(협의 당시 또는 재결 당시) 당시 공시된 공시지가 중 그 공익사업의 공고일 또는 고시일과 가장 가까운 시점에 공시된 공시지가로 한다(토지보상법 제70조 제5항). 이는 개발이익배제원칙을 충실히 하기 위해 해당 공익사업으로 토지가치가 변동된 경우 사업인정 후 취득의 경우에도 적용공시지가를 소급하게 한 것이다.

㉯ '공익사업의 계획 또는 시행이 공고되거나 고시'란 관계법령에 의해 공고나 고시된 경우뿐만 아니라 구체적인 공익사업을 언론을 통해 일반인에게 발표한 것도 포함한다(실무기준 해설서).

3. 시점수정

(1) 의 의

'시점수정'이란 표준시공시지가의 공시기준일과 가격시점이 상이한 경우, 그 시간적 차이를 제거하여 그 가치를 동일하게 수정하는 행위를 말한다.

(2) 방 법

협의나 재결에 의하여 취득하는 토지에 대하여는 부동산 가격공시에 관한 법률에 따른 공시지가를 기준으로 하여 보상하되, 그 공시기준일부터 가격시점까지의 관계 법령에 따른 그 토지의 이용계획, 해당 공익사업으로 인한 지가의 영향을 받지 아니하는 지역의 대통령령으로 정하는 지가변동률, 생산자물가상승률과 그 밖에 그 토지의 위치·형상·환경·이용상황 등을 고려하여 평가한 적정가격으로 보상하여야 한다(토지보상법 제70조 제1항 후단).

4. 품등비교

'품등비교'란 표준지와 수용대상토지의 위치나 조망, 조건 등 지역적·개별적 가격형성요인을 비교하는 것을 말한다. 토지는 일반상품과는 달리 자연적·인문적 특징이 있고 완전히 동일한 토지가 존재하지 않기 때문에 토지평가시 품등비교가 필요하다. 품등비교에는 지역요인 비교와 개별요인 비교로 나누어진다(감정평가에 관한 규칙 제14조 제2항 제3호·제4호).

(1) 지역요인의 비교

지역요인의 비교는 수용대상 토지가 있는 지역과 표준지가 있는 지역의 특성을 비교함으로써 어느 쪽이 어느 정도 우세한지를 결정하는 것이다.[90]

---

90) 택지지역, 농지지역 등

(2) 개별요인의 비교

개별요인의 비교는 가로조건,[91] 접근조건, 환경조건, 획지조건(토지의 면적과 모양), 행정적 조건 기타조건으로 구성된다.

5. 인근거래사례 또는 평가사례

토지보상법이나 부동산공시법 등에서는 인근거래사례나 평가사례 등을 참작요인으로 들고 있지 않아 법률상 산정요인의 하나가 아닌 만큼 원칙적으로 참작하지 않는다.

II. 현황기준 원칙

1. 의의

(가) 토지에 대한 보상액 평가는 "가격시점"에서의 해당 물건의 이용상황 및 공법상 제한을 받는 상태를 기준으로 하는데(감정평가에 관한 규칙 제6조 제1항 참조), 이를 '현황기준 원칙'이라고 한다. 토지보상법 제70조 제2항은 토지에 대한 보상액은 가격시점에서의 현실적인 이용상황과 일반적인 이용방법에 의한 객관적 상황을 고려하여 산정하되, 일시적인 이용상황과 토지소유자나 관계인이 갖는 주관적 가치 및 특별한 용도에 사용할 것을 전제로 한 경우 등은 고려하지 아니한다고 규정한다.

(나) 감정평가법인 등은 현황 기준의 원칙에도 불구하고 다음 각 호[92]의 어느 하나에 해당하는 경우에는 기준시점의 가치형성요인 등을 실제와 다르게 가정하거나 특수한 경우로 한정하는 조건(감정평가조건)을 붙여 감정평가할 수 있다(감정평가에 관한 규칙 제6조 제2항).

2. 내용

(1) 토지에 대한 보상액 산정의 고려하는 요소★

1) 현실적 이용상황

'현실적 이용상황'이란 지적공부상의 지목에도 불구하고 가격시점의 실제 이용상황으로서 주위환경이나 대상토지의 공법상 규제 정도 등으로 보아 인정 가능한 범위의 이용상황을 말한다(실제의 지목). 따라서 토지가격의 평가를 함에 있어 <u>공부상 지목과 실제 현황이 다른 경우에는 공부상 지목보다는 실제 현황을 기준으로 하여 평가하여야 함이 원칙이다</u>(대판 1994.4.12. 93누6904)(현황평가주의).

---

91) 어떤 도로에 어떤 형태로 접해있는지를 비교하는 항목
92) 1. 법령에 다른 규정이 있는 경우 2. 의뢰인이 요청하는 경우 3. 감정평가의 목적이나 대상물건의 특성에 비추어 사회통념상 필요하다고 인정되는 경우

2) (일반적 이용방법에 의한) 객관적 상황

(가) '일반적 이용방법'이란 토지가 놓여 있는 지역이라는 공간적 상황 및 가격시점이라는 시간적 상황에서 대상토지를 이용하는 사람들의 평균인이 이용할 것으로 기대되는 이용방법을 말한다.

(나) '객관적 상황'이란 사물은 판단함에 있어 자기 자신을 기준으로 하지 않고, 제3자의 입장에서 판단하는 것을 말한다.

(2) 토지에 대한 보상액 산정에서 고려되지 않는 요소

1) 일시적 이용상황

'일시적 이용상황'이란 ① 관계 법령에 따른 국가 또는 지방자치단체의 계획이나 명령 등에 따라 해당 토지를 본래의 용도로 이용하는 것이 일시적으로 금지되거나 제한되어 그 본래의 용도와 다른 용도로 이용되고 있거나[93] ② 해당 토지의 주위환경의 사정으로 보아 현재의 이용방법이 임시적인 것을 말한다[94](토지보상법 시행령 제38조).

2) 주관적 가치, 특별한 용도

① '주관적 가치'란 일반화시킬 수 없는 개인적인 애착심이나 감정가치를 말한다. ② 그리고 '특별한 용도'란 가격시점에서 토지가 소재한 지역의 일반적인 이용상황이 아닌 특별한 용도를 말한다.

Ⅲ. 기타-나지(裸地) 상정평가와 구분평가

(가) 토지에 건축물 등이 있는 때에는 그 건축물 등이 없는 상태를 상정하여 토지를 평가한다(토지보상법 시행규칙 제22조 제2항). '나지 상정평가의 원칙'은 취득할 토지 위에 건축물이 있는 경우 토지의 가격이 감가되는 것을 고려하지 않도록 하는 조치이다.

(나) 취득할 토지에 건축물 등이 있는 경우에는 토지와 그 건축물 등을 각각 평가하여야 한다(구분평가의 원칙). 다만, 건축물 등이 토지와 함께 거래되는 사례나 관행이 있는 경우에는 그 건축물등과 토지를 일괄하여 평가하여야 하며, 이 경우 보상평가서에 그 내용을 기재하여야 한다(토지보상법 시행규칙 제20조 제1항). 이것은 토지와 건축물 등의 보상액 산정을 위한 평가의 원칙이 다르기 때문이다.

---

93) 예를 들어 일정한 시설을 설치하기 위해 계획이나 명령으로 일시적인 행위를 금지하거나 제한하는 경우
94) 예를 들어 현재는 저가이용토지로 이용되고 있지만 고가이용토지로 변환하는데 제한이 없다면 현재의 이용상황은 원칙적으로 임시적인 경우에 해당한다.

제2 유형별 토지 평가의 기준

쟁점 ▶ 공법상 제한을 받는 토지의 평가★★★ [13 감평] [17 감평] [20 감평]

1. 의의와 종류

   (1) 의 의

   '공법상 제한을 받는 토지'란 관련법률에 의해 이용규제나 제한을 받는 토지를 말한다.

   (2) 종 류

   1) 일반적 계획제한

   ㈎ '일반적 계획제한'이란 공법상 제한이 그 자체로 완성되는 계획제한(계획의 지정 또는 변경)을 말하며, 대표적인 예는 아래와 같다.95)

   ㈏ 자연공원법에 의한 '자연공원 지정' 및 '공원용도지구계획에 따른 용도지구 지정'은, 별도의 '공원시설계획'에 의하여 시행 여부가 결정되는 구체적인 공원사업의 시행을 직접 목적으로 한 것이 아니므로 공익사업을 위한 토지 등의 취득 및 보상에 관한 법률 시행규칙 제23조 제1항 본문에서 정한 '일반적 계획제한'에 해당한다(대판 2019.9.25. 2019두34982).

   2) 개별적 계획제한

   '개별적 계획제한'이란 공법상 제한이 구체적인 공익사업의 시행을 직접 목적으로 가해지는 계획제한(계획의 지정 또는 변경)을 말하며, 대표적인 예는 아래와 같다.96)

   3) 제3유형의 공법상 제한(석종현)

   일반적 계획제한의 해당하는 계획제한이라도 ① 특정 공익사업을 직접 목적으로 용도지역 또는 용도지구 등이 변경된 경우뿐만 아니라(토지보상법 시행규칙 제23조 제2항) ② 특정 공익사업을 직접 목적으로 용도지역 또는 용도지구 등을 변경하지 않은 것도 당해 공익사업의 시행을 직접 목적으로 하는 제한이라고 보아야 한다. 여기에서 특정 공익사업의 시행을 위하여 용도지역 등의 지정 또는 변경을 하지 않았다

---

95) 1. 용도지역 등의 지정·변경 2. 「군사기지 및 군사시설보호법」에 따른 군사시설보호구역의 지정·변경 3. 「수도법」에 따른 상수원보호구역의 지정·변경 4. 「자연공원법」에 따른 자연공원 및 공원보호구역의 지정·변경 5. 그 밖에 관계법령에 따른 위 제2호부터 제4호와 비슷한 토지이용계획의 제한(토지보상평가지침 제23조 제2항)

96) 1. 「국토의 계획 및 이용에 관한 법률」 제2조 제7호에서 정한 도시·군계획시설 및 제2조 제11호에서 정한 도시·군계획사업(가. 도시·군계획시설사업 나. 「도시개발법」에 따른 도시개발사업 다. 「도시 및 주거환경정비법」에 따른 정비사업)에 관한 같은 법 제30조 제6항에 따른 도시·군관리계획의 결정고시 2. 법 제4조에 따른 공익사업을 위한 사업인정의 고시 3. 그 밖에 관계법령에 따른 공익사업의 계획 또는 시행의 공고 또는 고시 및 공익사업의 시행을 목적으로 한 사업구역·지구·단지 등의 지정고시(토지보상평가지침 제23조 제3항)

고 볼 수 있으려면, 토지가 특정 공익사업에 제공된다는 사정을 배제할 경우 용도지역 등의 지정 또는 변경을 하지 않은 행위가 계획재량권의 일탈·남용에 해당함이 객관적으로 명백하여야만 한다(대판 2015.8.27. 2012두7950).

2. 평 가

(1) 일반적 계획제한

공법상 제한을 받는 토지에 대하여는 제한받는 상태대로 평가한다(토지보상법 시행규칙 제23조 제1항 본문). 당해 공익사업을 직접 목적으로 하지 않는 경우의 공법상 제한으로 인해 지가가 낮게 평가되더라도 이는 사회적 제약에 불과하기 때문에 현황평가의 원칙에 따라 공법상 제한을 받는 상태로 평가한다.

(2) 개별적 계획제한

개별적 계획제한을 받는 토지에 대해서는 그 공법상 제한이 당해 공익사업의 시행을 직접 목적으로 하여 가하여진 경우에는 제한이 없는 상태로 평가한다(토지보상법 시행규칙 제23조 제1항 단서). 당해 사업을 직접목적으로 하여 가해진 제한으로 하락한 지가는 특별한 희생으로 보아야 할 것이므로 손실보상액 산정에서 이러한 가격변동을 고려하지 않는 것이다.

(3) 제3유형의 공법상 제한

1) 특정 공익사업을 목적으로 용도지역 등이 변경된 경우

㈎ 당해 공익사업의 시행을 직접 목적으로 하여 용도지역 또는 용도지구 등이 변경된 토지에 대하여는 변경되기 전의 용도지역 또는 용도지구 등을 기준으로 평가한다(토지보상법 시행규칙 제23조 제2항).

㈏ 즉, 공원조성사업의 시행을 직접 목적으로 일반주거지역에서 자연녹지지역으로 변경된 토지에 대한 수용보상액을 산정하는 경우, 그 대상 토지의 용도지역을 일반주거지역으로 하여 평가하여야 한다(대판 2007.7.12. 2006두11507).

2) 특정 공익사업을 목적으로 용도지역 등이 변경되지 않은 경우

어느 수용대상 토지에 관하여 특정 시점에서 용도지역 등의 지정 또는 변경을 하지 않은 것이 특정 공익사업의 시행을 위한 것일 경우 이는 당해 공익사업의 시행을 직접 목적으로 하는 제한이라고 보아 용도지역 등의 지정 또는 변경이 이루어진 상태를 상정하여 토지가격을 평가하여야 한다(대판 2015.8.27. 2012두7950).

무허가건축물 등의 부지의 평가★

1. 의 의

    (1) '무허가건축물 등'의 의의

    '무허가건축물 등'이란 「건축법」 등 관계법령에 의하여 허가를 받지 아니하거나 신고를 하지 아니하고 건축 또는 용도변경한 건축물을 말한다(토지보상법 시행규칙 제24조). 무허가 또는 무신고 건축물뿐만 아니라 허가나 신고 없이 불법으로 용도를 변경한 건축물도 포함한다.

    (2) 무허가건축물 등의 '부지'의 의의

    '무허가건물 등의 부지'라 함은 <u>무허가건물 등의 사용·수익에 필요한 범위 내의 토지와 무허가건물 등의 용도에 따라 불가분적으로 사용되는 범위의 토지</u>를 의미하는 것이다(대판 2002.9.4. 2000두8325).

2. 입증책임

    '무허가건축물 등의 부지라는 점'에 대해 누가 입증책임을 부담하는지가 문제되는데, 현실적 이용상황을 기준으로 토지가격을 평가하는 토지보상법의 취지에 비추어 볼 때, 현실적 이용상황을 기준으로 하는 원칙에 대한 예외는 그 예외를 주장하는 자인 사업시행자가 입증책임을 부담한다는 것이 타당하다.

3. 평 가

    (1) 원 칙

    무허가건축물 등이 건축 또는 용도변경될 당시의 이용상황을 상정하여 평가한다(토지보상법 시행규칙 제24조). 이는 무허가건축물 등의 부지를 현실적 이용 상황에 따라 평가하게 되면 불법이 적법으로 전환되어 공정하지 못한 보상이 될 수 있고, 토지가격상승 요소를 차단하기 위해 현황평가주의의 예외(전황평가라고도 한다)를 인정한 것이다.

    (2) 예 외

    토지보상법 시행규칙 부칙 제5조는 "1989년 1월 24일 당시의 무허가건축물 등에 대하여는 … 이 규칙에서 정한 보상을 함에 있어 이를 적법한 건축물로 본다"고 규정하고 있어 이러한 무허가건축물 등의 부지는 가격시점 당시의 현실적 이용 상황을 기준으로 평가한다. 해당 건축물이 1989년 1월 24일 이후에 건축되었다는 점에 대해 누가 입증책임을 부담하는지가 문제되는데, 사업시행자가 입증책임을 부담한다는 것이 타당하다.

불법형질변경된 토지의 평가★

1. 불법형질변경된 토지의 의의

   (1) 불 법

   ㈎ '불법'이란 국토의 계획 및 이용에 관한 법률 등 관계법령에 의하여 허가를 받지 아니하거나 신고를 하지 아니하고 형질변경하는 경우를 말한다(토지보상법 시행규칙 제24조). 당초에 불법으로 형질변경하였으나 사후에 허가나 신고를 받은 경우 불법형질변경이 아니다. 따라서 불법의 판단시점은 가격시점이다(실무기준 해설서).

   ㈏ 그리고 지목과 현실적 이용상황은 불법 없이도 다를 수 있으므로 양자가 다르다고 하여 바로 불법형질변경이라고 볼 수는 없다(대판 2012.4.26. 2011두2521).

   (2) 토지의 형질변경

   '토지의 형질변경'이라 함은 절토, 성토 또는 정지 등으로 <u>토지의 형상을 변경하는 행위와 공유수면의 매립을 뜻하는 것으로서, 토지의 형질을 외형상으로 사실상 변경시킬 것과 그 변경으로 말미암아 원상회복이 어려운 상태에 있을 것을 요한다</u>(대판 1993.8.27. 93도403).

2. 입증책임

   판례는 불법형질변경 토지라는 점은 현황평가의 예외를 주장하는 사업시행자가 입증책임을 부담한다고 본다(대판 2012.4.26. 2011두2521). 따라서 사업시행자가 불법형질변경토지임을 입증하지 못하면 현실적 이용상황을 기준으로 평가하여야 한다.

3. 평 가

   (1) 원 칙

   토지가 형질변경될 당시의 이용상황을 상정하여 평가한다(토지보상법 시행규칙 제24조). 이는 위법한 행위에 기한 가치 증가분을 보상액에서 배제하여 손실보상 평가의 공정성을 담보하기 위한 것으로 현황평가주의의 예외(전황평가라고도 한다)가 된다.

   (2) 예 외

   토지보상법 시행규칙 부칙 제6조는 "1995년 1월 7일 당시 공익사업시행지구에 편입된 불법형질변경 토지 또는 무허가개간토지에 대하여는 제24조 또는 제27조 제1항의 규정에 불구하고 이를 현실적인 이용상황에 따라 보상하거나 개간비를 보상하여야 한다"고 규정한다. 토지보상법 시행규칙 부칙 제6조와 관련해서 1995년 1월 7일 이후에 공익사업시행지구에 편입되었다는 점은 사업시행자가 입증책임을 부담한다.

미지급용지의 평가★

1. 미지급용지
   (1) 미지급용지의 의의
      ㈎ '미지급용지'란 종전에 시행된 공익사업에 편입되어 공익사업에 이용 중인 토지로 보상금이 지급되지 아니한 토지를 말한다(토지보상법 시행규칙 제25조 제1항 본문). 예를 들어 6·25 전쟁 당시 보상 없이 국가가 사용한 토지, 보상입법체계가 마련되기 전에 수용된 토지, 사업주체의 예산부족 사정으로 보상이 지연되고 있는 토지 등을 말한다.
      ㈏ 판례는 미지급용지로 인정되려면 ① <u>종전</u>(종전이란 토지를 수용사용할 때부터 현행 공익사업의 시행 직전까지를 말한다)<u>에 공익사업이 시행된 부지여야 하고</u>, ② 종전의 공익사업은 적어도 당해 <u>부지에 대하여 보상금이 지급될 필요가 있는 것</u>이어야 한다(대판 2009.3.26. 2008두22129).
   (2) 미지급용지 여부의 판단
      미지급용지의 판단은 토지보상법에서 규정한 일정한 절차에 의하여 사업시행자가 판단한다(실무기준 해설서).

2. 평가
   (1) 원칙
      ㈎ 미지급용지에 대하여는 "종전"의 공익사업에 편입될 당시의 이용상황을 상정하여 평가한다(토지보상법 시행규칙 제25조 제1항 본문).
      ㈏ 미지급용지는 그 용도가 공익사업 부지(도로나 댐 부지)로 제한되기 때문에 현재 거래가격이 아예 형성되지 않거나 상당히 감가된다. 그럼에도 사업시행자가 미지급용지를 취득하면서 가격시점에서 현실적 이용상황인 공익사업 부지로 평가를 한다면 적정가격으로 보상한 것으로 볼 수 없기 때문에 피수용자를 보호하기 위해 종전 공익사업에 편입될 당시의 이용상황을 상정하여 평가하는 것이다(현황평가의 예외).
   (2) 예외
   1) 종전의 공익사업에 편입될 당시의 이용상황을 알 수 없는 경우
      종전의 공익사업에 편입될 당시의 이용상황을 알 수 없는 경우에는 편입될 당시의 지목과 인근토지의 이용상황 등을 참작하여 평가한다(토지보상법 시행규칙 제25조 제1항 단서).
   2) 현실적 이용상황을 기준으로 감정평가하는 것이 토지소유자에게 유리한 경우
      미지급용지에 대한 평가를 현실적 이용상황 기준의 예외로 규정한 것은 적정가격으로 보상되지 못하는 부당한 결과를 방지하기 위한 것이므로, 미지급용지라고 하여도

현실적 이용상황을 기준으로 평가하는 것이 토지소유자에게 유리한 경우는 예외가 아니라 원칙을 적용하여 현실적 이용상황을 기준으로 평가한다(대판 1992.11.10. 92누4833).

3. 미지급용지의 보상의무자와 보상대상자

  (1) 보상의무자

   미지급용지에 대한 보상의무자를 종전 공익사업의 시행자로 하면 새로운 사업시행자와의 관계에서 법률관계가 복잡해지기 때문에 보상의무자는 새로운 사업시행자가 된다.

  (2) 보상대상자

   보상대상자는 토지소유자인데, 종전의 공익사업 시행시점과 새로운 공익사업의 가격시점 사이에 미지급용지의 소유자가 변경된 경우 토지보상법 시행규칙 제25조를 적용할 수 있는지가 문제된다. 종전 미지급용지에 대한 보상을 종전 공익사업에 편입 당시의 토지소유자 등에게만 인정한다면 미지급용지의 거래를 힘들게 만드는 원인이 될 수 있으므로 미지급용지에 대한 보상규정은 새로운 소유자에게도 적용된다고 보아야 한다(실무기준 해설서).

4. 관련 문제-미지급용지에 대한 시효취득

  미지급용지에 대해 국가 등이 공익사업 부지로 점유를 하고 있다고 하여도 <u>점유를 시작할 당시 그 토지가 타인 소유자는 사실을 알고 있었다고 보아</u>(즉, 타주점유) <u>시효취득은 인정되지 않는다</u>(대판(전원) 1997.8.21. 95다28625).

쟁점 ━━ 도로 및 구거부지의 평가 ━━

Ⅰ. 도로부지의 평가

1. 도로의 구분

  ㈎ 도로는 공도와 사도로 구분되며, '공도'는 주로 국가나 지방자치단체의 소유로 법률이나 법률에 따른 처분으로 강제로 개설된 도로를 말하며, 사도는 토지소유자의 의사와 관련하여 임의적으로 개설된 도로로 사유인 것이 보통이다.

  ㈏ 원래 사도는 융통되어 거래의 대상이 되는 것은 아니지만, 사도의 부지도 개인의 사유재산이므로 공익사업에 편입되는 경우 손실보상이 주어져야 한다. 다만, 도로 개설로 인하여 인접토지에의 가치이전의 정도가 다르기 때문에 그 정도에 따라 토지보상법 시행규칙 제26조 제1항은 사도를 사도법상 사도, 사실상의 사도, 그 외의 도로로 구분하고 있다.

2. 사도법상 사도부지의 평가

(1) 사도법상 사도의 의의

'사도법에 의한 사도'란 "도로법이나 도로법의 준용을 받는 도로 등"이 아닌 도로로 "도로법이나 도로법의 준용을 받는 도로"에 연결되는 길을 말하며(사도법 제2조), 사도법에 의한 사도를 개설·증축하려면 시장 등의 개설허가를 받아야 한다(사도법 제4조).

(2) 평가

㉮ 「사도법」에 의한 사도의 부지는 인근토지에 대한 평가액의 5분의 1 이내로 평가한다(토지보상법 시행규칙 제26조 제1항 제1호).

㉯ 여기서 '인근토지'라 함은 당해 도로부지가 도로로 이용되지 아니하였을 경우에 예상되는 표준적인 이용상황과 유사한 토지로서 당해 토지와 위치상 가까운 토지를 말한다(토지보상법 시행규칙 제26조 제4항). 즉, 인근토지의 현실적 이용상황이 평가의 기준이 된다.

3. 사실상의 사도부지의 평가★★ [11 감평] [22 감평]

(1) 사실상의 사도의 의의

㉮ '사실상의 사도'라 함은 「사도법」에 의한 사도 외의 도로로서 다음 각 호[97])의 1에 해당하는 도로를 말한다(토지보상법 시행규칙 제26조 제2항).

㉯ 다만, 「국토의 계획 및 이용에 관한 법률」에 의한 도시·군관리계획에 의하여 도로로 결정된 후부터 도로로 사용되고 있는 것은 사실상의 사도에서 제외한다(토지보상법 시행규칙 제26조 제2항). 따라서 <u>국토의 계획 및 이용에 관한 법률에 의한 도시·군관리계획에 의하여 도로예정지로 결정된 후 도로로 결정·고시되지는 아니하였지만 실제 도로로 사용되고 있는 '예정공도부지'에 해당하는 토지는 토지보상법 시행규칙 제26조 제2항에서 정한 사실상의 사도에서 제외된다</u>(대판 2019.1.17. 2018두55753).

(2) 사실상 사도의 종류

판례는 「공익사업을 위한 토지 등의 취득 및 보상에 관한 법률 시행규칙 제26조 제1항 제2호에 의하여 <u>'사실상의 사도'의 부지로 보고 … 보상액을 평가하려면, 도로법에 의한 일반 도로 등에 연결되어 일반의 통행에 제공되는 등으로 사도법에 의한 사도에 준하는 실질을 갖추고 있어야 한다</u>(대판 2013.6.13. 2011두7007)」라고 본다. 또한 아래의 각 호의 하나에 해당하는 도로 중 하나이어야 한다(토지보상법 시행규칙 제26조 제2항).

---

97) 1. 도로개설당시의 토지소유자가 자기 토지의 편익을 위하여 스스로 설치한 도로 2. 토지소유자가 그 의사에 의하여 타인의 통행을 제한할 수 없는 도로 3. 「건축법」 제45조에 따라 건축허가권자가 그 위치를 지정·공고한 도로 4. 도로개설 당시의 토지소유자가 대지 또는 공장용지 등을 조성하기 위하여 설치한 도로

1) 도로개설 당시의 토지소유자가 자기 토지의 편익을 위하여 스스로 설치한 도로(제1호)

   a. 요건
   여기에 해당하려면 ① 도로개설의 자의성[98]과 ② 동일인 소유 토지로의 가치이전[99]이라는 2가지 요건을 만족해야 한다(대판 2013.6.13. 2011두7007).

   b. 판단기준 시점
   도로개설의 자의성과 동일인 소유 토지로의 가치이전이라는 2가지 요건의 판단 시점은 도로개설 당시를 기준으로 한다. 따라서 도로 개설 이후에 소유권자가 달라지는 경우에도 사실상의 사도로 본다.

2) 토지소유자가 그 의사에 의하여 타인의 통행을 제한할 수 없는 도로(제2호)

   a. '타인의 통행을 제한할 수 없는 도로'의 의의
   ㈎ 토지소유자가 그 의사에 의하여 '타인의 통행을 제한할 수 없는 도로'에는 법률상 소유권을 행사하여 통행을 제한할 수 없는 경우뿐만 아니라 사실상 통행을 제한하는 것이 곤란하다고 보이는 경우도 해당한다(대판 2011.8.25. 2011두7014).
   ㈏ 토지의 일부가 일정기간 불특정 다수인의 통행에 공여되거나 사실상의 도로로 사용되고 있으나 토지소유자가 소유권을 행사하여 그 통행 또는 사용을 금지시킬 수 있는 상태에 있는 토지는 사실상의 사도에 해당되지 아니한다(대판 1997.8.29. 96누2569).

   b. '타인의 통행을 제한할 수 없는 도로'의 유형
   토지소유자가 그 의사에 의하여 타인의 통행을 제한할 수 없는 도로에는 아래의 도로들이 있다. ① 법정통행권이 발생한 도로로 민법 제219조, 제220조에 따라 주위토지통행권이 발생한 도로가 있다(법정통행권). ② 약정으로 통행권이 설정된 도로로 물권으로 통행지역권이 설정된 도로와 채권으로 사용대차나 임대차 등 계약으로 통행권이 발생한 도로가 있다(약정통행권). ③ 도로관리청 기타 행정청이 관여하지 않고 주민들이 협동하거나 자연스럽게 도로가 만들어진 경우가 있다(자연발생적으로 형성된 도로).

3) 「건축법」제45조에 따라 건축허가권자가 그 위치를 지정·공고한 도로(제3호)
   건축허가권자는 건축허가 등을 하면서 건축물의 유지·관리 등을 위하여 건축법 제45조[100]에 따라 도로의 위치를 지정·공고할 수 있는데, 이러한 경우 사실상의 사도에 해당한다.

---

98) 토지소유자가 스스로 설치한 도로이어야 한다.
99) 도로의 소유자와 도로를 통해 출입하는 토지의 소유자가 동일해야 한다.
100) 건축허가권자가 도로에 대한 이해관계인의 동의를 받아 도로를 지정한 경우

4) 도로개설 당시의 토지소유자가 대지 또는 공장용지 등을 조성하기 위하여 설치한 도로(제4호)

도로개설 당시의 토지소유자가 대지 또는 공장용지 등을 조성하기 위하여 설치한 도로를 말한다.

(3) 사실상 사도의 입증책임

도로개설 당시의 토지소유자가 자기 토지의 편익을 위하여 스스로 설치한 도로라거나, 토지소유자가 그 의사에 의하여 타인의 통행을 제한할 수 없는 도로라는 사정은 낮은 가격으로 평가되는 특별한 사정이므로 사업시행자가 입증책임을 부담한다(행정소송의 이론과 실무).

(4) 평가

㈎ 사실상의 사도의 부지는 인근토지에 대한 평가액의 3분의 1 이내로 평가한다(토지보상법 시행규칙 제26조 제1항 제2호). 사실상의 사도부지를 낮게 평가하는 이유는 사도로 보호되는 토지의 가치에 화체(가치이전)되거나 화체되지 않는 경우에도 사실상의 소유권을 행사하더라도 타인의 통행을 막을 수 없어 그 경제적 가치가 정상적 토지보다는 낮기 때문이다.

㈏ '인근토지'란 해당 도로부지가 도로로 이용되지 아니하였을 경우에 예상되는 표준적인 이용상황의 토지로 대상토지와 지리적으로 가까운 토지를 말한다(토지보상법 시행규칙 제26조 제4항). 즉, 인근토지의 현실적 이용상황이 평가의 기준이 된다.

4. 그 외의 도로

(1) 의 의

'그 외의 도로'란 「사도법」에 의한 사도도 아니고, 사실상의 사도도 아닌 모든 도로를 말한다(토지보상법 시행규칙 제26조 제1항 제3호).

(2) 평 가

이러한 도로는 평가대상토지와 유사한 이용가치를 지닌다고 인정되는 하나 이상의 표준지의 공시지가를 기준으로 한다(토지보상법 시행규칙 제22조).

5. 관련 문제(처분사유의 추가·변경)

원고가 건축신고서를 제출하였고 구청장이 '위 토지가 건축법상 도로에 해당하여 건축을 허용할 수 없다'는 사유로 건축신고수리 거부처분을 하자 원고가 처분에 대한 취소를 구하는 소송을 제기하였는데, 소송 계속 중 구청장이 '위 토지가 인근 주민들의 통행에 제공된 사실상의 도로인데, 주택을 건축하여 주민들의 통행을 막는 것은 사회공동체와 인근 주민들의 이익에 반하므로 갑의 주택 건축을 허용할 수 없다'는 주장을 추가한 사안에서, 당초 처분사유와 구청장이 추가로 주장한 처분사유는 위 토지상의 사실상 도로의 법적 성질에 관한 평가를 다소 달리하는 것일 뿐, 모두 토지의 이용현황이 '도로'이므로 거기에 주택을 신축하는 것은 허용될 수 없다는 것이므로 기본적 사실

관계의 동일성이 인정된다(대판 2019.10.31. 2017두74320).

Ⅱ. 구거부지의 평가

1. 의 의
'구거'란 용수(用水) 또는 배수(排水)를 위하여 일정한 형태를 갖춘 인공적인 수로·둑 및 그 부속시설물의 부지와 자연의 유수(流水)가 있거나 있을 것으로 예상되는 소규모 수로부지를 말한다(공간정보의 구축 및 관리 등에 관한 법률 시행령 제58조 제18호).

2. 평 가
㈎ 구거부지에 대하여는 인근토지에 대한 평가액의 3분의 1 이내로 평가한다. '인근토지'란 해당 구거부지가 구거로 이용되지 아니하였을 경우에 예상되는 표준적인 이용상황의 토지로 대상토지와 지리적으로 가까운 토지를 말한다(토지보상법 시행규칙 제26조 제4항).

㈏ 그리고 개설 당시의 토지소유자가 자기 토지의 편익을 위하여 스스로 설치한 도수로[101]부지도 동일하다. 다만, 용수[102]를 위한 도수로부지에 대하여는 제22조(일반적인 토지의 평가)의 규정에 의하여 평가한다(토지보상법 시행규칙 제26조 제3항).

쟁점 ── 개간비에 대한 평가★★★

1. 의 의
개간비 보상은 토지 등이 개간됨으로써 토지의 경제적 가치는 증가되는데, 이러한 토지가 공익사업에 편입된 경우 국가 등이 개간비 상당액을 부당이득하게 되는 바 이러한 토지 가격의 증가분을 개간한 자에게 귀속시키는 제도로 실비변상적인 성질을 갖는다.

2. 개간비 보상의 요건(토지보상법 시행규칙 제27조 제1항)

(1) 국유지 또는 공유지

개간비 보상은 국유지와 공유지(지방자치단체 소유 재산)를 개간한 경우에만 해당하며 사유지는 적용되지 않는다.

(2) 적법한 개간

㈎ 개간비 보상은 '적법'한 개간의 경우에만 적용되고 해당 토지를 무단점유하는 경우에는 적용되지 않는다.

---

101) 농업용수의 취수(取水)시설에서 물을 끌어오기 위해 설치하는 수로
102) 관행용수권(하천, 호수, 연못에 인접한 토지소유자 물을 이용할 수 있는 권리)에 의해 생활용수나 농업용수를 취수·인수 하는 경우

(내) '1995년 1월 7일 당시 공익사업시행지구에 편입된 무허가개간토지에 대하여는 현실적인 이용상황에 따라 개간비를 보상한다(토지보상법 시행규칙 부칙 제6조).

(3) 계속 점유

개간한 자가 개간 당시부터 보상 당시까지 계속하여 적법하게 당해 토지를 점유하고 있어야 한다. 다만, 개간한 자가 사망한 경우에는 그 상속인이 개간한 자가 사망한 때부터 계속하여 적법하게 당해 토지를 점유하고 있는 경우를 포함한다.

3. 평 가

(개) '개간비'란 종전의 이용가치를 높이는 좁은 의미의 개간뿐만 아니라 매립·간척 기타 토지형질변경행위에 소요된 비용을 말한다. 개간비는 지상물과는 별도로 개간의 소요된 비용으로 평가하여 보상한다. 다만, 보상액은 개간 후의 토지가격에서 개간 전의 토지가격을 뺀 금액을 초과하지 못한다(토지보상법 시행규칙 제27조 제1항).

(내) 그리고 개간비를 보상하는 경우, 취득하는 토지의 보상액은 개간 후의 토지가격에서 개간비를 뺀 금액으로 한다(토지보상법 시행규칙 제27조 제3항). 이는 이중보상을 방지하기 위한 것이다.

쟁점 — 토지에 관한 소유권 외의 권리의 평가

1. 의 의

(개) 토지에 설정된 '소유권 외의 권리'란 수용목적물의 소유권에 설정되어 있는 용익물권, 담보물권 및 채권인 사용대차나 임대차에 관한 권리를 말한다. 소유권외의 권리는 토지소유권과는 달리 주로 소멸수용의 대상이다.

(내) 다만, 점유는 이러한 권리로 보지 아니한다(토지보상법 시행규칙 제28조 제1항 단서).

2. 평 가

(1) 소유권 외의 '권리'의 평가

소유권 외의 권리에 대하여는 당해 권리의 종류, 존속기간 및 기대이익 등을 종합적으로 고려하여 평가한다(토지보상법 시행규칙 제28조 제1항 본문). 그리고 소유권 외의 권리에 대하여는 거래사례비교법에 의하여 평가함을 원칙으로 하되, 일반적으로 양도성이 없는 경우에는 당해 권리의 유무에 따른 토지의 가격차액 또는 권리설정계약을 기준으로 평가한다(토지보상법 시행규칙 제28조 제2항).

(2) 소유권 외의 권리의 목적이 되고 있는 '토지'의 평가

취득하는 토지에 설정된 소유권 외의 권리의 목적이 되고 있는 토지에 대하여는 당해 권리가 없는 것으로 하여 평가한 금액에서 소유권 외의 권리의 가액을 뺀 금액으

로 평가한다(토지보상법 시행규칙 제29조). 이처럼 소유권 외의 권리의 목적이 되고 있는 토지를 이렇게 평가하는 것은 소유권 외의 권리를 가진 자를 보호하기 위한 것이다.

제3 사용하는 토지의 평가와 매수청구 및 수용청구

⑺ '토지의 사용'이란 공익사업의 시행을 위해 한시적 또는 영구적으로 지표 또는 지하·지상 부분을 강제로 사용하는 것을 말한다.

⑷ 토지수용의 경우 적정가격으로 보상하지만, 토지의 사용은 용익가치 즉 지료나 임대료를 보상한다는 점에서 차이가 있다.

1. 사용하는 토지의 보상

(1) 일반 토지의 사용에 대한 평가

⑺ 협의 또는 재결에 의하여 사용하는 토지에 대하여는 그 토지와 인근 유사토지의 지료(地料), 임대료, 사용방법, 사용기간 및 그 토지의 가격 등을 고려하여 평가한 적정가격으로 보상하여야 한다(토지보상법 제71조 제1항).

⑷ 토지의 사용료는 임대사례비교법[103]으로 평가한다. 다만, 적정한 임대사례가 없거나 대상토지의 특성으로 보아 임대사례비교법으로 평가하는 것이 적정하지 아니한 경우에는 적산법[104]으로 평가할 수 있다(토지보상법 시행규칙 제30조).

(2) 지하 및 지상 공간의 사용에 대한 평가

1) 영구사용의 경우

토지의 지하 또는 지상공간을 사실상 영구적으로 사용하는 경우 당해 공간에 대한 사용료는 토지보상법 시행규칙 제22조의 규정(취득하는 토지의 평가규정)에 의하여 산정한 당해 토지의 가격에 당해 공간을 사용함으로 인하여 토지의 이용이 저해되는 정도에 따른 적정한 비율("입체이용저해율"이라 한다)을 곱하여 산정한 금액으로 평가한다(토지보상법 시행규칙 제31조 제1항).

2) 일시사용의 경우

토지의 지하 또는 지상공간을 일정한 기간 동안 사용하는 경우 당해 공간에 대한 사용료는 토지보상법 시행규칙 제30조의 규정(토지의 사용에 대한 평가)에 의하여 산정한 당해 토지의 사용료에 입체이용저해율을 곱하여 산정한 금액으로 평가한다(토지보상법 시행규칙 제31조 제2항).

---

[103] "임대사례비교법"이라 함은 대상물건과 동일성 또는 유사성이 있는 다른 물건의 임대사례와 비교하여 대상물건의 사용료를 구하는 방법을 말한다.
[104] "적산법"이라 함은 가격시점에서 대상물건의 가격을 기대이율로 곱한 금액에 대상물건을 계속 사용하는 데 필요한 제경비를 더하여 대상물건의 사용료를 구하는 방법을 말한다.

2. 사용하는 토지의 매수청구 및 수용청구(완전수용, 사용에 갈음하는 수용)

(1) 의 의

사업인정고시가 된 후 일정한 경우에 해당할 때에는 해당 토지소유자는 사업시행자에게 해당 토지의 매수를 청구하거나 관할 토지수용위원회에 그 토지의 수용을 청구할 수 있다. 이 경우 관계인은 사업시행자나 관할 토지수용위원회에 그 권리의 존속(存續)을 청구할 수 있다(토지보상법 제72조).

(2) 사용하는 토지의 매수청구 및 수용청구의 공통요건★

1) 적법한 토지의 사용

'토지의 사용'이란 토지보상법이 정한 절차에 따른 적법한 사용만을 말하고, 사업시행자가 무단으로 토지를 사용하는 경우는 이에 포함되지 않는다(대판 1996.9.10. 96누5896).

2) 사업인정 고시가 된 후의 사용

원칙적으로 사업인정고시가 된 후부터의 토지사용이어야 한다.

3) 각 호의 어느 하나에 해당할 것

다음 각 호(1. 토지를 사용하는 기간이 3년 이상인 경우 2. 토지의 사용으로 인하여 토지의 형질이 변경되는 경우 3. 사용하려는 토지에 그 토지소유자의 건축물이 있는 경우)의 어느 하나에 해당할 때에 청구할 수 있다(토지보상법 제72조).

4) 토지소유자의 청구

'토지소유자'는 사업시행자에게 사용하는 토지의 매수를 청구하거나 관할 토지수용위원회에 그 토지의 수용을 청구할 수 있다(토지보상법 제72조). 그러나 사업시행자나 관계인은 토지의 매수 또는 수용청구권이 없다.

(3) 토지소유자의 사용하는 토지의 매수 또는 수용청구

토지소유자는 사업시행자에게 해당 토지의 매수를 청구하거나 관할 토지수용위원회에 그 토지의 수용을 청구할 수 있다(토지보상법 제72조).

1) 사용하는 토지의 매수청구

토지소유자는 사업시행자에게 사용하는 토지의 매수를 청구할 수 있다(토지보상법 제72조). 사용하는 토지의 매수청구권은 형성권이 아니므로 합의가 필요하며, 토지소유자와 사업시행자가 합의한 경우 이는 사법상 계약의 성질을 가진다.

2) 사용하는 토지의 수용청구★★★ [16 감평]

토지소유자는 관할 토지수용위원회에 그 토지의 수용을 청구할 수 있다(토지보상법 제72조).

a. 사용하는 토지의 수용청구권의 성질

토지보상법 제72조의 규정이 정한 수용청구권은 손실보상의 일환으로 토지소유자에게 부여되는 권리로서 그 청구에 의하여 수용효과가 생기는 형성권의 성질을 가진다(대판

2015.4.9. 2014두46669).

  b. 토지수용위원회의 수용거부결정에 대한 행정소송의 형식
   판례는 「공익사업을 위한 토지 등의 취득 및 보상에 관한 법률 제72조의 문언, 연혁 및 취지 등에 비추어 보면, … 토지소유자의 토지수용청구를 받아들이지 아니한 토지수용위원회의 재결에 대하여 토지소유자가 불복하여 제기하는 소송은 토지보상법 제85조 제2항에 규정되어 있는 '보상금의 증감에 관한 소송'에 해당하고, 피고는 토지수용위원회가 아니라 사업시행자로 하여야 한다(대판 2015.4.9. 2014두46669)」고 본다.

 3) 관계인의 보호
  토지소유자는 사업시행자에게 사용하는 토지의 매수를 청구하거나 관할 토지수용위원회에 그 토지의 수용을 청구한 경우 관계인은 사업시행자나 관할 토지수용위원회에 그 권리의 존속을 청구할 수 있다(토지보상법 제72조 단서).

제4 잔여지의 보상

토지보상법 제74조의 잔여지의 매수나 수용청구의 대상에서 잔여지는 '잔여지를 종래의 목적으로 사용하는 것이 현저히 곤란할 때'에 해당되어야 하지만, 동법 제73조의 잔여지의 가치하락 등에 따른 보상은 이러한 요건에 구애됨이 없이 인정된다.

Ⅰ. 잔여지의 손실과 공사비의 보상

1. 의의
사업시행자는 동일한 소유자에게 속하는 일단의 토지의 일부가 취득되거나 사용됨으로 인하여 잔여지의 가격이 감소하거나 그 밖의 손실이 있을 때 또는 잔여지에 통로·도랑·담장 등의 신설이나 그 밖의 공사가 필요할 때에는 국토교통부령으로 정하는 바에 따라 그 손실이나 공사의 비용을 보상하여야 한다(토지보상법 제73조 제1항). 공익사업에 편입되는 부분에 대한 객관적 시장가치만 보상하고 잔여지의 가치하락이나 필요한 공사비 등에 대해 별도로 보상하지 않는다면 정당한 보상에 부합하지 않기 때문에 이를 규정한 것이다.

2. 토지소유자의 잔여지의 손실과 공사비 보상 청구
(1) 요 건** [15 감평]
 1) 동일한 토지 소유자
  잔여지가 되기 위해서는 동일한 토지소유자에게 속하는 것이어야 한다. 여기서 동일한 토지소유자란 등기명의가 반드시 동일할 필요는 없고, 사실상 동일 소유관계이어도 무방하다.

2) 일단의 토지

일단의 토지라 함은 반드시 1필지의 토지만을 가리키는 것이 아니라 일반적인 이용 방법에 의한 객관적인 상황이 동일한 한 수필지의 토지까지 포함하는 것이라고 할 것이다(대판 1999.5.14. 97누4623).

3) 잔여지

'잔여지'란 동일한 토지소유자에 속하는 일단의 토지 중 일부만이 공익사업에 편입되고 남은 토지를 말한다.[105]

4) 잔여지의 가격이 하락된 경우 또는 잔여지에 시설설치나 공사가 필요하게 된 경우

㈎ 사업시행자가 진행하는 공익사업으로 ① 잔여지의 가격이 감소하거나 그 밖의 손실이 있을 때 또는 ② 잔여지에 통로·도랑·담장 등의 신설이나 그 밖의 공사가 필요할 때에는 그 손실이나 공사의 비용을 보상하여야 한다(토지보상법 제73조 제1항).

㈏ 여기서 특정한 공익사업의 사업시행자가 보상하여야 하는 손실은, 동일한 소유자에게 속하는 일단의 토지 중 일부를 사업시행자가 그 공익사업을 위하여 취득하거나 사용함으로 인하여 잔여지에 발생하는 것임을 전제로 한다. 따라서 그 손실이 토지의 일부가 공익사업에 취득되거나 사용됨으로 인하여 발생하는 것이 아니라면(이 사건 공익사업에 따른 토지의 일부 편입으로 인하여 발생한 손실이 아니라 국토교통부장관의 접도구역 지정이라는 별도의 행정행위에 따라 발생한 손실에 해당) 특별한 사정이 없는 한 토지보상법 제73조 제1항 본문에 따른 잔여지 손실보상 대상에 해당한다고 볼 수 없다(대판 2017.7.11. 2017두40860).

5) 청구기간

잔여지의 가치하락 및 공사비 등에 대한 손실 또는 비용의 보상은 해당 사업완료일부터 1년이 지난 후에는 청구할 수 없다(토지보상법 제73조 제2항).

---

105) 공익사업을 위한 토지 등의 취득 및 보상에 관한 법률 시행령 제39조(잔여지의 판단) ① 법 제74조 제1항에 따라 잔여지가 다음 각 호의 어느 하나에 해당하는 경우에는 해당 토지소유자는 사업시행자 또는 관할 토지수용위원회에 잔여지를 매수하거나 수용하여 줄 것을 청구할 수 있다.
  1. 대지로서 면적이 너무 작거나 부정형(不定形) 등의 사유로 건축물을 건축할 수 없거나 건축물의 건축이 현저히 곤란한 경우
  2. 농지로서 농기계의 진입과 회전이 곤란할 정도로 폭이 좁고 길게 남거나 부정형 등의 사유로 영농이 현저히 곤란한 경우
  3. 공익사업의 시행으로 교통이 두절되어 사용이나 경작이 불가능하게 된 경우
  4. 제1호부터 제3호까지에서 규정한 사항과 유사한 정도로 잔여지를 종래의 목적대로 사용하는 것이 현저히 곤란하다고 인정되는 경우

(2) 잔여지의 가치하락 및 공사비 등에 대한 평가

　1) 잔여지의 가치하락에 따른 평가

　　㈎ 공익사업시행지구에 편입되기 전의 잔여지의 가격[106]에서 공익사업시행지구에 편입된 후의 잔여지의 가격을 뺀 금액으로 평가한다(토지보상법 시행규칙 제32조 제1항). 이는 잔여지를 사업시행자가 취득하지 않고, 공익사업으로 인해 하락된 잔여지의 가격을 보상하기 위한 것이다.

　　㈏ 잔여지의 가치하락에 따른 보상평가의 기준시점은 협의에 의한 경우 협의의 성립 당시의 가격을, 재결에 의한 경우 수용 또는 사용의 재결 당시를 기준으로 한다.

　2) 잔여지에 대한 공사비 등의 평가

　　시설의 설치나 공사에 필요한 비용으로 평가한다(토지보상법 시행규칙 제32조 제2항). 이는 잔여지가 종래의 목적에 따른 이용가치를 유지하지 못하게 될 경우 이를 유지시키기 위해 필요한 공사비를 보상하는 것이다.

(3) 손실보상*** [15 감평]

　㈎ 토지보상법 제73조 제4항은 '제1항에 따른 손실 또는 비용의 보상'에 관해 토지보상법 제9조 제6항[107] 및 제7항[108]을 준용할 것을 규정한다.[109]

　㈏ 따라서 잔여지의 토지소유자가 사업시행자로부터 공익사업법 제73조에 따른 잔여지 가격감소 등으로 인한 손실보상을 받기 위해서는 공익사업법 제34조, 제50조 등에 규정된 재결절차를 거친 다음 그 재결에 대하여 불복이 있는 때에 비로소 공익사업법 제83조 내지 제85조에 따라 권리구제를 받을 수 있을 뿐, 이러한 재결절차를 거치지 않은 채 곧바로 사업시행자를 상대로 손실보상을 청구하는 것은 허용되지 않는다고 봄이 상당하고, 이는 수용대상토지에 대하여 재결절차를 거친 경우에도 마찬가지라 할 것이다(대판 2012.11.29. 2011두22587).

3. 사업시행자의 보상에 갈음하는 잔여지 매수청구

(1) 사업시행자의 잔여지 매수청구

　잔여지의 가격 감소분과 잔여지에 대한 공사의 비용을 합한 금액이 잔여지의 가격보다 큰 경우에는 "사업시행자"는 그 잔여지를 매수할 수 있다(토지보상법 제73조 제1항 단서). 이는 사업시행자의 불필요한 보상금의 지출을 막기 위한 것이다.

---

106) 당해 토지가 공익사업시행지구에 편입됨으로 인하여 잔여지의 가격이 변동된 경우에는 변동되기 전의 가격을 말한다.
107) 손실의 보상은 사업시행자와 손실을 입은 자가 협의하여 결정한다.
108) 협의가 성립되지 아니하면 사업시행자나 손실을 입은 자는 대통령령으로 정하는 바에 따라 제51조에 따른 관할 토지수용위원회에 재결을 신청할 수 있다.
109) 토지보상법 제73조 제4항 → 제9조 제6항·제7항 → 제50조 제1항 제2호 → 제85조 제2항의 보상금 증감 청구소송(자세한 내용은 후술한다)

(2) 손실보상

토지보상법 제73조 제4항은 제1항 단서의 '토지의 취득'에 관해 토지보상법 제9조 제6항110) 및 제7항111)을 준용할 것을 규정한다.112)

II. 잔여지의 매수청구 및 수용청구

1. 의 의

'잔여지의 매수청구 및 수용청구'란 동일한 소유자에게 속하는 일단의 토지의 일부가 협의에 의하여 매수되거나 수용됨으로 인하여 잔여지를 종래의 목적에 사용하는 것이 현저히 곤란할 때에는 해당 토지소유자는 사업시행자에게 잔여지를 매수하여 줄 것을 청구하거나 사업인정 이후에는 관할 토지수용위원회에 수용을 청구하여 그 일단의 토지 전부를 매수하거나 수용하는 것을 말한다(토지보상법 제74조 제1항).

2. 잔여지의 매수청구 및 수용청구의 공통요건*** [21 감평]

(1) 동일한 토지소유자

잔여지가 되기 위해서는 일단의 토지가 동일한 토지소유자에게 속하는 것이어야 한다. 여기서 동일한 토지소유자란 등기명의가 반드시 동일할 필요는 없고, 사실상 동일 소유관계이어도 무방하다.

(2) 일단의 토지

'일단의 토지'라 함은 <u>반드시 1필지의 토지만을 가리키는 것이 아니라 일반적인 이용 방법에 의한 객관적인 상황이 동일한 한 수필지의 토지까지 포함하는 것이라고 할 것이다</u>(대판 1999.5.14. 97누4623).

(3) 잔여지

'잔여지'란 동일한 토지소유자에 속하는 일단의 토지 중 일부만이 공익사업에 편입되고 남은 토지를 말한다.

(4) 종래의 목적에 사용하는 것이 현저히 곤란할 때

 1) 종래의 목적

<u>'종래의 목적'이란 토지가 "취득될" 당시 해당 잔여지가 현실적으로 사용되고 있는 구체적인 목적을 말한다</u>.

---

110) 손실의 보상은 사업시행자와 손실을 입은 자가 협의하여 결정한다.
111) 협의가 성립되지 아니하면 사업시행자나 손실을 입은 자는 대통령령으로 정하는 바에 따라 제51조에 따른 관할 토지수용위원회에 재결을 신청할 수 있다.
112) 토지보상법 제73조 제4항 → 제9조 제6항·제7항 → 제50조 제1항 제2호 → 제85조 제2항의 보상금 증감청구소송

2) 잔여지를 사용하는 것이 현저히 곤란할 때

'잔여지를 <u>사용하는 것이 현저히 곤란한 때</u>'라고 함은 <u>물리적으로 사용하는 것이 곤란하게 된 경우는 물론 사회적, 경제적으로 사용하는 것이 곤란하게 된 경우, 즉 절대적으로 이용 불가능한 경우만이 아니라 이용은 가능하나 많은 비용이 소요되는 경우를 포함한다</u>(대판 2005.1.28. 2002두4679).

(5) 토지소유자의 청구

잔여지의 매수청구 및 수용청구권은 수용재결 당시 "토지소유자"만 가지며, 사업시행자나 관계인은 이를 청구할 권리가 없다(토지보상법 제74조 제1항). 그리고 <u>토지수용법상 잔여지가 공유인 경우에도 각 공유자는 그 소유지분에 대하여 각 별로 잔여지 수용청구를 할 수 있다</u>(대판 2001.6.1. 2001다16333).

3. 토지소유자의 잔여지의 매수청구 및 수용청구

토지소유자는 사업인정을 기준으로 사업인정 이전에는 사업시행자에게 매수를 청구하고, 그 이후에는 토지수용위원회에 수용을 청구할 수 있다(토지보상법 제74조 제1항).

(1) 잔여지 매수청구

㈎ 토지소유자는 사업인정 이전에는 사업시행자에게 잔여지를 매수하여 줄 것을 청구할 수 있다(토지보상법 제74조 제1항).

㈏ 판례는 잔여지 매수청구의 성질에 관해 「<u>토지소유자에게 그 일방적인 의사표시에 의하여 매매계약을 성립시키는 형성권으로서 잔여지 매수청구권을 인정하고 있다고 볼 수는 없고, … 이는 어디까지나 사법상의 매매계약에 있어 청약에 불과하다고 할 것이므로 사업시행자가 이를 승낙하여 매매계약이 성립하지 아니한 이상</u>, 토지소유자의 일방적 의사표시에 의하여 잔여지에 대한 매매계약이 성립한다고 볼 수 없다(대판 2004.9.24. 2002다68713)」고 하여 토지소유자의 잔여지 매수청구권은 형성권이 아니어서 합의가 필요하며, 사업시행자와 합의가 이루어진 경우 이를 사법상 계약으로 본다.

(2) 잔여지 수용청구★★★

1) 의 의

토지소유자는 사업인정 이후에는 토지수용위원회에 수용을 청구할 수 있다(토지보상법 제74조 제1항).

2) 요건(잔여지 수용청구에 고유한 요건)

a. 잔여지 매수협의의 선행

잔여지의 수용을 청구하려면 토지소유자는 먼저 사업시행자에게 잔여지 매수에 관한 협의를 요청하여 협의가 성립되지 않은 경우에만 수용을 청구할 수 있다(토지보상법 제74조 제1항 단서). 즉, 잔여지 매수협의가 필수적으로 선행되어야 한다.

b. 잔여지 수용청구기간

잔여지의 수용청구는 그 사업완료일까지 해야 한다(토지보상법 제74조 제1항 단서). 후술하는 것처럼 잔여지 수용청구권은 형성권의 성질을 가지고, 그 행사기간은 제척기간이기 때문에 토지소유자가 그 행사기간에 잔여지 수용청구권을 행사하지 않으면 그 권리는 소멸한다.

3) 잔여지 수용청구권의 성질 [21 감평]

잔여지 수용청구권은 손실보상의 일환으로 토지소유자에게 부여되는 권리로서 그 요건을 구비한 때에는 <u>잔여지를 수용하는 토지수용위원회의 재결이 없더라도 토지소유자의 청구에 의하여 수용의 효과가 발생하는 형성권적 성질을 가진다</u>(대판 2010.8.19. 2008두822).

4) 토지수용위원회의 수용거부결정에 대한 행정소송의 형식

판례는 「잔여지 수용청구를 받아들이지 않은 토지수용위원회의 재결에 대하여 토지소유자가 불복하여 제기하는 소송은 위 법(토지보상법) 제85조 제2항에 규정되어 있는 '보상금의 증감에 관한 소송'에 해당하여 <u>사업시행자를 피고로 하여야 한다</u>(대판 2010.8.19. 2008두822)」고 하여 보상금증감청구소송으로 본다.

4. 잔여지의 매수 및 수용청구의 효과

(1) 관계인의 권리존속 청구

매수 또는 수용의 청구가 있는 잔여지 및 잔여지에 있는 물건에 관하여 권리를 가진 자는 사업시행자나 관할 토지수용위원회에 그 권리의 존속을 청구할 수 있다(토지보상법 제74조 제2항). 이는 관계인의 권리를 보호하기 위한 것으로 권리존속 청구가 이유 있는 것으로 인정되면 수용재결이 있더라도 그 권리는 소멸하지 않는다.

(2) 사업인정 등의 의제

잔여지의 매수 또는 수용청구가 이루어진 경우, 그 잔여지에 대하여는 토지보상법 제20조에 따른 사업인정 및 제22조에 따른 사업인정고시가 된 것으로 본다(토지보상법 제74조 제3항).

(3) 환매권 행사의 제한

잔여지를 매수 또는 수용한 경우 그 잔여지에 접한 일단의 토지가 필요 없게 된 경우가 아니면 환매할 수 없다(토지보상법 제91조 제3항). 즉, 잔여지만 환매하는 것은 제한된다.

5. 잔여지의 매수 및 수용청구에 따른 보상액 산정 및 평가

잔여지 및 잔여지에 있는 물건에 대한 구체적인 보상액 산정 및 평가방법 등에 대하여는 토지보상법 제70조(취득하는 토지의 보상), 제75조(건축물 등 물건에 대한 보상), 제76조(권리의 보상), 제77조(영업의 손실 등에 대한 보상), 제78조 제4항, 같은 조 제6항 및 제7항(이주대책, 주거이전비, 농·어민에 대한 보상)을 준용한다(토지보상법 제74조 제4항).

제2목 | 건축물등의 평가

제1 건축물등 물건에 대한 보상

1. 의 의

㈎ '건축물'이란 토지에 정착하는 공작물 중 지붕과 기둥 또는 벽이 있는 것과 이에 딸린 시설물, 지하나 고가의 공작물에 설치하는 사무소·공연장·점포·차고·창고, 그 밖에 대통령령으로 정하는 것을 말한다(건축법 제2조 제1항 제2호).

㈏ '건축물등'이란 건축물·입목·공작물과 그 밖에 토지에 정착한 물건을 말한다.

2. 이전비보상의 원칙

건축물·입목·공작물과 그 밖에 토지에 정착한 물건(건축물등)에 대하여는 이전에 필요한 비용(이전비)으로 보상하여야 한다(토지보상법 제75조 제1항 본문). '이전비'라 함은 대상물건의 유용성을 동일하게 유지하면서 이를 당해 공익사업시행지구밖의 지역으로 이전·이설 또는 이식하는데 소요되는 비용을 말한다(토지보상법시행규칙 제2조 제4호).

3. 물건의 가격으로 보상하는 경우(이전수용)

(1) 의 의

건축물등의 경우 이전비보상이 원칙이지만, 이전비로 보상에 의하는 것이 불합리하거나 타당하지 않은 경우 물건의 가격으로 보상하도록 하고 있다.

(2) 요 건

아래의 어느 하나에 해당하는 경우에는 물건의 가격으로 보상한다(토지보상법 제75조 제1항 단서).

1) 건축물등을 이전하기 어렵거나 그 이전으로 인하여 건축물등을 종래의 목적대로 사용할 수 없게 된 경우(제1호)

여기서 '건축물등의 이전이 어렵다'는 것은 물리적으로 이전이 곤란한 경우뿐만 아니라, 부당하게 이전 비용이 많이 드는 경우도 포함된다. 여기서 건축물등의 이전가능 여부는 수용할 토지에 정착한 물건이 이전가능한 것인지 여부는 기술적인 문제가 아니라 경제적인 관점에서 판단하여야 할 문제이다(대판 1991.10.22. 90누10117).

2) 건축물등의 이전비가 그 물건의 가격을 넘는 경우(제2호)

㈎ 도시개발사업의 시행자가 사업시행에 방해가 되는 지장물에 관하여 토지보상법 제75조 제1항 단서 제2호에 따라 물건의 가격으로 보상한 경우, 사업시행자는 자신의 비용으로 이를 제거할 수 있고, 지장물의 소유자는 사업시행자의 지장물 제거와 그 과정에서 발생하는 물건의 가치 상실을 수인하여야 할 지위에 있다. 따라서 사업시행자가 지장물에 관하여 토지보상법 제75조 제1항 단서 제2호에 따라 지장물의 가격으로 보상한 경우 특

별한 사정이 없는 한 지장물의 소유자는 사업시행자에게 지장물을 인도할 의무가 있다(대판 2022.11.17. 2022다242342).

㈏ 그러나 사업시행자가 사업시행에 방해가 되는 지장물에 관하여 토지보상법 제75조 제1항 단서 제2호에 따라 이전에 소요되는 실제 비용에 못 미치는 물건의 가격으로 보상한 경우, 사업시행자로서는 물건을 취득하는 제3호와 달리 수용 절차를 거치지 아니한 이상 보상만으로 물건의 소유권까지 취득한다고 볼 수 없다(대판 2022.11.17. 2022다253243). 또한 사업시행자는 지장물의 소유자가 토지보상법 시행규칙 제33조 제4항 단서에 따라 스스로의 비용으로 철거하겠다고 하는 등의 특별한 사정이 없는 한 지장물의 소유자에 대하여 그 철거 등을 요구할 수 없고 자신의 비용으로 직접 이를 제거할 수 있을 뿐이다(대판 2021.5.7. 2018다256313).

3) 사업시행자가 공익사업에 직접 사용할 목적으로 취득하는 경우(제3호)

토지보상법 제75조 제1항 단서 제3호는 제1호나 제2호와는 달리 사업시행자가 공익사업에 사용할 목적으로 수용하는 것으로 소멸수용이 아니라 취득수용이 된다.

(3) 절 차

사업시행자는 사업예정지에 있는 건축물등이 제1항 제1호 또는 제2호에 해당하는 경우[113]에는 관할 토지수용위원회에 그 물건의 수용 재결을 신청할 수 있다(토지보상법 제75조 제5항). 특히 이 경우 완전수용이나 잔지수용과는 달리 사업시행자의 경제적 부담과 공익사업의 원활한 운영을 위해 사업시행자에게 재결신청권을 인정하고 있다.

(4) 철거비용의 부담

건축물등의 가격으로 보상한 건축물의 철거비용은 사업시행자가 부담한다. 다만, 건축물의 소유자가 당해 건축물의 구성부분을 사용 또는 처분할 목적으로 철거하는 경우에는 건축물의 소유자가 부담한다(토지보상법 시행규칙 제33조 제4항).

4. 주거용 건축물등의 보상에 대한 특례

(1) 소액건축물

주거용 건축물로서 건축물 평가규정에 따라 평가한 금액이 6백만 원 미만인 경우 그 보상액은 6백만 원으로 한다. 이는 사회보장적 차원에서 규정한 것이다. 다만, 무허가건축물등에 대하여는 그러하지 아니하다(토지보상법시행규칙 제58조 제1항).

(2) 공익사업 재편입 건축물

공익사업의 시행으로 인하여 주거용 건축물에 대한 보상을 받은 자가 그 후 당해 공익사업 시행지구 밖의 지역에서 매입하거나 건축하여 소유하고 있는 주거용 건축물이 그 보상일

---

[113] 1. 건축물등을 이전하기 어렵거나 그 이전으로 인하여 건축물등을 종래의 목적대로 사용할 수 없게 된 경우 2. 건축물등의 이전비가 그 물건의 가격을 넘는 경우

부터 20년 이내에 다른 공익사업시행지구에 편입되는 경우 그 주거용 건축물 및 그 대지에 대하여는 당해 평가액의 30퍼센트를 가산하여 보상한다. 다만, 무허가건축물등을 매입 또는 건축한 경우와 다른 공익사업의 사업인정고시일 등 또는 다른 공익사업을 위한 관계법령에 의한 고시 등이 있은 날 이후에 매입 또는 건축한 경우에는 그러하지 아니하다(토지보상법시행규칙 제58조 제2항).

> **쟁점** — 무허가건축물등에 대한 보상** [15 감평]

1. 무허가건축물등의 의의

'무허가건축물등'이란 「건축법」 등 관계법령에 의하여 허가를 받지 아니하거나 신고를 하지 아니하고 건축 또는 용도변경한 건축물을 말한다(토지보상법 시행규칙 제24조). 무허가 또는 무신고 건축물뿐만 아니라 허가나 신고 없이 불법으로 용도를 변경한 건축물도 포함한다.

2. 무허가건축물등의 보상 여부

(1) 문제점

무허가건축물등에 대한 보상 여부에 대해 토지보상법령은 직접 규정하지 않고 있어 보상 여부에 대해 학설이 대립된다.

(2) 학 설

1) **보상의 대상이 된다는 견해(긍정설)**

무허가건축물등은 건축법상 조치명령, 관허사업제한, 이행강제금, 벌금 등이 대상이 되지만, 이러한 위법한 건축물에 대한 제재와 그러한 건축물에 대한 보상은 별개의 문제이므로 무허가 건축물에 대해서도 보상이 가능하다는 견해이다.

2) **보상의 대상 아니라는 견해(부정설)**

위법한 건축물에 대해 보상을 한다는 것은 무허가건출물에 대한 건축행위를 승인하는 결과가 되므로 건축법의 입법 목적[114])에 비추어 볼 때 보상은 적법한 건축물에 한정된다는 견해이다.

3) **사업인정 고시를 기준으로 하는 견해**

사업인정 고시가 있은 후에는 토지 등의 보전의무가 있어 그 이후 건축한 무허가 건축물은 원상회복의 대상이기 때문에 보상의 대상이 아니지만[115])(토지보상법 제25조 참조), 사업인정고시가 있기 전 건축한 무허가건축물은 보전의무가 인정되지 않기 때문에 보상의 대상이 된다는 견해이다(다수설).

---

114) 이 법은 건축물의 대지·구조·설비 기준 및 용도 등을 정하여 건축물의 안전·기능·환경 및 미관을 향상시킴으로써 공공복리의 증진에 이바지하는 것을 목적으로 한다.
115) 원상회복을 이행하지 않으면 대집행의 대상이 된다.

(3) 판 례

대법원은 사업인정 여부를 기준으로 하는 입장이다(대판 2000.3.10. 99두10896). 다만, <u>위법의 정도가 관계 법령의 규정이나 사회통념상 용인할 수 없을 정도로 크고 객관적으로도 합법화될 가능성이 거의 없어 거래의 객체도 되지 아니하는 경우에는 예외적으로 수용보상 대상이 되지 아니한다</u>(대판 2001.4.13. 2000두6411).

(4) 검 토

무허가건축물등을 규제하는 건축법과 공공의 필요에 따라 재산상 손실을 보상하는 것은 제도적 취지가 다르기 때문에 무허가건축물등에 대해서도 보상이 가능하지만, 사업인정 고시가 있은 후 토지보상법의 규정(토지보상법 제25조 참조)에 위반되는 무허가 건축행위까지 보상할 필요는 없다고 보는 견해가 타당하다(사업인정 고시를 기준으로 하는 견해).

3. 평가기준

보상의 대상인 무허가건축물등은 무허가인 사정을 고려하지 않은 상태로 평가한다. 다만, 무허가건축물은 허가 및 사용승인에 소요되는 비용, 보유기간 동안의 재산세 등을 부담하지 않았음을 고려하여 평가한다.

4. 무허가건축물에 대한 경과조치

토지보상법 시행규칙 부칙 제5조는 "1989년 1월 24일 당시의 무허가건축물 등에 대하여는 … 이 규칙에서 정한 보상을 함에 있어 이를 적법한 건축물로 본다"고 규정하고 있어 이러한 무허가건축물등은 재산권 보상의 대상이 된다.

제2 잔여건축물의 손실에 대한 보상

토지보상법 제75조의2 제1항은 잔여건축물의 가치하락 등에 다른 보상이며, 제2항은 잔여건축물을 종래의 목적으로 사용하는 것이 현저히 곤란한 경우를 말한다.

Ⅰ. 잔여건축물의 손실과 보수비에 대한 보상

1. 건축물소유자의 잔여건축물의 손실과 보수비 보상** [감평 19]

(1) 요 건

1) 동일한 건축물의 소유자

동일한 건축물의 소유자란 등기명의가 반드시 동일할 필요는 없고, 사실상 동일 소유관계이어도 무방하다.

2) 일단의 건축물

'일단의 건축물'이라 함은 <u>반드시 하나의 건축물만을 가리키는 것이 아니라 일반적인 이용 방법에 의한 객관적인 상황이 동일한 여러 건축물까지 포함하는 것이라고 할 것이다</u> (대판 1999.5.14. 97누4623 참조).

3) 잔여건축물

'잔여건축물'이란 동일한 소유자에 속하는 일단의 건축물 중 일부만이 공익사업에 편입되고 남은 건축물을 말한다.

4) 잔여건축물의 가격이 하락된 경우 또는 잔여건축물에 보수가 필요한 경우

사업시행자의 공익사업 진행으로 ① 잔여 건축물의 가격이 감소하거나 ② 잔여건축물에 보수가 필요한 경우 등 그 밖의 손실이 있을 때에는 그 손실을 보상하여야 한다(토지보상법 제75조의2 제1항).

5) 청구기간

잔여건축물의 손실과 보수비에 대한 보상 해당 사업완료일부터 1년이 지난 후에는 청구할 수 없다(토지보상법 제75조의2 제4항).

(2) 잔여건축물의 가치하락 및 보수비에 대한 평가

1) 가치하락 잔여건축물에 대한 평가

공익사업시행지구에 편입되기 전의 잔여건축물의 가격[116]에서 공익사업시행지구에 편입된 후의 잔여건축물의 가격을 뺀 금액으로 평가한다(토지보상법 시행규칙 제35조 제1항).

2) 보수대상 잔여건축물에 대한 평가

㈎ 보수비는 건축물의 잔여부분을 종래의 목적대로 사용할 수 있도록 그 유용성을 동일하게 유지하는데 통상 필요하다고 볼 수 있는 공사에 사용되는 비용[117]으로 평가한다(토지보상법 시행규칙 제35조 제2항).

㈏ 다만, 토지보상법 시행규칙 제35조 제2항은 '건축물의 잔여부분을 종래의 목적대로 사용할 수 있도록 그 유용성을 동일하게 유지하는데 통상 필요하다고 볼 수 있는 공사에 사용되는 비용'이라고 규정하고 있으므로, 위 <u>보수비는 '잔여건축물 자체에 보수가 필요한 경우'를 전제로 한 것이어서, 건축물등의 대체시설 설치비 등은 위 보수비에 포함될 수 없다</u>(서울고등법원 2015.6.12. 2013누9214).

---

116) 해당 건축물이 공익사업시행지구에 편입됨으로 인하여 잔여건축물의 가격이 변동된 경우에는 변동되기 전의 가격을 말한다.

117) 「건축법」 등 관계법령에 의하여 요구되는 시설의 개선에 필요한 비용은 포함하지 아니한다.

(3) 손실보상★★

㈎ 잔여건축물의 "가치하락과 보수비 보상"에 관하여는 토지보상법 제9조 제6항[118] 및 제7항[119]을 준용할 것을 규정한다.[120]

㈏ 판례도 「건축물 소유자가 사업시행자로부터 토지보상법 제75조의2 제1항에 따른 잔여건축물 가격감소 등으로 인한 손실보상을 받기 위해서는 토지보상법 제34조, 제50조 등에 규정된 재결절차를 거친 다음 재결에 대하여 불복이 있는 때에 비로소 토지보상법 제83조 내지 제85조에 따라 권리구제를 받을 수 있을 뿐, 재결절차를 거치지 않은 채 곧바로 사업시행자를 상대로 손실보상을 청구하는 것은 허용되지 않고, 이는 수용대상 건축물에 대하여 재결절차를 거친 경우에도 마찬가지이다(대판 2015.11.12. 2015두2963)」고 한다.

2. 사업시행자의 보상에 갈음하는 잔여건축물의 매수청구

(1) 사업시행자의 잔여건축물 매수청구

잔여건축물의 가격 감소분과 보수비[121]를 합한 금액이 잔여건축물의 가격보다 큰 경우에는 사업시행자는 그 잔여건축물을 매수할 수 있다(토지보상법 제75조의2 제1항 단서). 이는 사업시행자의 불필요한 보상금의 지출을 막기 위한 것이다.

(2) 손실보상

토지보상법 제75조의2 제3항은 잔여건축물의 "취득"에 관하여는 토지보상법 제9조 제6항 및 제7항을 준용할 것을 규정한다.[122]

Ⅱ. 잔여건축물의 매수청구 및 수용청구

1. 의 의

'잔여건축물의 매수청구 및 수용청구'란 동일한 소유자에게 속하는 일단의 건축물의 일부가 협의에 의하여 매수되거나 수용됨으로 인하여 잔여 건축물을 종래의 목적에 사용하는 것이 현저히 곤란할 때에는 그 건축물소유자는 사업시행자에게 잔여건축물을 매수하여 줄 것을 청구할 수 있으며, 사업인정 이후에는 관할 토지수용위원회에 수용을 청구할 수 있다(토지보상법 제75조2 제2항).

---

118) 손실의 보상은 사업시행자와 손실을 입은 자가 협의하여 결정한다.
119) 협의가 성립되지 아니하면 사업시행자나 손실을 입은 자는 대통령령으로 정하는 바에 따라 제51조에 따른 관할 토지수용위원회에 재결을 신청할 수 있다.
120) 토지보상법 제75조의2 제3항 → 제9조 제6항·제7항 → 제50조 제2호 → 제85조 제2항의 보상금 증감청구소송
121) 건축물의 나머지 부분을 종래의 목적대로 사용할 수 있도록 그 유용성을 동일하게 유지하는 데에 일반적으로 필요하다고 볼 수 있는 공사에 사용되는 비용을 말한다. 다만, 「건축법」 등 관계 법령에 따라 요구되는 시설 개선에 필요한 비용은 포함하지 아니한다.
122) 토지보상법 제75조의2 제3항 → 제9조 제6항·제7항 → 제50조 제1항 제2호 → 제85조 제2항의 보상금 증감청구소송

2. 잔여건축물의 매수청구 및 수용청구의 공통요건**

(1) 동일한 소유자

동일한 건축물의 소유자란 등기명의가 반드시 동일할 필요는 없고, 사실상 동일 소유관계이어도 무방하다.

(2) 일단의 건축물

'일단의 건축물'이라 함은 <u>반드시 하나의 건축물만을 가리키는 것이 아니라 일반적인 이용방법에 의한 객관적인 상황이 동일한 여러 건축물까지 포함하는 것이라고 할 것이다</u>(대판 1999.5.14. 97누4623 참조).

(3) 잔여건축물

'잔여건축물'이란 동일한 소유자에 속하는 일단의 건축물 중 일부만이 공익사업에 편입되고 남은 건축물을 말한다.

(4) 종래의 목적에 사용하는 것이 현저히 곤란할 때

1) 종래의 목적

'<u>종래의 목적</u>'이란 건축물이 <u>취득될 당시 해당 잔여건축물이 현실적으로 사용되고 있는 구체적인 목적을 말하고</u>, 장래 이용이 예정된 목적이나(대판 2005.1.28. 2002두4679), 일시적 이용상황 또는 불법으로 건축된 건축물은 이에 해당하지 않는다.

2) 잔여건축물을 사용하는 것이 현저히 곤란할 때

'잔여건축물을 <u>사용하는 것이 현저히 곤란한 때</u>'라고 함은 <u>물리적으로 사용하는 것이 곤란하게 된 경우는 물론 사회적, 경제적으로 사용하는 것이 곤란하게 된 경우, 즉 절대적으로 이용 불가능한 경우만이 아니라 이용은 가능하나 많은 비용이 소요되는 경우를 포함한다</u>(대판 2005.1.28. 2002두4679).

(5) 건축물소유자의 청구

잔여건축물의 매수청구 및 수용청구권은 수용재결 당시 "건축물소유자"만 가지며, 사업시행자나 관계인은 이를 청구할 권리가 없다(토지보상법 제75조의2 제2항).

3. 건축물소유자의 잔여건축물의 매수청구 및 수용청구

건축물소유자는 사업인정을 기준으로 사업인정 이전에는 사업시행자에게 매수를 청구하고, 그 이후에는 토지수용위원회에 수용을 청구할 수 있다(토지보상법 제75조의2 제2항).

(1) 잔여건축물의 매수청구

㈎ 건축물소유자는 사업인정 이전에는 사업시행자에게 잔여건축물을 매수하여 줄 것을 청구할 수 있다(토지보상법 제75조의2 제2항).

㈏ 건축물소유자의 잔여건축물 매수청구권은 형성권이 아니어서 합의가 필요하며, 사업시행자와 합의가 이루어진 경우 이를 사법상 계약으로 본다(대판 2004.9.24. 2002다68713 참조).

(2) 잔여건축물의 수용청구★★

  1) 의 의

    건축물소유자는 사업인정 이후에는 토지수용위원회에 수용을 청구할 수 있다(토지보상법 제75조의2 제2항).

  2) 요건(잔여건축물 수용청구에 고유한 요건)

    a. 잔여건축물 매수협의의 선행

      잔여건축물의 수용을 청구하려면 건축물소유자는 먼저 사업시행자에게 잔여건축물의 매수에 관한 협의를 요청하여 협의가 성립되지 않은 경우에만 수용을 청구할 수 있다(토지보상법 제75조의2 제2항). 즉, 잔여건축물 매수협의가 필수적으로 선행되어야 한다.

    b. 잔여건축물 수용청구기간

      잔여건축물의 수용청구는 그 사업완료일까지 해야 한다(토지보상법 제75조의2 제2항). 잔여건축물 수용청구권은 형성권이고 그 행사기간은 제척기간이기 때문에 건축물소유자가 행사기간에 잔여건축물 수용청구권을 행사하지 않으면 그 권리는 소멸된다.

  3) 잔여건축물 수용청구권의 성질

    잔여건축물 수용청구권은 손실보상의 일환으로 건축물소유자에게 부여되는 권리로서 그 요건을 구비한 때에는 잔여건축물을 수용하는 토지수용위원회의 재결이 없더라도 건축물소유자의 청구에 의하여 수용의 효과가 발생하는 형성권적 성질을 가진다.

  4) 토지수용위원회의 수용거부결정에 대한 행정소송의 형식

    보상금증감청구소송으로 소송을 제기해야 한다(대판 2010.8.19. 2008두822 참조)(후술).

4. 잔여건축물의 매수 및 수용청구의 효과

  잔여건축물의 매수 또는 수용청구가 이루어진 경우, 그 잔여건축물에 대하여는 토지보상법 제20조에 따른 사업인정 및 제22조에 따른 사업인정고시가 된 것으로 본다(토지보상법 제75조의2 제4항).

5. 잔여건축물의 매수 및 수용청구에 따른 보상액 산정 및 평가

  건축물소유자의 매수청구에 따라 취득하는 잔여 건축물에 대한 구체적인 보상액 산정 및 평가방법 등에 대하여는 제70조(취득하는 토지의 보상), 제75조(건축물 등 물건에 대한 보상), 제76조(권리의 보상), 제77조(영업의 손실 등에 대한 보상) 및 제78조 제4항부터 제6항까지의 규정(이주대책, 주거이전비, 농·어민에 대한 보상)을 준용한다(토지보상법 제75조의2 제5항).

제3목 | 권리의 평가

1. 권리의 적정가격보상원칙

광업권·어업권·양식업권 및 물(용수시설을 포함한다) 등의 사용에 관한 권리에 대하여는 투자비용, 예상 수익 및 거래가격 등을 고려하여 평가한 적정가격으로 보상하여야 한다(토지보상법 제76조 제1항).

2. 광업권의 평가

(1) 광업권의 의의

'광업권'이란 탐사권[123]과 채굴권[124]을 말한다(광업법 제3조 제3호).

(2) 광업권의 일반적 평가기준

1) 통상 발생하는 손실의 산정기준

광업권에 대한 손실의 평가는 「광업법 시행규칙」 제19조에 따른다(토지보상법 시행규칙 제43조 제1항).

2) 광업권의 보상평가자

광업권의 보상평가자는 다음 각 호[125]의 어느 하나에 해당하는 자를 말한다(광업법 시행규칙 제19조).

(3) 휴업 중인 광산의 평가

1) 조업 중인 광산이 휴업하는 경우

조업 중인 광산이 토지등의 사용으로 인하여 휴업하는 경우의 손실은 휴업기간에 해당하는 영업이익을 기준으로 평가한다. 이 경우 영업이익은 최근 3년 간의 연평균 영업이익을 기준으로 한다(토지보상법 시행규칙 제43조 제2항).

2) 광물매장량이 부재인 경우

광물매장량의 부재[126]로 인하여 휴업 중인 광산은 손실이 없는 것으로 본다(토지보상법 시행규칙 제43조 제3항).

---

[123] 등록을 한 일정한 토지의 구역에서 등록을 한 광물과 이와 같은 광상(鑛床)에 묻혀 있는 다른 광물을 탐사하는 권리를 말한다.
[124] 광구에서 등록을 한 광물과 이와 같은 광상에 묻혀 있는 다른 광물을 채굴하고 취득하는 권리를 말한다.
[125] 1.「부동산 가격공시 및 감정평가에 관한 법률」제2조제9호에 따른 감정평가업자 2. 영 제9조 제3항 제1호에 따른 기관 3.「엔지니어링산업 진흥법」제2조 제4호에 따른 엔지니어링사업자 4.「기술사법」제6조에 따라 기술사사무소를 개설한 기술사로서 같은 법 시행령 별표 2의2에 따른 건설(직무 범위가 지질 및 지반인 경우만 해당한다) 또는 광업자원을 직무 분야로 하는 기술사
[126] 채광으로 채산이 맞지 아니하는 정도로 매장량이 소량이거나 이에 준하는 상태를 포함한다.

3. 어업권의 평가

(1) 어업권의 의의

'어업권'이란 수산업법에 따라 면허를 받아 어업을 경영할 수 있는 권리를 말한다(수산업법 제2조). 어업을 하고자 하는 자는 면허(면허어업)를 받거나 허가(허가어업) 또는 신고(신고어업)를 하여야 한다.

(2) 어업권등의 손실의 평가기준

1) 어업권등의 손실의 평가

공익사업의 시행으로 인하여 어업권이 제한·정지 또는 취소되거나 「수산업법」 제14조 또는 「내수면어업법」 제13조에 따른 어업면허의 유효기간의 연장이 허가되지 아니하는 경우 해당 어업권 및 어선·어구 또는 시설물에 대한 손실의 평가는 「수산업법 시행령」에 따른다(토지보상법 시행규칙 제44조 제1항).

2) 시설 이전하여 어업이 가능한 경우의 손실평가

공익사업의 시행으로 인하여 어업권이 취소되거나 「수산업법」 제14조 또는 「내수면어업법」 제13조에 따른 어업면허의 유효기간의 연장이 허가되지 아니하는 경우로서 다른 어장에 시설을 이전하여 어업이 가능한 경우 해당 어업권에 대한 손실의 평가는 「수산업법 시행령」 중 어업권이 정지된 경우의 손실액 산출방법 및 기준에 의한다(토지보상법 시행규칙 제44조 제2항).

3) 사업인정고시일등 이후 어업면허자에게는 적용 안함

토지보상법 제15조 제1항 본문의 규정에 의한 보상계획의 공고(동항 단서의 규정에 의하는 경우에는 토지소유자 및 관계인에 대한 보상계획의 통지를 말한다) 또는 토지보상법 제22조의 규정에 의한 사업인정의 고시가 있은 날(이하 "사업인정고시일등"이라 한다) 이후에 어업권의 면허를 받은 자에 대하여는 제1항 및 제2항의 규정을 적용하지 아니한다(토지보상법 시행규칙 제44조 제3항). 사업인정고시일등 이후의 면허는 이미 공익사업의 진행을 전제로 한 것이기 때문이다.

(3) 허가어업 및 신고어업의 손실평가에 준용

토지보상법 시행규칙 제44조 제1항 내지 제3항의 규정은 허가어업 및 신고어업(「내수면어업법」 제11조 제2항의 규정에 의한 신고어업을 제외한다)에 대한 손실의 평가에 관하여 이를 준용한다(토지보상법 시행규칙 제44조 제4항).

(4) 허가등을 받지 아니한 어업의 보상

허가등을 받아야 행할 수 있는 어업을 허가등이 없이 하여 온 자가 공익사업의 시행으로 인하여 어업을 계속할 수 없게 된 경우 일정한 손실을 보상한다(토지보상법 시행규칙 제44조 제5항). 이는 영세어업자를 보호하기 위한 규정이다.

(5) 이어비(離漁費)

공익사업의 시행으로 인하여 영위하던 어업을 계속할 수 없게 되어 다른 지역으로 이주하는 어민이 받을 보상금이 없거나 그 총액이 국토교통부령으로 정하는 금액에 미치지 못하는 경우에는 그 금액 또는 그 차액을 보상하여야 한다(토지보상법 제78조 제6항). 이는 영세어민에 대한 생존배려 차원에서 규정한 것이다.

제4목 | 영업손실 등에 대한 평가

제1 영업손실에 대한 평가

1. 의 의

영업을 폐업하거나 휴업함에 따른 영업손실에 대하여는 영업이익과 시설의 이전비용 등을 고려하여 보상하여야 한다(토지보상법 제77조 제1항). 영업손실에 대한 보상은 현재의 재산권적 가치를 보상하는 것이 아니라 현재 그 영업에서 발생하는 소득 또는 이익이 장래에도 계속 유지될 것임을 전제로 하여 일정기간 동안의 소득 또는 이익을 보상하는 것이다.

2. 보상대상인 영업손실

(1) 영 업★★

　1) 의 의

　　'영업'이란 일정한 장소에서 인적·물적 설비를 갖추고 영리를 목적으로 하는 일체의 경제활동을 말한다.

　2) 요 건

　　손실을 보상하여야 하는 영업은 아래의 요건을 모두 구비해야 한다(토지보상법 시행규칙 제45조).

　　a. 시간적 요건

　　　보상의 대상이 되는 영업은 '사업인정고시일등' 전부터 행해진 것이라야 한다(토지보상법 시행규칙 제45조 제1호). '사업인정고시일등'이란 토지보상법 제15조 제1항 본문의 규정에 의한 보상계획의 공고[127] 또는 동법 제22조의 규정에 의한 사업인정의 고시가 있은 날 중 빠른 날을 말한다(토지보상법 시행규칙 제44조 제3항). 보상계획의 공고·통지 또는 사업인정의 고시가 있은 후에도 영업 자체는 금지되지 않지만, 그 이후의 영업은 공익사업의 시행이 예정되어 있다는 것을 알고 영업을 한 것이므로 공익사업시행으로 영업을 계속할 수 없다고 해도 보상의 대상이 될 수 없다.

---

[127] 동항 단서의 규정에 의하는 경우에는 토지소유자 및 관계인에 대한 보상계획의 통지를 말한다.

b. 장소적 요건

㈎ 보상의 대상이 되는 영업은 적법한 장소에서 이루어져야 한다. 즉, 영업 자체 뿐만 아니라 해당 영업이 이루어지는 장소도 적법해야 한다. 따라서 무허가건축물등, 불법형질변경토지, 그 밖에 다른 법령에서 물건을 쌓아놓는 행위가 금지되는 장소에서의 영업은 보상의 대상이 될 수 없다(토지보상법 시행규칙 제45조 제1호). 이는 위법한 장소에서 이루어지는 행위는 보상의 대상에서 제외하자는 취지이다.

㈏ 그리고 '적법한 장소에서 인적·물적시설을 갖추고 계속적으로 행하고 있는 영업'에 해당하는지 여부는 협의성립, 수용재결 또는 사용재결 당시를 기준으로 판단하여야 한다 (대판 2010.9.9. 2010두11641).

c. 시설 요건

보상의 대상이 되는 영업은 일정한 인적·물적 시설을 갖추고 있어야 한다(토지보상법 시행규칙 제45조 제1호). 인적·물적 시설이 없는 영업은 공익사업에 편입되어도 특별한 손실이 없기 때문에 보상의 대상에서 제외하는 것이다.

d. 계속성 요건

보상의 대상이 되는 영업은 계속적으로 행해져야 한다(토지보상법 시행규칙 제45조 제1호). 일시적인 영업이나 계절적인 영업은 공익사업에 편입되어도 특별한 손실이 없기 때문에 보상에서 제외하는 것이다. 다만, 일시적 영업 또는 계절적 영업의 경우에도 매년 반복하여 이루어지는 경우에는 계속성이 인정된다(대판 2012.12.13. 2010두12842).

e. 허가등의 요건

보상의 대상이 되는 영업은 영업을 행함에 있어서 관계법령에 의한 허가등[128])을 필요로 하는 경우에는 사업인정고시일등 전에 허가등을 받아 그 내용대로 행하고 있는 영업이라야 한다(토지보상법 시행규칙 제45조 제2호). 허가등을 받지 않고 행한 경우 뿐만 아니라 허가등을 받은 내용과 다른 방법이나 장소에서 하는 영업도 보상의 대상에서 제외된다. 이는 위법행위는 보상의 대상에서 제외하자는 취지이다.

(2) 영업손실

㈎ 토지보상법 제77조 제1항의 '영업손실'이란 수용의 대상이 된 토지·건물 등을 이용하여 영업을 하다가 그 토지·건물 등이 수용됨으로 인하여 영업을 할 수 없거나 제한을 받게 됨으로 인하여 생기는 직접적인 손실을 말한다(대판 2006.1.27. 2003두13106).

㈏ 그리고 토지보상법령은 반드시 사업인정이나 수용이 전제되어야 영업손실 보상의무가 발생한다고 규정하고 있지 않다. 따라서 사업시행자가 시행하는 사업이 토지보상법상 공익사업에 해당하고 손실이 발생한 영업이 해당 공익사업으로 폐업하거나 휴업하게 된 것

---

[128]) '허가등'이란 허가·면허·신고 등을 말한다(토지보상법 시행규칙 제15조 제2항 제1호).

이어서 토지보상법령에서 정한 영업손실 보상대상에 해당하면, 사업인정고시가 없더라도 사업시행자는 영업손실을 보상할 의무가 있다(대판 2021.11.11. 2018다204022).

3. 영업손실의 종류

토지보상법 시행규칙 제46조 및 제47조는 영업폐업와 휴업, 그리고 기타 영업손실에 관해 규정하고 있다.

(1) 영업의 폐업과 휴업★

1) 구별 기준

영업의 폐업으로 볼 것인지 아니면 영업의 휴업으로 볼 것인지를 구별하는 기준은 당해 영업을 그 영업소 소재지나 인접 시·군 또는 구 지역 안의 다른 장소로 이전하는 것이 가능한지 여부에 달려 있고, 이러한 이전 가능성 여부는 법령상의 이전 장애사유 유무와 당해 영업의 종류와 특성, 영업시설의 규모, 인접지역의 현황과 특성, 그 이전을 위하여 당사자가 들인 노력 등과 인근 주민들의 이전 반대 등과 같은 사실상의 이전 장애사유 유무 등을 종합하여 판단하여야 한다(대판 2002.10.8. 2002두5498).

2) 영업의 폐업

'영업의 폐업'는 "1. 영업장소 또는 배후지[129]의 특수성으로 인하여 당해 영업소가 소재하고 있는 시·군·구 또는 인접하고 있는 시·군·구의 지역 안의 다른 장소에 이전하여서는 당해 영업을 할 수 없는 경우 2. 당해 영업소가 소재하고 있는 시·군·구 또는 인접하고 있는 시·군·구의 지역 안의 다른 장소에서는 당해 영업의 허가등을 받을 수 없는 경우 3. 도축장 등 악취 등이 심하여 인근주민에게 혐오감을 주는 영업시설로서 해당 영업소가 소재하고 있는 시·군·구 또는 인접하고 있는 시·군·구의 지역 안의 다른 장소로 이전하는 것이 현저히 곤란하다고 특별자치도지사·시장·군수 또는 구청장이 객관적인 사실에 근거하여 인정하는 경우" 중 어느 하나에 해당하는 경우를 말한다(토지보상법 시행규칙 제46조 제2항).

3) 영업의 휴업

'영업의 휴업'이란 폐업을 할 정도는 아니지만 공익사업의 시행으로 일정기간 영업을 할 수 없거나 영업장소의 이전이 필요하여 손실이 예상되는 경우를 말한다.

(2) 기타 영업손실

영업의 폐업과 휴업 외에도 잔여영업시설등 보상에 관해서도 규정하고 있다(토지보상법 시행규칙 제47조 제3항·제4항).

---

[129] 당해 영업의 고객이 소재하는 지역을 말한다.

1) 잔여영업시설에 대한 보상★★★

공익사업에 영업시설의 일부가 편입됨으로 인하여 잔여시설에 그 시설을 새로이 설치하거나 잔여시설을 보수하지 아니하고는 그 영업을 계속할 수 없는 경우 영업손실을 보상한다(토지보상법 시행규칙 제47조 제3항).

a. 영업시설

영업시설이란 영업을 위한 인적·물적 시설을 말한다.

b. 잔여시설

잔여시설이란 영업시설 중 일부만이 공익사업에 편입되고 남은 시설을 말한다.

c. 잔여시설에 새로운 시설을 설치하거나 잔여시설을 보수하지 아니하고는 그 영업을 계속할 수 없는 경우

"공익사업에 영업시설의 일부가 편입됨으로 인하여 잔여시설에 그 시설을 새로이 설치하거나 잔여시설을 보수하지 아니하고는 그 영업을 계속할 수 없는 경우"란 잔여 영업시설에 시설을 새로이 설치하거나 잔여 영업시설을 보수하지 아니하고는 그 영업이 전부 불가능하거나 곤란하게 되는 경우만을 의미하는 것이 아니라, 공익사업에 영업시설 일부가 편입됨으로써 잔여 영업시설의 운영에 일정한 지장이 초래되고, 이에 따라 종전처럼 정상적인 영업을 계속하기 위해서는 잔여 영업시설에 시설을 새로 설치하거나 잔여 영업시설을 보수할 필요가 있는 경우도 포함된다(대판 2018.7.20. 2015두4044).

2) 임시영업소의 설치에 따른 보상

영업의 폐업와 휴업 외에도 임시영업소의 설치에 따른 보상에 관해서도 규정하고 있다(토지보상법 시행규칙 제47조 제4항).

4. 영업손실에 대한 평가

(1) 영업의 폐업에 대한 손실의 평가

공익사업의 시행으로 인하여 영업을 폐업하는 경우의 영업손실은 2년 간의 영업이익에 영업용 고정자산·원재료·제품 및 상품 등의 매각손실액을 더한 금액으로 평가한다(토지보상법 시행규칙 제46조 제1항).

(2) 영업의 휴업에 대한 손실의 평가

공익사업의 시행으로 인하여 영업장소를 이전하여야 하는 경우의 영업손실을 보상한다(토지보상법 시행규칙 제47조 제1항). 영업손실은 휴업기간(4개월 이내)에 해당하는 영업이익과 영업장소 이전 후 발생하는 영업이익감소액에 다음 각 호의 비용[130]을 합한 금액으로 평가한다(토지보상법 시행규칙 제47조 제1항).

---

130) 1. 휴업기간 중의 영업용 자산에 대한 감가상각비·유지관리비와 휴업기간 중에도 정상적으로 근무하여야 하는 최소인원에 대한 인건비 등 고정적 비용 2. 영업시설·원재료·제품 및 상품의 이전에 소요되는 비용 및 그 이전에 따른 감손상당액 3. 이전광고비 및 개업비 등 영업장소를 이전함으로 인하여 소요되는 부대비용

⑶ 기타 영업손실에 대한 평가

1) 잔여영업시설에 대한 손실의 평가

영업손실은 다음 각 호에 해당하는 금액[131]을 더한 금액으로 평가한다. 이 경우 보상액은 휴업보상의 평가액을 초과하지 못한다(토지보상법 시행규칙 제47조 제3항).

2) 임시영업소의 설치에 따른 손실의 평가

영업을 휴업하지 아니하고 임시영업소를 설치하여 영업을 계속하는 경우의 영업손실은 임시영업소의 설치비용으로 평가한다. 이 경우 보상액은 휴업보상의 평가액을 초과하지 못한다(토지보상법 시행규칙 제47조 제4항).

5. 영업손실에 대한 평가의 특례

⑴ 무허가건축물등 임차인의 영업에 대한 보상

㈎ 영업손실을 보상하여야 하는 영업 중 무허가건축물등에서 임차인이 영업하는 경우에는 그 임차인은 사업인정고시일등 1년 이전부터 부가가치세법 제8조에 따른 사업자등록을 하고 행하고 있는 영업이어야 한다(토지보상법 시행규칙 제45조 제1호 단서).

㈏ 이와 같은 무허가건축물등에서 임차인이 영업하는 경우 임차인의 영업에 대한 보상액 중 영업용 고정자산·원재료·제품 및 상품 등의 매각손실액을 제외한 금액은 폐업보상에 대한 기준에도 불구하고 1천만 원을 초과하지 못한다(토지보상법 시행규칙 제46조 제5항). 그리고 임차인의 영업에 대한 보상액 중 제1항 제2호의 비용[132]을 제외한 금액은 휴업보상에 대한 기준에도 불구하고 1천만 원을 초과하지 못한다(토지보상법 시행규칙 제46조 제7항).

⑵ 무허가영업 등의 손실보상에 관한 특례

사업인정고시일등 전부터 허가등을 받아야 행할 수 있는 영업을 허가등이 없이 행하여 온 자가 공익사업의 시행으로 인하여 적법한 장소에서 영업을 계속할 수 없게 된 경우에는 통계법에 따른 통계작성기관이 조사·발표하는 가계조사통계의 도시근로자가구 월평균 가계지출비를 기준으로 산정한 3인 가구 3개월분 가계지출비에 해당하는 금액을 영업손실에 대한 보상금으로 지급하되, 영업시설·원재료·제품 및 상품의 이전에 소요되는 비용 및 그 이전에 따른 감손상당액은 별도로 보상한다. 다만, 본인 또는 생계를 같이 하는 동일 세대 안의 직계존속·비속 및 배우자가 해당 공익사업으로 다른 영업에 대한 보상을 받은 경우에는 영업시설등의 이전비용만을 보상하여야 한다(토지보상법 시행규칙 제52조). 이는 영세한 영업자를 보호하기 위한 규정이다.

---

[131] 1. 해당 시설의 설치 등에 소요되는 기간의 영업이익 2. 해당 시설의 설치 등에 통상 소요되는 비용 3. 영업규모의 축소에 따른 영업용 고정자산·원재료·제품 및 상품 등의 매각손실액

[132] 2. 영업시설·원재료·제품 및 상품의 이전에 소요되는 비용 및 그 이전에 따른 감손상당액

6. 손실보상(수용재결 전치주의)★★★

(1) 영업의 폐업과 휴업의 경우

<u>공익사업으로 인하여 영업을 폐업하거나 휴업하는 자가 사업시행자에게서 구 공익사업법 제77조 제1항에 따라 영업손실에 대한 보상을 받기 위해서는</u> 구 공익사업법 제34조, 제50조 등에 규정된 <u>재결절차를 거친 다음 재결에 대하여 불복이 있는 때에 비로소 구 공익사업법 제83조 내지 제85조에 따라 권리구제를 받을 수 있을 뿐, 이러한 재결절차를 거치지 않은 채 곧바로 사업시행자를 상대로 손실보상을 청구하는 것은 허용되지 않는다</u>(대판 2011.9.29. 2009두10963).

(2) 잔여영업시설에 대한 보상의 경우

<u>공익사업에 영업시설 일부가 편입됨으로 인하여 잔여 영업시설에 손실을 입은 자가 사업시행자로부터 구 공익사업을 위한 토지 등의 취득 및 보상에 관한 법률 시행규칙 제47조 제3항에 따라 잔여 영업시설의 손실에 대한 보상을 받기 위해서는</u>, 토지보상법 제34조, 제50조 등에 규정된 <u>재결절차를 거친 다음 그 재결에 대하여 불복이 있는 때에 비로소 토지보상법 제83조 내지 제85조에 따라 권리구제를 받을 수 있을 뿐이다. 이러한 재결절차를 거치지 않은 채 곧바로 사업시행자를 상대로 손실보상을 청구하는 것은 허용되지 않는다</u>(대판 2018.7.20. 2015두4044).

제2 농업손실에 대한 평가

1. 개념

(1) 의의

㈎ '농업손실'이란 공익사업의 시행으로 해당 농지가 공익사업시행지구에 편입되어 영농을 계속할 수 없게 됨에 따라 발생하는 손실을 말한다. 따라서 농업손실보상은 영농이 폐지됨으로 인한 경작자의 미래의 일실소득을 보상한다는 점에서 수용보상과 다르고, 생존배려 차원에서 보상하는 이농비(離農費)[133]와도 다르다.

(2) 법적 성격

㈎ 영농손실액의 보상은 농지가 공익사업에 편입됨에 따라 대체농지를 취득하는 기간 동안에 영농소득의 손실이 있다고 봐서 그 손실의 보전해 주는 제도이다.

㈏ 판례도 <u>영농보상은 농민이 기존 농업을 폐지한 후 새로운 직업 활동을 개시하기까지의 준비기간 동안에 농민의 생계를 지원하는 간접보상이자 생활보상으로서의 성격을 가진다</u>(대판 2020.4.29. 2019두32696)」고 본다.

---

[133] 공익사업의 시행으로 인하여 영위하던 농업을 계속할 수 없게 되어 다른 지역으로 이주하는 농민이 받을 보상금이 없거나 그 총액이 국토교통부령으로 정하는 금액에 미치지 못하는 경우에는 그 금액 또는 그 차액을 보상하여야 한다(토지보상법 제78조 제7항).

2. 보상대상인 농업손실

㉮ 농업손실의 보상대상은 공익사업시행지구에 편입되는 농지134)이어야 한다(토지보상법 시행규칙 제48조 제1항).

㉯ 다만, 다음 각 호135)의 어느 하나에 해당하는 토지는 이를 보상대인 농지로 보지 아니한다(토지보상법 시행규칙 제48조 제3항).

3. 보상대상자

자경농지의 경우 농지소유자에게 보상한다. 그러나 자경농지가 아닌 경우는 ① 농지소유자가 해당 지역에 거주하는 농민인 경우 ⓐ 농지소유자와 실제 경작자 간에 협의가 성립된 경우에는 협의내용에 따라 보상하고, ⓑ 농지소유자와 실제 경작자 간에 협의가 성립되지 아니하는 경우에는 일정한 비율로 농지소유자와 실제 경작자에게 각각 보상한다. ② 농지소유자가 해당 지역에 거주하는 농민이 아닌 경우에는 실제 경작자에게 보상한다(토지보상법 시행규칙 제48조 제4항).

4. 농업손실에 대한 평가

(1) 영농손실

1) 원 칙

공익사업시행지구에 편입되는 농지에 대하여는 그 면적에 「통계법」 제3조 제3호에 따른 통계작성기관이 매년 조사·발표하는 농가경제조사통계의 도별 농업총수입 중 농작물수입을 도별 표본농가현황 중 경지면적으로 나누어 산정한 도별 연간 농가평균 단위경작면적당 농작물총수입136)의 직전 3년 간 평균의 2년분을 곱하여 산정한 금액을 영농손실액으로 보상한다(토지보상법 시행규칙 제48조 제1항).

2) 예 외

농작물실제소득인정기준에서 정하는 바에 따라 실제소득을 입증하는 자가 경작하는 편입농지에 대하여는 토지보상법 시행규칙 제48조 제1항의 규정에 불구하고 그 면적에 단위경작면적당 실제소득의 2년분을 곱하여 산정한 금액을 영농손실액으로 보상한다(토지보상법 시행규칙 제48조 제2항 본문).

---

134) 전·답, 과수원, 그 밖에 법적 지목(地目)을 불문하고 실제로 농작물 경작지 또는 대통령령으로 정하는 다년생식물 재배지로 이용되는 토지. 다만, 「초지법」에 따라 조성된 초지 등 대통령령으로 정하는 토지는 제외한다(「농지법」 제2조 제1호 가목) 및 고정식온실·버섯재배사 및 비닐하우스와 농림축산식품부령으로 정하는 그 부속시설(농지법 시행령 제2조 제3항 제2호 가목)

135) 1. 사업인정고시일등 이후부터 농지로 이용되고 있는 토지 2. 토지이용계획·주위환경 등으로 보아 일시적으로 농지로 이용되고 있는 토지 3. 타인소유의 토지를 불법으로 점유하여 경작하고 있는 토지 4. 농민(「농지법」 제2조 제3호의 규정에 의한 농업법인 또는 「농지법 시행령」 제3조 제1호 및 동조제2호의 규정에 의한 농업인을 말한다. 이하 이 조에서 같다)이 아닌 자가 경작하고 있는 토지 5. 토지의 취득에 대한 보상 이후에 사업시행자가 2년 이상 계속하여 경작하도록 허용하는 토지

136) 서울특별시·인천광역시는 경기도, 대전광역시는 충청남도, 광주광역시는 전라남도, 대구광역시는 경상북도, 부산광역시·울산광역시는 경상남도의 통계를 각각 적용한다.

(2) 농기구 매각손실에 대한 평가

당해 지역에서 경작하고 있는 농지의 3분의 2 이상에 해당하는 면적이 공익사업시행지구에 편입됨으로 인하여 농기구를 이용하여 해당 지역에서 영농을 계속할 수 없게 된 경우[137] 해당 농기구에 대해서는 매각손실액을 평가하여 보상하여야 한다. 다만, 매각손실액의 평가가 현실적으로 곤란한 경우에는 원가법에 의하여 산정한 가격의 60퍼센트 이내에서 매각손실액을 정할 수 있다(토지보상법 시행규칙 제48조 제6항).

5. 손실보상(수용재결 전치주의)*** [21 감평]

공익사업으로 인하여 농업의 손실을 입게 된 자가 사업시행자로부터 토지보상법 제77조 제2항에 따라 농업손실에 대한 보상을 받기 위해서는 토지보상법 제34조, 제50조 등에 규정된 재결절차를 거친 다음 그 재결에 대하여 불복이 있는 때에 비로소 토지보상법 제83조 내지 제85조에 따라 권리구제를 받을 수 있을 뿐, 이러한 재결절차를 거치지 않은 채 곧바로 사업시행자를 상대로 손실보상을 청구하는 것은 허용되지 않는다(대판 2019.8.29. 2018두57865).

제5목 | 이주대책의 수립 등

제1 이주대책

Ⅰ. 이주대책의 의의와 헌법적 근거

1. 이주대책의 의의

'이주대책'이란 공익사업의 시행으로 이하여 주거용 건축물을 제공함에 따라 생활의 근거를 사실하게 되는 자(이주대책대상자)를 위해 종전의 생활상태를 회복시키기 위한 정책적 배려에서 사업시행자가 사업시행지구 인근에 이주정착지를 조성하여 택지나 주택을 이주대책대상자에게 공급하는 것을 말한다(토지보상법 제78조 제1항 참조).

2. 이주대책의 헌법적 근거*

(1) 문제점

생활보상의 하나인 이주대책이 헌법 제23조 제3항의 공공의 필요에 따른 특별한 희생에 대한 보상인지, 헌법 제34조의 사회보장수단으로서의 보상인지에 대해 학설이 대립한다.

(2) 학 설

ⓐ 이주대책도 헌법 제23조 제3항의 완전보상에 포함될 수 있다는 견해(헌법 제23조설), ⓑ 헌

---

[137] 과수 등 특정한 작목의 영농에만 사용되는 특정한 농기구의 경우에는 공익사업시행지구에 편입되는 면적에 관계없이 해당 지역에서 해당 영농을 계속할 수 없게 된 경우를 말한다.

법 제23조 제3항은 재산권 보상을 염두에 둔 규정으로 이해되어야 하며, 이주대책은 헌법 제34조의 사회보장수단으로서의 성격을 가진다는 견해(헌법 제34조설), ⓒ 이주대책을 헌법 제23조 제3항의 특별한 희생에 대한 보상이라는 성격과 헌법 제34조의 생존배려에 근거한 보상이라는 성격이 결합된 것으로 보는 견해(헌법 제23조·제34조 결합설)(다수설)가 대립된다.

(3) 판 례

① 대법원은 이주대책을 인간다운 생활을 보장하기 위한 것으로 본 판결을 하였고(대판 2003.7.25. 2001다57778)(헌법 제34조설의 입장), ② 헌법재판소도 이주대책에 대해 헌법 제23조 제3항의 보상이 아니라는 결정을 하였다(헌재 1993.7.29. 92헌마30)(헌법 제34조설의 입장으로 해석될 수 있다).

(4) 검 토

이주대책은 헌법 제23조 제3항의 특별한 희생에 대한 보상의 성격 외에 생존배려의 성격을 가지는바 헌법 제23조설은 타당하지 않고, 헌법 제34조설에 따르면 손실보상에는 헌법 제23조에 의한 것과 헌법 제34조에 의한 것이 있어 행정상 손실보상의 체계가 이원화된다는 문제가 있다. 따라서 헌법 제23조·제34조 결합설이 타당하다.

II. 이주대책의 수립·실시의무

<u>사업시행자의 이주대책 수립·실시의무를 정하고 있는 토지보상법 제78조 제1항은 물론 이주대책의 내용에 관하여 규정하고 있는 같은 조 제4항 본문 역시 당사자의 합의 또는 사업시행자의 재량에 의하여 적용을 배제할 수 없는 강행법규이다</u>(대판(전원) 2011.6.23. 2007다63089, 63096).

1. 주 체

㉮ 사업시행자가 이주대책의 수립·실시의무를 부담한다(토지보상법 제78조 제1항).

㉯ 사업시행자가 직접하거나 '1. 지방자치단체 2. 보상실적이 있거나 보상업무에 관한 전문성이 있는 「공공기관의 운영에 관한 법률」 제4조에 따른 공공기관 또는 「지방공기업법」에 따른 지방공사로서 대통령령으로 정하는 기관'에 위탁하는 것도 가능하다(토지보상법 제81조 제1항).

2. 이주대책의 수립

(1) 통지 및 협의

㉮ 사업시행자가 이주대책을 수립하려는 경우에는 미리 그 내용을 이주대책대상자에게 통지하여야 한다(토지보상법시행령 제40조 제1항).

㉯ 사업시행자는 이주대책을 수립하려면 미리 관할 지방자치단체의 장과 협의하여야 한다(토지보상법 제78조 제2항).

(2) 이주대책의 재량 여부

⑦ 사업시행자는 이주대책을 수립·실시할 의무를 지지만(결정재량은 없음)(토지보상법 제78조 제1항), 이주대책의 내용 결정은 재량을 갖는다(선택재량은 있음).

㈏ 대법원도 「사업시행자는 이주대책기준을 정하여 이주대책대상자 중에서 이주대책을 수립·실시하여야 할 자를 선정하여 그들에게 공급할 택지 또는 주택의 내용이나 수량을 정할 수 있고 이를 정하는 데 재량을 가진다(대판 2010.3.25. 2009두23709)」고 본다.

3. 이주대책의 실시

(1) 이주대책의 내용

이주대책의 내용에는 이주정착지뿐만 아니라 도로, 급수시설, 배수시설, 그 밖의 공공시설 등 통상적인 수준의 생활기본시설이 포함되어야 한다(토지보상법 제78조 제4항).

(2) 비용부담

이주정착지(이주대책의 실시로 건설하는 주택단지를 포함한다)에 대한 도로, 급수시설, 배수시설, 그 밖의 공공시설 등 통상적인 수준의 생활기본시설에 필요한 비용은 사업시행자가 부담한다. 다만, 행정청이 아닌 사업시행자가 이주대책을 수립·실시하는 경우에 지방자치단체는 비용의 일부를 보조할 수 있다(토지보상법 제78조 제4항).

4. 이주대책 수립·실시의 의제

사업시행자가 「택지개발촉진법」 또는 「주택법」 등 관계 법령에 따라 이주대책대상자에게 택지 또는 주택을 공급한 경우에는 이주대책을 수립·실시한 것으로 본다(토지보상법 시행령 제40조 제2항 단서). 이를 '특별공급'이라고 하는데, 이는 이주대책 수립·실시가 의제되는 사업을 하면서 택지나 주택을 공급하였다면 중복해서 이주대책을 수립·실시하지 않도록 하기 위한 것이다.

Ⅲ. 이주대책의 수립·실시의 요건 및 이주대책 대상자의 요건

1. 이주대책 수립·실시의 요건*

사업시행자는 공익사업의 시행으로 인하여 주거용 건축물을 제공함에 따라 생활의 근거를 상실하게 되는 자(이주대책대상자)를 위하여 대통령령으로 정하는 바에 따라 이주대책을 수립·실시하여야 한다(토지보상법 제78조 제1항). 이주대책대상자는 법령이 정한 경우와 사업시행자가 임의로 이주대책 대상자에 포함시킨 경우가 포함된다.

(1) 법령이 정한 이주대책 대상자

법령이 정한 이주대책 대상자는 공익사업의 시행으로 인하여 주거용 건축물을 제공함에 따라 생활의 근거를 상실하게 되는 자를 말한다(토지보상법 제78조 제1항).

(2) 사업시행자가 임의로 포함시킨 이주대책 대상자

사업시행자는 법령상 이주대책 대상자가 아닌 자(예: 세입자)도 임의로 이주대책 대상자에 포함시킬 수 있다. 따라서 이 경우 이주대책 대상자에 포함된 세입자 등은 이주대책을 신청할 권리를 가진다.

2. 이주대책 대상자의 요건***

법령이 정한 이주대책 대상자는 ① 공익사업의 시행에 주거용 건축물을 제공한 자이면서, ② 생활의 근거를 상실하게 되는 자라야 한다(토지보상법 제78조 제1항). ③ 그리고 이주대책 대상자 제외요건에 해당하지 않아야 한다(토지보상법 시행령 제40조 제5항).

(1) 공익사업의 시행에 주거용 건축물을 제공한 자

일반적인 경우 공익사업에 주거용 건축물이 수용 목적물이 될 수 없기 때문에, '공익사업의 시행에 주거용 건축물을 제공한 자'란 해당 사업에 "토지"가 제공됨으로 인해 주거용 건축물을 상실하게 되는 자를 말한다.

(2) 생활의 근거를 상실하게 되는 자

공익사업에 토지가 제공됨으로 인해 주거용 건축물이 철거 또는 이전됨으로써 생활의 근거를 상실하는 자를 말한다.

(3) 이주대책 대상자에서 제외되는 자가 아닐 것

다음의 하나에 해당하는 자는 이주대책 대상자에서 제외된다(토지보상법 시행령 제40조 제5항).

1) 허가를 받지 아니하거나 신고를 하지 아니하고 건축 또는 용도변경을 한 건축물의 소유자(무허가건축물등의 소유자)

㈎ 보상목적의 무허가건축물등이 난립될 가능성이 있기 때문에 무허가건축물등의 소유자는 적정한 보상 외에 이주대책은 제외된다.

㈏ 그러나 토지보상법 시행령 제40조 제3항에서 <u>무허가건축물의 소유자 등은 원칙적으로 이주대책대상자에서 제외하도록 규정하고 있지만, 사업시행자가 위 법령에서 정한 이주대책대상자의 범위를 확대하는 기준을 수립하여 실시하는 것은 허용된다</u>(대판 2009.9.24. 2009두9819).

㈐ 그리고 <u>건축허가를 받아 건축되었으나 사용승인을 받지 못한 건축물의 소유자는</u> 구 공익사업법 시행령 제40조 제3항 제1호에서 정한 <u>무허가건축물의 소유자에 해당하지 않기</u> 때문에 이 사건 주택은 <u>건축허가를 받아 건축되었으나 사용승인을 받지 않은 건축물에 해당되어 이주대책의 대상이 되는 건축물에 해당한다</u>(대판 2013.8.23. 2012두24900).

2) 해당 건축물에 공익사업을 위한 관계 법령에 따른 고시 등이 있은 날부터 계약체결일 또는 수용재결일까지 계속하여 거주하고 있지 아니한 건축물의 소유자. 다만, 다음 각 목의 어느 하나(가. 질병으로 인한 요양, 나. 징집으로 인한 입영, 다. 공무, 라. 취학, 마. 해당 공익사업지구 내 타인이 소유하고 있는 건축물에의 거주,

바. 그 밖에 가목부터 라목까지에 준하는 부득이한 사유)에 해당하는 사유로 거주하고 있지 아니한 경우에는 이주대책 대상자에 해당

이주대책기준일인 '공익사업을 위한 관계 법령에 의한 고시 등이 있은 날'은 이주대책대상자와 아닌 자를 정하는 기준이 된다(대판 2009.6.11. 2009두3323).[138]

3) 타인이 소유하고 있는 건축물에 거주하는 세입자. 다만, 해당 공익사업지구에 주거용 건축물을 소유한 자로서 타인이 소유하고 있는 건축물에 거주하는 세입자는 이주대책 대상자에 해당

원칙적으로 타인이 소유하고 있는 건축물에 거주하는 세입자는 이주대책 대상자에서 제외된다.[139]

IV. 수분양권의 취득시기와 당사자의 권리구제

1. 수분양권의 발생시기** [19 입시]

(1) 문제점

이주대책 대상자가 언제 수분양권(택지의 분양권이나 아파트의 입주권을 받을 수 있는 구체적 권리)을 취득하는지에 관해 학설이 대립된다. 이러한 학설의 대립에 따라 이주대책에 대한 권리구제수단과 인용가능성이 달라지기 때문이다.

(2) 학 설(홍준형, 이영선, 정태용 교수님의 분류)

1) 이주대책수립시설(실체적 권리설)

<u>사업시행자가 실제로 이주대책을 수립하기 이전에는 이주자의 수분양권은 아직 추상적인 권리나 법률상의 지위 내지 이익에 불과한 것이어서 이 단계에 있어서는 그 권리나 지위의 확인을 구할 수 없다고 할 것이나, 이주대책을 수립한 이후에는 이주자의 추상적인 수분양권이 그 이주대책이 정하는 바에 따라 구체적 권리로 바뀌게 되므로, 구체적 이주대책에서 제외된 이주자는 위와 같은 수분양권에 터잡은 분양신청을 할 수 있다는 견해이다</u>(대판(전원) 1994.5.24. 92다35783(반대의견)(반대보충의견)).

2) 확인·결정시설(절차적 권리설)

<u>사업시행자에게 이주대책의 수립·실시의무를 부과하고 있다고 하여 그 규정 자체만에 의하여 이주자에게 사업시행자가 수립한 이주대책상의 택지분양권이나 아파트 입주권</u>

---

138) 여기서 '공익사업을 위한 관계 법령에 의한 고시 등이 있은 날'에는 토지수용 절차에 공익사업을 위한 토지 등의 취득 및 보상에 관한 법률을 준용하도록 한 관계 법률에서 사업인정의 고시 외에 주민 등에 대한 공람공고를 예정하고 있는 경우에는 사업인정의 고시일뿐만 아니라 공람공고일도 포함될 수 있다(대판 2009.2.26. 2007두13340).

139) 헌법재판소는 <u>이주대책의 실시 여부는 입법자의 입법정책적 재량의 영역에 속하므로</u> 공익사업을 위한 토지등의취득 및 보상에 관한 법률시행령 제40조 제3항(현행 제5항) 제3호가 이주대책의 대상자에서 세입자를 제외하고 있는 것이 세입자의 재산권을 침해하는 것이라 볼 수 없다고 보았다(헌재 2006.2.23. 2004헌마19).

등을 받을 수 있는 구체적인 권리(수분양권)가 직접 발생하는 것이라고는 도저히 볼 수 없으며, 이주자가 수분양권을 취득하기를 희망하여 이주대책에 정한 절차에 따라 사업시행자에게 이주대책대상자 선정신청을 하고 사업시행자가 이를 받아들여 이주대책대상자로 확인·결정하여야만 비로소 구체적인 수분양권이 발생하게 된다(대판(전원) 1994.5.24. 92다35783(다수의견)).

(3) 판 례

판례는 확인·결정시설의 입장이다.140)

(4) 검 토

이주대책은 실시를 위한 요건이나 절차, 내용 및 효과에 관해 법령이 직접 구체적으로 규정하지 않고 사업시행자에게 맡기고 있다. 이처럼 법령이 이주대책의 구체적인 내용을 사업시행자에게 부여하는 것은 사업시행자의 확인·결정행위가 있어야 이주자에게 수분양권이 발생한다는 취지로 봐야 한다. 따라서 확인·결정시설이 타당하다.

2. 이주대책 수립거부 또는 이주대책 대상자 제외조치에 대한 권리구제** [17 감평]

(1) 이주대책 수립·실시를 거부한 경우

사업시행자가 이주대책의 수립·실시를 거부한 경우, 이주자는 항고소송인 거부처분취소(무효확인)소송을 제기할 수 있다(부작위의 경우 부작위위법확인소송도 가능)(신청권은 있기 때문).

(2) 이주대책 수립·실시한 경우

1) 이주대책 대상자 제외조치(대상자선정 거부)

㈎ 이주대책이 수립된 이후 사업시행자가 이주대책 대상자 선정 거부한 경우(이주대책 대상자 제외조치) 이주자는 항고소송인 거부처분취소(무효확인)소송을 제기할 수 있다(부작위의 경우 부작위위법확인소송도 가능). 그러나 확인·결정시설에 따르면 이주대책 대상자 확인·결정전이기 때문에 당사자소송인 수분양권존재확인소송으로는 권리구제를 받을 수 없다.

㈏ 판례는 수분양권의 취득을 희망하는 이주자가 소정의 절차에 따라 이주대책 대상자 선정신청을 한 데 대하여 「사업시행자가 이주대책 대상자가 아니라고 하여 위 확인·결정 등의 처분을 하지 않고 이를 제외시키거나 거부조치한 경우에는, 이주자로서는 사업시행자를 상대로 항고소송에 의하여 제외처분이나 거부처분의 취소를 구할 수 있다(대판 2014.2.27. 2013두10885)」고 본다.

---

140) 사업시행자에게 이주대책대상자 선정신청을 하고 사업시행자가 이를 받아들여 이주대책대상자로 확인·결정하여야만 비로소 구체적인 수분양권이 발생하게 된다(대판(전원) 1994.5.24. 92다35783).

2) 이주대책 대상자 결정 후

㈎ 확인·결정시설에 따르면 사업시행자가 이주대책자로 확인·결정한 이후에는 이주자는 당사자소송으로 권리구제를 받을 수 있다.

㈏ 그리고 이주대책의 종류가 달라 각 그 보장하는 내용에 차등이 있는 경우 이주자의 희망에도 불구하고 사업시행자가 요건 미달 등을 이유로 그중 더 이익이 되는 내용의 이주대책 대상자로 선정하지 않았다면 이 또한 이주자의 권리의무에 직접적 변동을 초래하는 행위로서 항고소송의 대상이 된다(대판 2014.2.27. 2013두10885).

3. 관련문제 ★★★

(1) 생활대책 대상자 제외행위에 대한 항고소송

공익사업을 위한 토지 등의 취득 및 보상에 관한 법률은 제78조 제1항에서 이주대책을 수립·실시하거나 이주정착금을 지급하여야 한다고 규정하고 있을 뿐, 생활대책에 관한 분명한 근거 규정을 두고 있지는 않으나, 사업시행자 스스로 공익사업의 원활한 시행을 위하여 필요하다고 인정함으로써 생활대책을 수립·실시할 수 있도록 하는 내부규정을 두고 있고 내부규정에 따라 생활대책 대상자 선정기준을 마련하여 생활대책을 수립·실시하는 경우에는, 이러한 생활대책 대상자 선정기준에 해당하는 자는 사업시행자에게 생활대책 대상자 선정 여부의 확인·결정을 신청할 수 있는 권리를 가지는 것이어서, 만일 사업시행자가 그러한 자를 생활대책 대상자에서 제외하거나 선정을 거부하면, 이러한 생활대책 대상자 선정기준에 해당하는 자는 사업시행자를 상대로 항고소송을 제기할 수 있다고 보는 것이 타당하다(대판 2011.10.13. 2008두17905).

(2) 주택특별공급거부에 대한 항고소송

판례는 「택지개발촉진법에 따른 사업시행을 위하여 토지 등을 제공한 자에 대한 이주대책을 세우는 경우 위 이주대책은 공공사업에 협력한 자에게 특별공급의 기회를 요구할 수 있는 법적인 이익을 부여하고 있는 것이라고 보아야 할 것이므로 그들에게는 특별공급신청권이 인정되며 따라서 사업시행자가 위 조항에 해당함을 이유로 특별분양을 요구하는 자에게 이를 거부한 행위는 항고소송의 대상이 되는 거부처분이라 할것이다(대판 1992.11.27. 92누3618).」라고 본다.

(3) 이주자택지공급신청거부처분 후 다시 재신청하여 행정청이 다시 거부한 경우 재거부행위의 성질

① 거부처분이 있은 후 당사자가 다시 신청을 한 경우에는 신청의 제목 여하에 불구하고 그 내용이 새로운 신청을 하는 취지라면 관할 행정청이 이를 다시 거절하는 것은 새로운 거부처분이라고 보아야 한다. ② 이 사건에서 피고 한국토지주택공사가 원고에게 2차 결정을 통보하면서 '2차 결정에 대하여 이의가 있는 경우 2차 결정 통보일부터 90일 이내에 행정심판이나 취소소송을 제기할 수 있다.'는 취지의 불복방법 안내를 하였던 점을 보면, 피고

공사 스스로도 2차 결정이 행정절차법과 행정소송법이 적용되는 처분에 해당한다고 인식하고 있었음을 알 수 있고, 그 상대방인 원고로서도 2차 결정이 행정쟁송의 대상인 처분이라고 인식하였을 수밖에 없다고 보인다. 이와 같이 불복방법을 안내한 피고 공사가 이 사건 소가 제기되자 '처분성'이 인정되지 않는다고 본안전항변을 하는 것은 신의성실원칙에도 어긋난다(대판 2021.1.14. 2020두50324).

(4) 전매 제한

이주대책 대상자가 이주대책의 실시에 따른 주택지 또는 주택을 공급받기로 결정된 권리는 소유권이전등기를 마칠 때까지 전매(매매, 증여, 그 밖에 권리의 변동을 수반하는 모든 행위를 포함하되, 상속은 제외한다)할 수 없다(토지보상법 제78조 제5항).

제2 이주정착금

사업시행자는 공익사업의 시행으로 인하여 주거용 건축물을 제공함에 따라 생활의 근거를 상실하게 되는 자(이주대책 대상자)를 위하여 대통령령으로 정하는 바에 따라 이주대책을 수립·실시하거나 이주정착금을 지급하여야 한다(토지보상법 제78조 제1항).

I. 이주정착금 지급의 요건

① 이주정착금을 지급받으려는 자는 이주대책 대상자에 해당해야 한다. 처음부터 이주대책의 수립·시행의무가 없거나 이주대책대상자의 범위에 해당하지 않는 자들에게는 이주정착금이 지급되지 않는다. ② 그리고 이주정착금 지급대상자이어야 한다.

1. 이주대책 대상자일 것

이주대책 대상자는 ① 공익사업의 시행에 주거용 건축물을 제공한 자이면서, ② 생활의 근거를 상실하게 되는 자라야 한다(토지보상법 제78조 제1항). ③ 그리고 이주대책 대상자 제외 요건[141])에 해당하지 않아야 한다(토지보상법 시행령 제40조 제5항).

2. 이주정착금 지급대상자일 것

아래에 어느 하나에 해당하는 경우에는 이주대책이 아니라, 이주정착금을 지급한다.

---

141) 1. 허가를 받지 아니하거나 신고를 하지 아니하고 건축 또는 용도변경을 한 건축물의 소유자 2. 해당 건축물에 공익사업을 위한 관계 법령에 따른 고시 등이 있은 날부터 계약체결일 또는 수용재결일까지 계속하여 거주하고 있지 아니한 건축물의 소유자. 다만, 다음 각 목의 어느 하나(가. 질병으로 인한 요양, 나. 징집으로 인한 입영, 다. 공무, 라. 취학, 마. 해당 공익사업지구 내 타인이 소유하고 있는 건축물에의 거주, 바. 그 밖에 가목부터 라목까지에 준하는 부득이한 사유)에 해당하는 사유로 거주하고 있지 아니한 경우에는 이주대책 대상자에 해당 3. 타인이 소유하고 있는 건축물에 거주하는 세입자. 다만, 해당 공익사업지구에 주거용 건축물을 소유한 자로서 타인이 소유하고 있는 건축물에 거주하는 세입자는 이주대책 대상자에 해당

(1) 이주대책을 수립·실시하지 아니하는 경우(이주대책 면제사유)

　이주대책 대상자가 있음에도 ① 이주대책 대상자 중 이주정착지에 이주를 희망하는 자의 가구 수가 10호(戶) 미만인 경우(토지보상법 시행령 제40조 제2항 본문)(토지보상법 시행령 제41조 제1호)와 ② 이주대책을 수립하기 어려운 부득이한 사유가 있는 경우[142]에는 사업시행자는 국토교통부령으로 정하는 바에 따라 이주정착금을 지급하여야 한다.

(2) 이주대책 대상자가 이주정착지가 아닌 다른 지역으로 이주하려는 경우

　이주대책 대상자 본인이 이주정착지가 아닌 다른 지역이나 해외로 이주하기를 희망하는 경우에는 사업시행자는 국토교통부령으로 정하는 바에 따라 이주정착금을 지급하여야 한다(토지보상법 시행령 제41조 제2호).

(3) 이주대책 대상자가 공익사업을 위한 관계 법령에 따른 고시 등이 있은 날의 1년 전부터 계약체결일 또는 수용재결일까지 계속하여 해당 건축물에 거주하지 않은 경우(토지보상법 시행령 제41조 제3호)

(4) 이주대책 대상자가 공익사업을 위한 관계 법령에 따른 고시 등이 있은 날 당시 다음 각 목[143]의 어느 하나에 해당하는 기관·업체에 소속[144]되어 있거나 퇴직한 날부터 3년이 경과하지 않은 경우(토지보상법 시행령 제41조 제4호)

(5) 일정한 법 위반사유가 있는 경우

　이주대책대상자가 이주대책의 실시에 따른 주택지 또는 주택을 공급받기로 결정된 권리는 소유권이전등기를 마칠 때까지 전매[145]할 수 없는데 이를 위반하거나, 해당 공익사업과 관련하여 다음 각 호[146]의 어느 하나에 해당하는 경우에 사업시행자는 이주대책의 실시가 아닌 이주정착금으로 지급하여야 한다(토지보상법 제78조 제5항).

II. 이주정착금의 범위

　이주정착금은 보상대상인 주거용 건축물에 대한 평가액의 30퍼센트에 해당하는 금액으로 하되, 그 금액이 1천2백만 원 미만인 경우에는 1천2백만 원으로 하고, 2천4백만 원을 초과하는 경우에는 2천4백만 원으로 한다(토지보상법 시행규칙 제53조 제2항).

---

[142] 1. 공익사업시행지구의 인근에 택지 조성에 적합한 토지가 없는 경우 2. 이주대책에 필요한 비용이 당해 공익사업의 본래의 목적을 위한 소요비용을 초과하는 등 이주대책의 수립·실시로 인하여 당해 공익사업의 시행이 사실상 곤란하게 되는 경우(토지보상법 시행규칙 제53조 제1항 본문)

[143] 가. 국토교통부, 나. 사업시행자, 다. 법 제21조제2항에 따라 협의하거나 의견을 들어야 하는 공익사업의 허가·인가·승인 등 기관, 라. 공익사업을 위한 관계 법령에 따른 고시 등이 있기 전에 관계 법령에 따라 실시한 협의, 의견청취 등의 대상자였던 중앙행정기관, 지방자치단체, 「공공기관의 운영에 관한 법률」 제4조에 따른 공공기관 및 「지방공기업법」에 따른 지방공기업

[144] 다른 기관·업체에 소속된 사람이 파견 등으로 각 목의 기관·업체에서 근무하는 경우를 포함한다.

[145] 매매, 증여, 그 밖에 권리의 변동을 수반하는 모든 행위를 포함하되, 상속은 제외한다.

[146] 1. 토지보상법 제93조, 제96조 및 제97조 제2호의 어느 하나에 해당하는 위반행위를 한 경우 2. 「공공주택 특별법」 제57조 제1항 및 제58조 제1항 제1호의 어느 하나에 해당하는 위반행위를 한 경우 3. 「한국토지주택공사법」 제28조의 위반행위를 한 경우

III. 이주정착금에 대한 소송형태

이주정착금은 그 요건을 충족하는 경우에 당연히 발생하는 것이므로 그에 대한 소송은 행정소송법 제3조 제2호에 규정된 당사자소송에 의하여야 한다(대판 2019.4.23. 2018두55326).

제3 주거이전비

1. 의 의

㈎ 토지보상법 제78조 제6항은 "주거용 건물의 거주자에 대하여는 주거이전에 필요한 비용 … 을 산정하여 보상하여야 한다"고 규정하고, 토지보상법 시행규칙 제54조는 공익사업의 시행으로 인해 이주하는 주거용 건축물의 소유자 및 세입자에게 주거이전비를 보상하도록 하고 있다.

㈏ 주거 마련, 이사준비 등으로 불가피하게 돈을 지출함으로써 발생하는 손실에 대한 보상으로 일종의 생활보상에 해당한다.[147]

2. 주거이전비 보상의 요건★★★ [15 감평] [18 감평]

(1) 주거용 건축물의 소유자에 대한 보상요건(토지보상법 시행규칙 제54조 제1항)

1) 공익사업시행지구에 편입되는 주거용 건축물의 소유자일 것

여기서 '주거용 건축물'을 판단할 때에는 실제 그 건축물의 공부상 용도와 관계없이 실제 주거용으로 사용되는지 여부에 따라 결정하여야 한다.

2) 해당 건축물에 대한 보상을 하는 때일 것

3) 공익사업시행지구에 편입되는 주거용 건축물의 소유자가 해당 건축물 또는 공익사업시행지구 내 타인의 건축물에 실제 거주하고 있을 것

㈎ 건축물의 소유자라도 공익사업에 편입되는 건축물에 실제 거주하고 있어야 한다.

㈏ 그리고 주거용 건축물의 소유자에 대한 주거이전비의 보상은 주거용 건축물에 대하여 정비계획에 관한 공람·공고일부터 해당 건축물에 대한 보상을 하는 때까지 계속하여 소유 및 거주한 주거용 건축물의 소유자를 대상으로 한다(대판 2015.2.26. 2012두19519).

4) 해당 건축물이 무허가건축물 등이 아닐 것

해당 건축물이 무허가건축물등[148]이 아니어야 한다.

---

[147] 공익사업의 시행에 따라 이주하는 주거용 건축물의 세입자에게 지급하는 주거이전비와 이사비는, 당해 공익사업 시행지구 안에 거주하는 세입자들의 조기이주를 장려하여 사업추진을 원활하게 하려는 정책적인 목적과 주거이전으로 인하여 특별한 어려움을 겪게 될 세입자들을 대상으로 하는 사회보장적인 차원에서 지급하는 금원의 성격을 갖는다(대판 2006.4.27. 2006두2435).

[148] '무허가건축물등'이란 「건축법」 등 관계법령에 의하여 허가를 받거나 신고를 하고 건축 또는 용도변경을 하여야 하는 건축물을 허가를 받지 아니하거나 신고를 하지 아니하고 건축 또는 용도변경한 건축물을 말

(2) 주거용 건축물의 세입자에 대한 보상요건(토지보상법 시행규칙 제54조 제2항)

1) 공익사업의 시행으로 인하여 이주하게 되는 주거용 건축물의 세입자일 것

㈎ '주거용 건축물'을 판단할 때에는 실제 그 건축물의 공부상 용도와 관계없이 실제 주거용으로 사용되는지 여부에 따라 결정하여야 한다.

㈏ 무상으로 사용하는 거주자를 포함하되(대판 2023.7.27. 2022두44392), 토지보상법 제78조 제1항에 따른 이주대책 대상자인 세입자는 제외한다(토지보상법 시행규칙 제54조 제2항).

2) 사업인정고시일등 당시 또는 공익사업을 위한 관계법령에 의한 고시 등이 있은 당시 해당 공익사업 시행지구 안에서 3개월 이상 거주한 자일 것(다만, 무허가건축물 등에 입주한 세입자인 경우에는 사업인정고시일등 당시 또는 공익사업을 위한 관계법령에 의한 고시 등이 있은 당시 그 공익사업지구 안에서 1년 이상 거주한 세입자라야 한다)

토지보상법 시행규칙 제54조 제2항에 규정된 당해 공익사업 시행지구 안에서 3월 이상 거주한 자'에 해당하는 세입자는 이후의 사업시행자의 주거이전비 산정통보일 또는 수용개시일까지 계속 거주할 것을 요함이 없이 위 사업인정고시일 등에 바로 같은 법 시행규칙 제54조 제2항의 주거이전비 … 청구권을 취득한다고 볼 것이다(대판 2006.4.27. 2006두2435).

3. 주거이전비의 범위

주거용 건축물의 소유자에 대해서는 가구원수에 따라 2개월분의 주거이전비를 보상하며(토지보상법 시행규칙 제54조 제1항), 주거용 건축물의 세입자에 대해서는 가구원수에 따라 4개월분의 주거이전비를 보상하여야 한다(토지보상법 시행규칙 제54조 제2항).

4. 관련문제*** [15 감평] [18 감평] [22 감평]

(1) 토지보상법 시행규칙 제54조의 규정과 다른 내용의 주거이전비 포기각서의 효력

㈎ 사업시행자의 세입자에 대한 주거이전비 지급의무를 정하고 있는 공익사업법 시행규칙 제54조 제2항은 당사자 합의 또는 사업시행자 재량에 의하여 적용을 배제할 수 없는 강행규정이라고 보아야 한다.

㈏ 따라서 공익사업을 위한 토지 등의 취득 및 보상에 관한 법률 시행규칙 제54조 제2항에 규정된 주거이전비 지급요건에 해당하는 세입자인 경우, 임시수용시설인 임대아파트에 거주하게 하는 것과 별도로 주거이전비를 지급할 의무가 있고, 갑이 임대아파트에 입주하면서 주거이전비를 포기하는 취지의 포기각서를 제출하였다 하더라도, 포기각서의 내용은 강행규정인 공익사업법 시행규칙 제54조 제2항에 위배되어 무효이다(대판 2011.7.14. 2011두3685).

한다(토지보상법 시행규칙 제24조).

(2) 주거이전비 보상에 대한 소송의 형태

① <u>주거이전비 보상청구권은 그 요건을 충족하는 경우에 당연히 발생되는 것이므로, 주거이전비 보상청구소송은 행정소송법 제3조 제2호에 규정된 당사자소송에 의하여야 할 것이다.</u> ② 다만, 주거이전비 보상에 관하여 재결이 이루어진 다음 보상금의 증감 부분을 다투는 경우에는 공익사업법 제85조 제2항에 규정된 행정소송에 따라, <u>보상금의 증감 이외의 부분을 다투는 경우에는 같은 조 제1항에 규정된 행정소송에 따라 권리구제를 받을 수 있다</u>(대판 2008.5.29. 2007다8129). ③ 그리고 <u>이러한 법리는 주거이전비 뿐만 아니라 주거용 건축물의 소유자가 사업시행자를 상대로 이주정착금 및 이사비의 보상을 구하는 경우에도 그대로 적용된다</u>(대판 2019.4.23. 2018두55326).

제4 동산의 이전비 보상 등

1. 동산의 이전비와 이사비 보상

㈎ 토지등의 취득 또는 사용에 따라 이전하여야 하는 동산(이사비의 보상대상인 동산을 제외한다)에 대하여는 이전에 소요되는 비용 및 그 이전에 따른 감손상당액을 보상하여야 한다(토지보상법 시행규칙 제55조 제1항).

㈏ 공익사업시행지구에 편입되는 주거용 건축물의 거주자가 해당 공익사업시행지구 밖으로 이사를 하거나 사업시행자가 지정하는 해당 공익사업시행지구 안의 장소로 이사를 하는 경우에는 토지보상법 시행규칙 별표 4의 기준에 의하여 산정한 이사비(가재도구 등 동산의 운반에 필요한 비용을 말한다. 이하 이 조에서 같다)를 보상하여야 한다(토지보상법 시행규칙 제55조 제2항). 이사비의 보상을 받은 자가 당해 공익사업시행지구 안의 지역으로 이사하는 경우에는 이사비를 보상하지 아니한다(토지보상법 시행규칙 제55조 제3항).

2. 이농비 또는 이어비의 보상

공익사업의 시행으로 인하여 영위하던 농업·어업을 계속할 수 없게 되어 다른 지역으로 이주하는 농민·어민이 받을 보상금이 없거나 그 총액이 국토교통부령으로 정하는 금액에 미치지 못하는 경우에는 그 금액 또는 그 차액을 보상하여야 한다(토지보상법 제78조 제7항).

3. 사업폐지 등에 대한 보상

공익사업의 시행으로 인하여 건축물의 건축을 위한 건축허가 등 관계법령에 의한 절차를 진행중이던 사업 등이 폐지·변경 또는 중지되는 경우 그 사업 등에 소요된 법정수수료 그 밖의 비용 등의 손실에 대하여는 이를 보상하여야 한다(토지보상법 시행규칙 제57조).

제6목 | 공익사업시행지구 밖의 토지등의 보상

토지보상법 제79조 제1항 그리고 제79조 제2항의 위임에 따라 제정된 토지보상법 시행규칙 제59조에서 제65조는 토지나 건물등이 직접 공익사업에 제공되지는 않지만 공익사업시행지구 밖에 위치한 토지나 건물등이 해당 공익사업으로 본래의 기능을 발휘할 수 없는 경우 그 소유자등이 입는 손실을 보상하는 규정을 두고 있다. 그 법적 성질은 간접손실보상이다.

1. 공익사업시행지구 밖의 토지등의 보상의 종류

(1) 공익사업시행지구 밖의 토지에 대한 공사비 보상

사업시행자는 공익사업의 시행으로 인하여 취득하거나 사용하는 토지(잔여지를 포함한다) 외의 토지에 통로·도랑·담장 등의 신설이나 그 밖의 공사가 필요할 때에는 그 비용의 전부 또는 일부를 보상하여야 한다. 다만, 그 토지에 대한 공사의 비용이 그 토지의 가격보다 큰 경우에는 사업시행자는 그 토지를 매수할 수 있다(토지보상법 제79조 제1항).

(2) 공익사업시행지구 밖의 대지 등에 대한 보상

공익사업시행지구 밖의 대지·건축물·분묘 또는 농지가 공익사업의 시행으로 인하여 산지나 하천 등에 둘러싸여 교통이 두절되거나 경작이 불가능하게 된 경우에는 그 소유자의 청구에 의하여 이를 공익사업시행지구에 편입되는 것으로 보아 보상하여야 한다. 다만, 그 보상비가 도로 또는 도선시설의 설치비용을 초과하는 경우에는 도로 또는 도선시설을 설치함으로써 보상에 갈음할 수 있다(토지보상법 시행규칙 제59조).

(3) 공익사업시행지구 밖의 건축물에 대한 보상

소유농지의 대부분이 공익사업시행지구에 편입됨으로써 건축물만이 공익사업시행지구 밖에 남게 되는 경우로서 그 건축물의 매매가 불가능하고 이주가 부득이한 경우에는 그 소유자의 청구에 의하여 이를 공익사업시행지구에 편입되는 것으로 보아 보상하여야 한다(토지보상법 시행규칙 제60조).

(4) 소수잔존자에 대한 보상

공익사업의 시행으로 인하여 1개 마을의 주거용 건축물이 대부분 공익사업시행지구에 편입됨으로써 잔여 주거용 건축물 거주자의 생활환경이 현저히 불편하게 되어 이주가 부득이한 경우에는 당해 건축물 소유자의 청구에 의하여 그 소유자의 토지등을 공익사업시행지구에 편입되는 것으로 보아 보상하여야 한다(토지보상법 시행규칙 제61조).

(5) 공익사업시행지구 밖의 공작물등에 대한 보상

공익사업시행지구 밖에 있는 공작물등이 공익사업의 시행으로 인하여 그 본래의 기능을 다할 수 없게 되는 경우에는 그 소유자의 청구에 의하여 이를 공익사업시행지구에 편입되는 것으로 보아 보상하여야 한다(토지보상법 시행규칙 제62조).

(6) 공익사업시행지구 밖의 어업의 피해에 대한 보상

　공익사업의 시행으로 인하여 해당 공익사업시행지구 인근에 있는 어업에 피해가 발생한 경우 사업시행자는 실제 피해액을 확인할 수 있는 때에 그 피해에 대하여 보상하여야 한다. 이 경우 실제 피해액은 감소된 어획량 및 「수산업법 시행령」 별표 4의 평년수익액 등을 참작하여 평가한다(토지보상법 시행규칙 제63조 제1항).

(7) 공익사업시행지구 밖의 영업손실에 대한 보상★★★ [18 감평] [19 감평]

1) 요 건

　토지보상법 시행규칙 제64조 제1항은 공익사업시행지구밖에서 영업손실의 보상대상이 되는 영업을 하고 있는 자가 공익사업의 시행으로 인하여 일정한 영업손실을 입은 경우 그 영업자의 청구에 의하여 당해 영업을 공익사업시행지구에 편입되는 것으로 보아 보상하여야 한다고 규정한다.

a. 토지보상법 시행규칙 제45조(영업손실의 보상대상인 영업)에 따른 보상대상이 되는 영업일 것

　손실을 보상하여야 하는 영업은 아래의 요건을 모두 구비해야 한다(토지보상법 시행규칙 제45조).

① 보상의 대상이 되는 영업은 '사업인정고시일등' 전부터 행해진 것이라야 한다(토지보상법 시행규칙 제45조 제1호).

② 보상의 대상이 되는 영업은 적법한 장소에서 이루어져야 한다(토지보상법 시행규칙 제45조 제1호).

③ 보상의 대상이 되는 영업은 일정한 인적·물적 시설을 갖추고 있어야 한다(토지보상법 시행규칙 제45조 제1호).

④ 보상의 대상이 되는 영업은 계속적으로 행해져야 한다(토지보상법 시행규칙 제45조 제1호).

⑤ 보상의 대상이 되는 영업은 영업을 행함에 있어서 관계법령에 의한 허가등('허가등'이란 허가·면허·신고 등을 말한다(토지보상법 시행규칙 제15조 제2항 제1호))을 필요로 하는 경우에는 사업인정고시일등 전에 허가등을 받아 그 내용대로 행하고 있는 영업이라야 한다(토지보상법 시행규칙 제45조 제2호).

b. 공익사업시행지구 밖에서 영업

　토지보상법 시행규칙 제46조 등의 영업손실은 수용의 대상이 된 토지·건물 등을 이용하여 영업을 하다가 그 토지·건물 등이 수용됨으로 인하여 영업을 할 수 없거나 제한을 받게 됨으로 인하여 생기는 직접적인 손실을 말하는 것이지만(대판 2006.1.27. 2003두13106), 토지보상법 시행규칙 제64조 제1항의 영업손실은 공익사업시행지구 밖에서 영업손실을 말한다.

c. 공익사업의 시행으로 인하여 다음 각 호(1. 배후지의 3분의 2 이상이 상실되어 그 장소에서 영업을 계속할 수 없는 경우 2. 진출입로의 단절, 그 밖의 부득이한 사유로 인하여 일정한 기간 동안 휴업하는 것이 불가피한 경우)의 어느 하나에 해당할 것

공익사업시행지구 밖 영업손실보상의 요건인 '<u>공익사업의 시행으로 인한 그 밖의 부득이한 사유로 일정 기간 동안 휴업이 불가피한 경우</u>'란 공익사업의 시행 또는 시행 당시 발생한 사유로 휴업이 불가피한 경우만을 의미하는 것이 아니라 <u>공익사업의 시행 결과, 즉 그 공익사업의 시행으로 설치되는 시설의 형태·구조·사용 등에 기인하여 휴업이 불가피한 경우도 포함된다고 해석함이 타당하다</u>(대판 2019.11.28. 2018두227).

2) 평 가

영업자의 청구에 의하여 당해 영업을 공익사업시행지구에 편입되는 것으로 보아 보상하여야 한다(토지보상법 시행규칙 제64조 제1항). 즉 해당 영업손실이 영업폐지에 해당하는 경우 영업폐지에 대한 보상을, 영업휴업에 해당하는 경우 영업휴업에 대한 보상을 한다.

3) 공익사업시행지구 밖의 영업손실보상에 대한 명문의 규정이 없는 경우

판례는 <u>토지보상법 시행규칙에서 공공사업시행지구 밖에 위치한 영업과 공작물 등에 대한 간접손실에 대하여도 일정한 조건 하에서 이를 보상하도록 규정하고 있는 점에 비추어, 공공사업의 시행으로 인하여 그러한 손실이 발생하리라는 것을 쉽게 예견할 수 있고 그 손실의 범위도 구체적으로 이를 특정할 수 있는 경우라면 그 손실의 보상에 관하여 공공용지의취득및손실보상에관한특례법 시행규칙의 관련 규정 등을 유추적용할 수 있다고 한다</u>(대판 1999.10.8. 99다27231).

4) 토지보상법 시행규칙 제64조 제1항의 영업손실보상과 불법행위로 인한 손해배상청구의 관계

① <u>토지보상법 시행규칙 제64조 제1항의 영업손실에 따른 보상과 환경정책기본법 제44조 제1항(불법행위인 환경오염 피해로 인한 손해배상)에 따른 손해배상은 그 근거 규정과 요건·효과를 달리하는 것으로서, 각 요건이 충족되면 성립하는 별개의 청구권이다.</u> ② 다만 <u>손실보상청구권에는 이미 '손해 전보'라는 요소가 포함되어 있어 실질적으로 같은 내용의 손해에 관하여 양자의 청구권을 동시에 행사할 수 있다고 본다면 이중배상의 문제가 발생하므로, 실질적으로 같은 내용의 손해에 관하여 양자의 청구권이 동시에 성립하더라도 영업자는 어느 하나만을 선택적으로 행사할 수 있을 뿐이고, 양자의 청구권을 동시에 행사할 수는 없다고 봄이 타당하다.</u> ③ 또한 '<u>해당 사업의 공사완료일로부터 1년(현행 해당 사업완료일부터 1년)</u>'이라는 손실보상 청구기간(토지보상법 제79조 제5항)이 도과하여 <u>손실보상청구권을 더 이상 행사할 수 없는 경우에도 손해배상의 요건이 충족되는 이상 여전히 손해배상청구는 가능하다고 보아야 한다</u>(대판 2019.11.28. 2018두227).

(8) 공익사업시행지구 밖의 농업의 손실에 대한 보상

경작하고 있는 농지의 3분의 2 이상에 해당하는 면적이 공익사업시행지구에 편입됨으로

인하여 당해 지역에서 영농을 계속할 수 없게 된 농민에 대하여는 공익사업시행지구 밖에서 그가 경작하고 있는 농지에 대하여도 제48조(농업의 손실에 대한 보상) 제1항 내지 제3항 및 제4항 제2호의 규정에 의한 영농손실액을 보상하여야 한다(토지보상법 시행규칙 제65조).

2. 손실보상청구 기간

공익사업시행지구 밖의 토지등의 비용 또는 손실의 보상은 해당 사업완료일부터 1년이 지난 후에는 청구할 수 없다(토지보상법 제79조 제5항).

3. 손실보상의 협의와 재결

공익사업시행지구 밖의 토지등의 비용 또는 손실의 보상은 사업시행자와 손실을 입은 자가 협의하여 결정한다. 그리고 협의가 성립되지 아니하였을 때에는 사업시행자나 손실을 입은 자는 대통령령으로 정하는 바에 따라 관할 토지수용위원회에 재결을 신청할 수 있다(토지보상법 제80조).

제7목 | 보상전문기관과 보상협의회

Ⅰ. 보상전문기관

1. 의 의

'보상전문기관'이란 보상에 관한 지식과 전문성이 있어 보상업무 및 이주대책에 관한 업무를 수탁받아 효율적으로 담당할 수 있는 기관을 말한다.

2. 보상전문기관의 종류

토지보상법 제81조 제1항은 사업시행자는 보상 또는 이주대책에 관한 업무를 다음 각 호[149]의 기관에 위탁할 수 있다고 규정한다.

3. 보상전문기관의 업무

사업시행자는 토지보상법에 따라 다음 각 호[150]의 업무를 보상전문기관에 위탁할 수 있다(토지보상법 시행령 제43조 제2항).

---

[149] 1. 지방자치단체 2. 보상실적이 있거나 보상업무에 관한 전문성이 있는 「공공기관의 운영에 관한 법률」 제4조에 따른 공공기관 또는 「지방공기업법」에 따른 지방공사로서 대통령령으로 정하는 기관

[150] 1. 보상계획의 수립·공고 및 열람에 관한 업무 2. 토지대장 및 건축물대장 등 공부의 조사. 이 경우 토지대장 및 건축물대장은 부동산종합공부의 조사로 대신할 수 있다. 3. 토지등의 소유권 및 소유권 외의 권리 관련 사항의 조사 4. 분할측량 및 지적등록에 관한 업무 5. 토지조서 및 물건조서의 기재사항에 관한 조사 6. 잔여지 및 공익사업지구 밖의 토지등의 보상에 관한 조사 7. 영업·농업·어업 및 광업 손실에 관한 조사 8. 보상액의 산정(감정평가업무는 제외한다) 9. 보상협의, 계약체결 및 보상금의 지급 10. 보상 관련 민원처리 및 소송수행 관련 업무 11. 토지등의 등기 관련 업무 12. 이주대책의 수립·실시 또는 이주정착금의 지급 13. 그 밖에 보상과 관련된 부대업무

4. 위탁 전(前) 협의

사업시행자는 보상업무 등을 보상전문기관에 위탁하려는 경우에는 미리 위탁내용과 위탁조건에 관하여 보상전문기관과 협의하여야 한다(토지보상법 시행령 제43조 제3항).

5. 위탁 수수료 등

사업시행자는 보상업무 등을 보상전문기관에 위탁할 때에는 위탁수수료를 보상전문기관에 지급하여야 한다. 다만, 사업시행자가 보상업무 중 일부를 보상전문기관에 위탁하는 경우의 위탁수수료는 사업시행자와 보상전문기관이 협의하여 정한다(토지보상법 시행령 제43조 제4항). 그리고 사업시행자는 보상전문기관이 통상적인 업무수행에 드는 경비가 아닌 평가수수료·측량수수료·등기수수료 및 변호사의 보수 등 특별한 비용을 지출하였을 때에는 위탁수수료와는 별도로 보상전문기관에 지급하여야 한다(토지보상법 시행령 제43조 제5항).

II. 보상협의회

1. 의 의

'보상협의회'는 보상에 관한 일정한 사항을 협의하기 위하여 공익사업이 시행되는 해당 지방자치단체의 장이 필요한 경우 설치하는 자문기관이다.

2. 보상협의회의 기능

공익사업이 시행되는 해당 지방자치단체의 장은 필요한 경우에는 다음 각 호[151)]의 사항을 협의하기 위하여 보상협의회를 둘 수 있다(토지보상법 제81조 제1항 본문).

3. 보상협의회의 자격

보상협의회 위원은 다음 각 호[152)]의 사람 중에서 해당 지방자치단체의 장이 임명하거나 위촉한다(토지보상법 제81조 제2항 본문).

4. 보상협의회의 설치

(1) 임의적 보상협의회

임의적 보상협의회는 해당 사업지역을 관할하는 특별자치도, 시·군 또는 구에 설치한다(토지보상법 시행령 제44조 제1항). 보상협의회를 설치하는 경우 공익사업을 시행하는 지역이 둘 이상의 시·군 또는 구에 걸쳐 있는 경우에는 해당 시장·군수 또는 구청장이 협의하여 보상협의회를 설치할 시·군 또는 구를 결정하여야 한다(토지보상법 시행령 제44조 제2항).

---

151) 1. 보상액 평가를 위한 사전 의견수렴에 관한 사항 2. 잔여지의 범위 및 이주대책 수립에 관한 사항 3. 해당 사업지역 내 공공시설의 이전 등에 관한 사항 4. 토지소유자나 관계인 등이 요구하는 사항 중 지방자치단체의 장이 필요하다고 인정하는 사항 5. 그 밖에 지방자치단체의 장이 회의에 부치는 사항
152) 1. 토지소유자 및 관계인 2. 법관, 변호사, 공증인 또는 감정평가나 보상업무에 5년 이상 종사한 경험이 있는 사람 3. 해당 지방자치단체의 공무원 4. 사업시행자

(2) 의무적 보상협의회

의무적 보상협의회는 일정한 공익사업153)에 대하여 해당 사업지역을 관할하는 특별자치도, 시·군 또는 구에 설치한다. 다만, 다음 각 호154)의 어느 하나에 해당하는 경우에는 사업시행자가 설치하여야 한다(토지보상법 시행령 제44조의2 제1항).

---

153) 해당 공익사업지구 면적이 10만 제곱미터 이상이고, 토지등의 소유자가 50인 이상인 공익사업을 말한다.
154) 1. 해당 사업지역을 관할하는 특별자치도, 시·군 또는 구의 부득이한 사정으로 보상협의회 설치가 곤란한 경우 2. 공익사업을 시행하는 지역이 둘 이상의 시·군 또는 구에 걸쳐 있는 경우로서 보상협의회 설치를 위한 해당 시장·군수 또는 구청장(자치구의 구청장을 말한다. 이하 이 조에서 같다) 간의 협의가 법 제15조 제2항에 따른 보상계획의 열람기간 만료 후 30일 이내에 이루어지지 아니하는 경우

제10절 수용재결에 대한 불복

'수용재결'이란 수용권 자체를 부여하는 것이 아니라 사업시행자에게 부여된 수용권의 구체적인 내용을 결정하고 그 실행을 완성시키는 형성적 행정행위를 말한다. 토지보상법은 수용재결에 대한 불복절차로 행정심판인 이의신청과 행정소송을 규정하고 있다.

I. 이의신청(특별행정심판)** [16 감평]

㈎ 토지보상법 제83조의 이의신청은 행정심판의 성격을 갖는다고 보는 것이 일반적 견해이고, 판례의 입장이다. 따라서 이러한 이의신청에 대한 결정은 재결이며, 해당 이의신청을 거친 뒤에는 다시 행정심판법상 행정심판을 청구할 수 없다(행정심판법 제51조).

㈏ 그리고 행정심판법 제4조 제2항155)에 따라 토지보상법에 규정되지 않은 내용은 행정심판법이 정하는 바에 따른다.

1. 이의신청의 요건

(1) 신청인

토지수용위원회의 재결에 불복이 있는 토지소유자(관계인) 또는 사업시행자이다.

(2) 신청기간

재결서의 정본을 받은 날부터 30일 이내에 하여야 한다(토지보상법 제83조 제3항).

(3) 신청의 대상

이의신청의 대상은 토지수용위원회의 재결이다.

(4) 임의적 전치

토지보상법상의 이의신청은 임의적이다. 따라서 이의신청 없이도 행정소송을 제기할 수 있다(토지보상법 제83조 제1항 참조).

2. 이의신청에 대한 재결

(1) 재결(이의재결)의 내용

중앙토지수용위원회는 재결이 위법 또는 부당하다고 인정하는 때에는 그 재결의 전부 또는 일부를 취소하거나 보상액을 변경할 수 있다(토지보상법 제84조 제1항).

(2) 이의재결로 증액된 보상금의 지급 및 공탁

토지보상법 제83조의 이의신청에 따른 재결로 보상금이 늘어난 경우 사업시행자는 재결의 취소 또는 변경의 재결서 정본을 받은 날부터 30일 이내에 보상금을 받을 자에게 그 늘어

---

155) 다른 법률에서 특별행정심판이나 이 법에 따른 행정심판 절차에 대한 특례를 정한 경우에도 그 법률에서 규정하지 아니한 사항에 관하여는 이 법에서 정하는 바에 따른다.

난 보상금을 지급하여야 한다. 다만, 일정한 경우 그 금액을 공탁할 수 있다(토지보상법 제84조 제2항).

1) 임의적 공탁

이의재결로 보상금이 늘어난 경우, 토지보상법 제40조 제2항 제1호·제2호 또는 제4호의 공탁요건에 해당하는 경우156)에는 그 금액을 공탁할 수 있다(토지보상법 제84조 제2항 단서).

2) 의무적 공탁(사업시행자가 불복하려는 경우)

㉮ 이의재결로 보상금이 늘어난 경우, 사업시행자가 행정소송을 제기하려면 행정소송을 제기하기 전에 이의재결로 늘어난 보상금을 공탁하여야 하며, 보상금을 받을 자는 공탁된 보상금을 소송이 종결될 때까지 수령할 수 없다(토지보상법 제85조 제1항 단서).

㉯ <u>사업시행자가 재결에 불복하여 이의신청을 거쳐 행정소송을 제기하는 경우에는 원칙적으로 행정소송 제기 전에 이의재결에서 증액된 보상금을 공탁하여야 하지만, 제소 당시 그와 같은 요건을 구비하지 못하였다 하여도 사실심 변론종결 당시까지 그 요건을 갖추었다면 그 흠결의 하자는 치유되었다고 본다</u>(대판 2008.2.15. 2006두9832).

(3) 재결의 효력

㉮ 이의신청에 대한 재결이 확정된 때에는 '민사소송법'상의 확정판결이 있은 것으로 보며, 재결서 정본은 집행력 있는 판결의 정본과 동일한 효력을 가진다(토지보상법 제86조 제1항). 따라서 당사자 간에 의무 불이행이 있으면 소송절차를 거치지 않고 강제집행이 가능하다.

㉯ 사업시행자, 토지소유자 또는 관계인은 이의신청에 대한 재결이 확정되었을 때에는 관할 토지수용위원회에 대통령령으로 정하는 바에 따라 재결확정증명서의 발급을 청구할 수 있다(토지보상법 제86조 제2항).

(4) 처분효력의 부정지

이의의 신청은 사업의 진행 및 토지의 수용 또는 사용을 정지시키지 아니한다(토지보상법 제88조 제1항). 다만, 이의신청인은 집행정지를 신청할 수 있다(행정심판법 제30조 참조).

II. 행정소송

1. 제기할 수 있는 행정소송

① 토지수용위원회는 행정소송법상 행정청으로 수용재결(토지보상법 제34조)이든 이의재결(토지보상법 제84조)이든 행정소송법 제2조 제1항 제1호의 '처분등'에 해당한다. 따라서 수용재결과 이의재결은 항고소송의 대상이 될 수 있다.157) ② 그러나 동법 제85조 제2항은

---

156) 1. 보상금을 받을 자가 그 수령을 거부하거나 보상금을 수령할 수 없을 때 2. 사업시행자의 과실 없이 보상금을 받을 자를 알 수 없을 때 3. 압류나 가압류에 의하여 보상금의 지급이 금지되었을 때
157) 다만, 토지보상법 제85조 제1항은 제소기간의 특례를 두고 있다.

수용재결 및 이의재결에 관한 행정소송이 보상금의 증감에 관한 소송인 경우에는 당해 소송을 제기하는 자가 토지소유자 또는 관계인인 때에는 사업시행자를, 사업시행자인 때에는 토지소유자 또는 관계인을 각각 피고로 보상금증감청구소송을 제기할 수 있음을 규정하고 있다.

2. 항고소송(취소소송의 경우)★★★ [14 감평] [23 감평] [15 5급] [23 5급] [20 변시]

(1) 이의신청을 하지 않은 경우(수용재결에 대한 취소소송)

사업시행자, 토지소유자 또는 관계인은 재결서를 받은 날부터 90일 이내에 토지수용위원회를 상대로 수용재결에 대해 취소소송을 제기할 수 있다(토지보상법 제85조 제1항).

(2) 이의신청을 한 경우(이의재결이 있는 경우의 취소소송)

1) 원처분주의

㈎ 행정소송법 제19조 단서는 "재결취소소송의 경우에는 재결 자체에 고유한 위법이 있음을 이유로 하는 경우에 한한다"고 하여 원처분주의를 규정하고 있다. 즉 취소소송은 원칙적으로 원처분을 대상으로 해야 하며, 재결은 예외적으로만 취소소송의 대상이 될 수 있다.

㈏ 중앙토지수용위원회의 이의재결이 있는 경우에도 사업시행자등은 원처분인 수용재결을 취소소송의 대상으로 이의신청에 대한 재결서를 받은 날부터 60일 이내에 소송을 제기할 수 있다(토지보상법 제85조 제1항).

2) 재결 자체에 고유한 위법

㈎ 재결 자체에 고유한 위법이 있는 경우에는 재결도 취소소송의 대상이 될 수 있다(행정소송법 제19조 단서). 여기서 '재결 자체에 고유한 위법'이란 <u>재결 자체에 주체·절차·형식 그리고 내용상의 위법이 있는 경우</u>를 말한다.

㈏ 중앙토지수용위원회의 이의재결에 고유한 위법이 있다면 사업시행자·토지소유자 또는 관계인은 '이의신청에 대한 재결서를 받은 날부터 60일 이내에(토지보상법 제85조 제1항)' 이의재결에 대해 취소소송을 제기할 수 있다(대판 2010.1.28. 2008두1504).

3) 관련청구소송의 병합

㈎ ① 관련청구소송의 병합은 그 청구를 병합할 취소소송을 전제로 하는 것이므로 관련청구소송이 병합될 본체인 취소소송 등이 적법해야 한다. 그리고 병합하는 관련청구 자체도 소송형태에 따른 소송요건을 구비해야 한다. ② 관련청구의 병합은 사실심변론종결 전에 하여야 한다. ③ 행정소송법 제10조 제1항 제1호·제2호의 관련청구소송이어야 한다. ④ 행정사건에 관련 민사사건이나 행정사건을 병합하는 방식이어야 하고, 반대로 민사사건에 관련 행정사건을 병합할 수는 없다. 행정소송 상호간에는 어느 쪽을 병합하여도 상관없다. ⑤ 행정청을 피고로 하는 취소소송에 국가를 피고로 하는 손해배상청구를

병합하는 경우처럼 관련청구소송의 피고는 원래 소송의 피고와 동일할 필요가 없다. ⑥ 병합되는 각 청구에 관해 법원에 토지관할등이 있어야 한다.

㈏ 원처분인 수용재결에도 위법이 있고, 중앙토지수용위원회의 이의재결 자체에도 고유한 위법이 있다면 사업시행자등은 두 취소소송을 행정소송법 제10조에 따라 관련청구소송으로 병합할 수 있다(행정소송법 제10조 제1항 제2호의 관련청구소송).

4) 피고적격

사업시행자등은 지방토지수용위원회의 재결에 대해 불복하는 경우 지방토지수용위원회를, 중앙토지수용위원회의 재결에 대해 불복하는 경우 중앙토지수용위원회를 피고로 한다(행정소송법 제13조 참조).

5) 제소기간

이의신청을 거친 경우에는 수용재결에 불복하건 이의재결에 불복하건 이의신청에 대한 재결서를 받은 날부터 60일 이내에 항고소송을 제기해야 한다(토지보상법 제85조 제1항).

(3) 법정이율에 따른 가산지급

사업시행자가 제기한 토지보상법 제85조 제1항에 따른 행정소송이 각하·기각 또는 취하된 경우 다음 각 호의 어느 하나[158]에 해당하는 날부터 판결일 또는 취하일까지의 기간에 대하여 「소송촉진 등에 관한 특례법」 제3조에 따른 법정이율을 적용하여 산정한 금액을 보상금에 가산하여 지급하여야 한다(토지보상법 제87조). 이는 사업시행자가 보상금의 지급을 지연시킬 목적으로 행정소송을 남용하는 것을 막고 피수용자의 권리를 보호하기 위한 제도이다.

3. 보상금증감청구소송(형식적 당사자소송)★★★ [11 감평] [15 감평] [20 감평] [22 감평] [23 감평] [10 사시] [13 입시] [20 변시] [23 5급]

(1) 의 의

수용재결이나 이의재결 중 보상금에 불복이 있는 경우 보상금의 증액 또는 감액을 청구하는 소송을 '보상금증감소송'이라 한다(토지보상법 제85조 제2항).

(2) 인정범위

어떤 보상항목이 공익사업을 위한 토지 등의 취득 및 보상에 관한 법령상 손실보상대상에 해당함에도 관할 토지수용위원회가 사실을 오인하거나 법리를 오해함으로써 손실보상대상에 해당하지 않는다고 잘못된 내용의 재결을 한 경우에는, 피보상자는 관할 토지수용위원회를 상대로 그 재결에 대한 취소소송을 제기할 것이 아니라, 사업시행자를 상대로 구 공익사업을 위한 토지 등의 취득 및 보상에 관한 법률 제85조 제2항에 따른 보상금증감소송

---

[158] 1. 재결이 있은 후 소송을 제기하였을 때에는 재결서 정본을 받은 날 2. 이의신청에 대한 재결이 있은 후 소송을 제기하였을 때에는 그 재결서 정본을 받은 날

을 제기하여야 한다(대판 2018.7.20. 2015두4044; 대판 2019.11.28. 2018두227).
(3) 법적 성질
　1) 단일소송
　　토지보상법상 보상금증감소송은 1인의 원고와 1인의 피고를 당사자로 하는 단일소송이다(토지수용위원회는 제외된다).
　2) 형식적 당사자소송
　　보상금증감청구소송은 실질적으로 행정청의 처분등을 다투는 것이나 형식적으로는 처분등으로 인해 형성된 법률관계를 다투기 위해 제기하는 이러한 소송으로 형식적 당사자소송이다.
　3) 형성소송인지 확인·급부소송인지 여부
　　① ⓐ 보상금증감청구소송을 재결에서 정한 보상액의 취소·변경을 구하는 소송으로 보는 견해(형성소송설)와, ⓑ 보상금증감청구소송을 법규에 의해 객관적으로 발생하여 확정된 보상금액을 확인하거나 부족한 액수의 지급을 청구하는 소송으로 보는 견해(확인·급부소송설)가 대립된다. ② 현행 공익사업을 위한 토지 등의 취득 및 보상에 관한 법률 제85조 제2항이 토지수용위원회를 피고에서 제외하여 보상금증감청구소송이 가지는 재결에 대한 취소·변경의 의미를 축소하고 있는바 확인·급부소송설이 타당하다.
(4) 보상금증액청구소송의 소송요건(보상금증액청구소송이 일반적이다)
　1) 원고적격
　　토지소유자와 관계인이다. 그리고 토지보상법에 따른 토지소유자 또는 관계인의 사업시행자에 대한 손실보상금 채권에 관하여 압류 및 추심명령이 있더라도, 추심채권자가 보상금 증액 청구의 소를 제기할 수 없고, 채무자인 토지소유자 등이 보상금 증액 청구의 소를 제기하고 그 소송을 수행할 당사자적격을 상실하지 않는다(대판(전원) 2022.11.24. 2018두67).
　2) 피고적격
　　토지보상법 제85조 제2항은 보상금증액청구소송에서의 피고를 '사업시행자'로 하고 있다.
　3) 제소기간
　　이의신청을 거치지 않은 경우는 재결서를 받은 날부터 90일 이내에, 이의신청을 거친 경우는 이의신청에 대한 재결서를 받은 날부터 60일 이내에 소송을 제기해야 한다(토지보상법 제85조 제1항).

4) 입증책임

판례는 보상금증액청구의 소송에서 입증책임은 원고에게 있다는 입장이다(대판 1997.11.28. 96누2255).

(5) 관련문제

1) 재결의 일부에 대한 불복, 보상항목 간의 유용가능성

판례는 <u>토지보상법 제64조의 규정에 의하면 토지의 수용으로 인한 보상은 수용의 대상이 되는 물건별로 하는 것이 아니라 피보상자의 개인별로 하는 것이므로, ① 피보상자는 수용대상 물건 중 일부에 대하여만 불복이 있는 경우에는 그 부분에 대하여만 불복의 사유를 주장하여 행정소송을 제기할 수 있고, ② 행정소송의 대상이 된 물건 중 일부 항목에 관한 보상액이 과소하고 다른 항목의 보상액은 과다한 경우에는 그 항목 상호간의 유용을 허용하여 과다 부분과 과소 부분을 합산하여 보상금의 합계액을 결정하여야 한다고</u> 본다(대판 2014.11.13. 2014두1451).

2) 지연이자의 지급의무

보상금 증감청구소송 중 증액청구소송에서 재결에서 정한 보상금액이 정당한 보상금액에 미치지 못한다고 인정된 경우, 그 초과 부분에 대해 지연이자가 발생하는지 문제되는데, 판례는 <u>재결절차에서 정한 보상액과 행정소송절차에서 정한 보상금액의 차액 역시 수용과 대가관계에 있는 손실보상의 일부이므로 동 차액이 수용의 시기에 지급되지 않은 이상 이에 대한 지연손해금이 발생하는 것은 당연하다고 본다</u>(대판 1991.12.24. 91누308).

3) 가구제 수단

보상금증감청구소송도 당사자소송이므로 집행정지가 준용되지 않고, 민사집행법상의 가처분규정이 준용된다(행정소송법 제8조 제2항, 민사집행법 제300조).

| 쟁점 | 토지보상법 제85조 제2항의 보상금증감청구소송으로 제소해야 하는 경우 ★★★ |

I. 청구권의 성질상 인정되는 경우 [10 감평] [16 감평] [15 5급]

1. 토지보상법 제72조의 토지소유자의 사용하는 토지의 수용청구에 대한 토지수용위원회의 거부결정에 토지소유자가 불복하는 경우

판례는 「공익사업을 위한 토지 등의 취득 및 보상에 관한 법률 제72조의 문언, 연혁 및 취지 등에 비추어 보면, 위 규정이 정한 수용청구권은 토지보상법 제74조 제1항이 정한 잔여지 수용청구권과 같이 손실보상의 일환으로 토지소유자에게 부여되는 권리로서 그 청구에 의하여 수용효과가 생기는 형성권의 성질을 지니므로, 토지소유자의 토지수용청구를 받아들이지 아니한 토지수용위원회의 재결에 대하여 토지소유자가 불복하여 제기하는 소송은 토지보상법 제85조 제2항에 규정되어 있는 '보상금의 증감에 관한 소송'에 해당하고, 피고는 토지수용위원회가 아니라 사업시행자로 하여야 한다(대판 2015.4.9. 2014두46669)」고 본다.

2. 토지보상법 제74조 제1항의 토지소유자의 잔여지 수용청구에 대한 토지수용위원회의 거부결정에 토지소유자가 불복하는 경우

(1) 잔여지 수용청구권의 성질

잔여지 수용청구권은 손실보상의 일환으로 토지소유자에게 부여되는 권리로서 그 요건을 구비한 때에는 잔여지를 수용하는 토지수용위원회의 재결이 없더라도 토지소유자의 청구에 의하여 수용의 효과가 발생하는 형성권적 성질(일방적 의사표시에 의하여 법률관계의 발생·변경·소멸 등을 발생시키는 권리)을 가진다(대판 2010.8.19. 2008두822).

(2) 토지수용위원회의 잔여지 수용거부결정에 불복하는 행정소송의 성질

1) 학 설

ⓐ 토지수용위원회의 잔여지 수용거부결정은 처분이므로 토지수용위원회의 거부결정에 대해 취소소송(무효확인소송)을 제기해야 한다는 견해와 ⓑ 잔여지 수용청구권은 형성권이며 잔여지 수용청구로 수용의 효과가 발생하였기 때문에 토지소유자가 토지수용위원회의 수용거부결정에 불복하는 행정소송은 토지보상법 제85조 제2항의 보상금증감청구소송이라는 견해가 대립된다.

2) 판 례

판례는 「잔여지 수용청구를 받아들이지 않은 토지수용위원회의 재결에 대하여 토지소유자가 불복하여 제기하는 소송은 위 법(토지보상법) 제85조 제2항에 규정되어 있는 '보상금의 증감에 관한 소송'에 해당하여 사업시행자를 피고로 하여야 한다(대판 2010.8.19. 2008두822)」고 하여 보상금증감청구소송으로 본다.

3) 검토

잔여지 수용청구권은 형성권으로 토지소유자의 잔여지 수용청구로 수용의 효과는 이미 발생하였기 때문에 토지수용위원회가 이를 거부한다고 하여도 손실보상금에 대한 문제는 남는다. 따라서 토지수용위원회의 수용거부결정에 대해 토지소유자가 불복하여 제기하는 소송은 토지보상법 제85조 제2항에 규정되어 있는 보상금의 증감에 관한 소송으로 보는 것이 타당하다.

3. 토지보상법 제75조의2 제2항의 건축물소유자의 잔여건축물 수용청구에 대한 토지수용위원회의 거부결정에 건축물소유자가 불복하는 경우

잔여건축물 수용청구권은 손실보상의 일환으로 건축물소유자에게 부여되는 권리로서 그 요건을 구비한 때에는 잔여건축물을 수용하는 토지수용위원회의 재결이 없더라도 건축물소유자의 청구에 의하여 수용의 효과가 발생하는 형성권적 성질을 가진다. 따라서 토지수용위원회의 거부결정에 대한 소송은 보상금증감청구소송이 된다.

II. 토지보상법 규정의 해석상 인정되는 경우 [12 감평][15 감평][19감평]

1. 토지보상법 제73조 제1항의 잔여지의 가치하락 등에 따른 보상에 토지소유자 등이 불복하는 경우

  ⑴ 토지보상법 제73조 제1항

  사업시행자는 동일한 소유자에게 속하는 일단의 토지의 일부가 취득되거나 사용됨으로 인하여 잔여지의 가격이 감소하거나 그 밖의 손실이 있을 때 또는 잔여지에 통로·도랑·담장 등의 신설이나 그 밖의 공사가 필요할 때에는 국토교통부령으로 정하는 바에 따라 그 손실이나 공사의 비용을 보상하여야 한다(토지보상법 제73조 제1항 본문).

  ⑵ 토지보상법 제73조 제4항

  1) 토지보상법 제9조 제6항 및 제7항의 준용

  토지보상법 제73조 제4항은 잔여지의 가치하락 등에 따른 보상 및 그에 갈음하는 사업시행자의 매수청구에 토지소유자 등이 불복하는 경우 그 손실 또는 비용의 보상이나 토지의 취득에 관하여는 제9조 제6항 및 제7항을 준용한다고 규정한다.

  2) 협의와 재결

  ㈎ 손실의 보상은 사업시행자와 손실을 입은 자가 협의하여 결정한다. 협의가 성립되지 아니하면 사업시행자나 손실을 입은 자는 대통령령으로 정하는 바에 따라 토지보상법 제51조에 따른 관할 토지수용위원에 재결을 신청할 수 있다(토지보상법 제9조 제6항·제7항).

  ㈏ 이 재결신청권은 토지보상법 제28조 제1항의 재결신청권과는 달리 사업시행자뿐만 아니라 토지소유자 등에게도 인정된다.

(3) 소송제기 전 관할 토지수용위원회의 재결이 선행되어야 하는지 여부

공익사업법 제73조 및 같은 법 제34조, 제50조, 제61조, 제83조 내지 제85조의 규정 내용 및 입법 취지 등을 종합하여 보면, 토지소유자가 사업시행자로부터 공익사업법 제73조에 따른 잔여지 가격감소 등으로 인한 손실보상을 받기 위해서는 공익사업법 제34조, 제50조 등에 규정된 재결절차를 거친 다음 그 재결에 대하여 불복이 있는 때에 비로소 공익사업법 제83조 내지 제85조에 따라 권리구제를 받을 수 있을 뿐, 이러한 재결절차를 거치지 않은 채 곧바로 사업시행자를 상대로 손실보상을 청구하는 것은 허용되지 않는다고 봄이 상당하고, 이는 수용대상토지에 대하여 재결절차를 거친 경우에도 마찬가지라 할 것이다(대판 2012.11.29. 2011두22587).[159]

2. 토지보상법 제75조의2 제1항의 잔여건축물의 가치하락 등에 따른 보상에 건축물소유자 등이 불복하는 경우

㈎ 토지보상법 제75조의2 제3항은 잔여건축물의 취득에 관하여는 토지보상법 제9조 제6항 및 제7항을 준용할 것을 규정한다. 따라서 토지수용위원회의 재결에 대한 불복은 토지보상법 제85조 제2항의 보상금증감청구소송이 된다.[160]

㈏ 건축물 소유자가 사업시행자로부터 토지보상법 제75조의2 제1항에 따른 잔여건축물 가격감소 등으로 인한 손실보상을 받기 위해서는 토지보상법 제34조, 제50조 등에 규정된 재결절차를 거친 다음 재결에 대하여 불복이 있는 때에 비로소 토지보상법 제83조 내지 제85조에 따라 권리구제를 받을 수 있을 뿐, 재결절차를 거치지 않은 채 곧바로 사업시행자를 상대로 손실보상을 청구하는 것은 허용되지 않고, 이는 수용대상 건축물에 대하여 재결절차를 거친 경우에도 마찬가지이다(대판 2015.11.12. 2015두2963).

㈐ 토지보상법 시행규칙 제35조 제1항의 잔여 건축물 가격감소에 관한 손실보상은 건축물의 일부가 취득 또는 사용됨으로 인하여 잔여 건축물의 가격이 감소된 경우를 요건으로 하여 공익사업시행지구에 편입되기 전 잔여 건축물의 가격에서 공익사업시행지구에 편입된 후의 잔여 건축물의 가격을 뺀 금액을 손실보상하는 것이고, 같은 조 제2항의 잔여 건축물 보수비에 관한 손실보상은 잔여 건축물에 보수가 필요한 경우를 요건으로 하여 건축물의 잔여부분을 종래의 목적대로 사용할 수 있도록 그 유용성을 동일하게 유지하는 데 통상 필요하다고 볼 수 있는 공사에 사용되는 비용을 손실보상하는 것으로, 그 법률상 근거, 요건, 손실보상의 대상 및 범위, 평가방법이 다르고, 잔여 건축물 가격감소에 관한 손실보상은 소극적 손실을, 잔여 건축물 보수비에 관한 손실보상은 적극적 손실을 각 보상하는 것으로서 그 보상의 성질이 관념적으로도 구분되므로,

---

159) 토지보상법 제73조 제4항 → 제9조 제6항·제7항 → 제50조 제1항 제2호 → 제85조 제2항의 보상금 증감청구소송
160) 토지보상법 제75조의2 제3항 → 제9조 제6항·제7항 → 제50조 제1항 제2호 → 제85조 제2항의 보상금 증감청구소송

토지보상법 시행규칙 제35조 제1항의 잔여 건축물 가격감소에 관한 손실보상과 같은 조 제2항의 잔여 건축물 보수비에 관한 손실보상은 보상항목을 달리하는 것이라고 봄이 상당하다.

따라서 잔여 건축물 보수비에 관한 손실보상을 받으려는 건축물 소유자는 잔여 건축물 보수비에 관한 손실보상청구의 소를 제기하기 전에 그에 관한 적법한 재결을 거쳐야 한다. 잔여 건축물 가격감소에 관한 손실보상에 관한 재결만을 받은 이후 제기한 잔여 건축물 가격감소에 관한 손실보상청구의 소에서 잔여 건축물 보수비에 관한 손실보상청구를 구하는 것은 적법한 재결절차를 거치지 못한 것으로 부적법하여 허용되지 않는다고 보아야 한다(대판 2024.1.25. 2023두49172).

III. 토지보상법의 규정내용과 입법취지를 고려하여 수용재결 전치주의가 적용되는 경우 [21 감평]

1. 의 의

'수용재결 전치주의'란 재결절차를 거치지 않고서는 행정소송을 제기할 수 없도록 하는 것을 말한다. 즉, 행정소송을 제기하려면 수용재결을 전치하도록 하는 것을 말한다.

2. 수용재결 전치주의를 채택한 이유

수용재결 전치주의를 채택한 것은 ① 토지보상법이 규정하고 있는 불복절차의 입법취지를 존중하고, ② 법원이 바로 개입하는 것보다 재결절차를 전치하는 것이 절차의 효율성 측면에서도 합리적이기 때문이다(이상덕).

3. 수용재결 전치주의에 따른 판례

(1) 토지보상법 시행규칙 제46조·제47조의 영업의 폐업과 휴업의 손실보상

구 공익사업을 위한 토지 등의 취득 및 보상에 관한 법률 제77조 제1항, 제4항, 구 공익사업을 위한 토지 등의 취득 및 보상에 관한 법률 시행규칙 제45조, 제46조, 제47조와 구 공익사업법 제26조, 제28조, 제30조, 제34조, 제50조, 제61조, 제83조 내지 제85조의 규정 내용 및 입법 취지 등을 종합하여 보면, 공익사업으로 인하여 영업을 폐지하거나 휴업하는 자가 사업시행자에게서 구 공익사업법 제77조 제1항에 따라 영업손실에 대한 보상을 받기 위해서는 구 공익사업법 제34조, 제50조 등에 규정된 재결절차를 거친 다음 재결에 대하여 불복이 있는 때에 비로소 구 공익사업법 제83조 내지 제85조에 따라 권리구제를 받을 수 있을 뿐, 이러한 재결절차를 거치지 않은 채 곧바로 사업시행자를 상대로 손실보상을 청구하는 것은 허용되지 않는다고 보는 것이 타당하다(대판 2011.9.29. 2009두10963).

(2) 토지보상법 시행규칙 제47조 제3항의 잔여영업시설의 손실보상
[1] 구 공익사업을 위한 토지 등의 취득 및 보상에 관한 법률 제26조, 제28조, 제30조, 제34조, 제50조, 제61조, 제83조 내지 제85조의 규정 내용과 입법 취지 등을 종합하면, 공익사업에 영업시설 일부가 편입됨으로 인하여 잔여 영업시설에 손실을 입은 자가 사업시행자로부터 구 공익사업을 위한 토지 등의 취득 및 보상에 관한 법률 시행규칙 제47조 제3항에 따라 잔여 영업시설의 손실에 대한 보상을 받기 위해서는, 토지보상법 제34조, 제50조 등에 규정된 재결절차를 거친 다음 그 재결에 대하여 불복이 있는 때에 비로소 토지보상법 제83조 내지 제85조에 따라 권리구제를 받을 수 있을 뿐이다. 이러한 재결절차를 거치지 않은 채 곧바로 사업시행자를 상대로 손실보상을 청구하는 것은 허용되지 않는다.
[2] 재결절차를 거쳤는지 여부는 보상항목별로 판단하여야 한다. 피보상자별로 어떤 토지, 물건, 권리 또는 영업이 손실보상대상에 해당하는지, 나아가 보상금액이 얼마인지를 심리·판단하는 기초 단위를 보상항목이라고 한다. 편입토지·물건 보상, 지장물 보상, 잔여 토지·건축물 손실보상 또는 수용청구의 경우에는 원칙적으로 개별 물건별로 하나의 보상항목이 되지만, 잔여 영업시설 손실보상을 포함하는 영업손실보상의 경우에는 '전체적으로 단일한 시설 일체로서의 영업' 자체가 보상항목이 되고, 세부 영업시설이나 영업이익, 휴업기간 등은 영업손실보상금 산정에서 고려하는 요소에 불과하다. 그렇다면 영업의 단일성·동일성이 인정되는 범위에서 보상금 산정의 세부요소를 추가로 주장하는 것은 하나의 보상항목 내에서 허용되는 공격방법일 뿐이므로, 별도로 재결절차를 거쳐야 하는 것은 아니다.
[3] 어떤 보상항목이 공익사업을 위한 토지 등의 취득 및 보상에 관한 법령상 손실보상대상에 해당함에도 관할 토지수용위원회가 사실을 오인하거나 법리를 오해함으로써 손실보상대상에 해당하지 않는다고 잘못된 내용의 재결을 한 경우에는, 피보상자는 관할 토지수용위원회를 상대로 그 재결에 대한 취소소송을 제기할 것이 아니라, 사업시행자를 상대로 구 공익사업을 위한 토지 등의 취득 및 보상에 관한 법률 제85조 제2항에 따른 보상금증감소송을 제기하여야 한다(대판 2018.7.20. 2015두4044).

(3) 토지보상법 시행규칙 제48조의 농업손실에 대한 보상
공익사업을 위한 토지 등의 취득 및 보상에 관한 법률 제26조, 제28조, 제30조, 제34조, 제50조, 제61조, 제83조 내지 제85조의 규정 내용 및 입법 취지 등을 종합하면, 공익사업으로 인하여 농업의 손실을 입게 된 자가 사업시행자로부터 토지보상법 제77조 제2항에 따라 농업손실에 대한 보상을 받기 위해서는 토지보상법 제34조, 제50조 등에 규정된 재결절차를 거친 다음 그 재결에 대하여 불복이 있는 때에 비로소 토지보상법 제83조 내지 제85조에 따라 권리구제를 받을 수 있을 뿐, 이러한 재결절차를 거치지 않은 채 곧바로 사업시행자를 상대로 손실보상을 청구하는 것은 허용되지 않는다(대판 2019.8.29. 2018두57865).

제11절 환매권

Ⅰ. 의 의

'환매권'이란 공용수용의 목적물이 사업의 폐지 등의 사유로 불필요하게 된 경우에 목적물의 원소유자가 보상금의 상당액을 지급하고 그 목적물의 소유권을 다시 취득할 수 있는 권리를 말한다.

Ⅱ. 법적 성질* [12 감평][24 감평]

1. 학 설

ⓐ 사권설은 환매는 개인이 행정주체에 대하여 청구를 하고 이에 따라 행정주체가 수용을 해제하는 것이 아니고, 개인이 그의 이익을 위하여 일방적으로 수용의 목적물을 다시 취득하는 권리이기 때문에 환매권은 사권이라고 한다.161) ⓑ 공권설은 환매권은 사업시행자라고 하는 공법상 권리주체에 대해 가지는 권리이기 때문에 공권으로 본다.

2. 판 례

구 토지보상법 제91조에 규정된 환매권은 상대방에 대한 의사표시를 요하는 형성권의 일종으로서 재판상이든 재판 외이든 위 규정에 따른 기간 내에 행사하면 매매의 효력이 생기는 이러한 환매권의 존부에 관한 확인을 구하는 소송은 민사소송에 해당한다(대판 2013.2.28. 2010두22368).

3. 검 토

환매권은 공법적 원인에 기하여 야기된 법적 상태를 원상회복하는 수단이므로 공권으로 보는 것이 타당하다(공권설).

Ⅲ. 환매의 요건*** [12 감평] [17 사시]

1. 환매권자와 상대방

㈎ 환매권자는 취득일 당시의 토지소유자 또는 포괄승계인이다(토지보상법 제91조 제1항). 그리고 환매권은 일신전속적인 성격을 가지므로 제3자에게 양도할 수 없다(대판 2001.5.29. 2001다115678).

㈏ 환매권 행사의 상대방은 협의에 취득한 토지나 수용 토지의 현재 소유자이다. 일반적으로 사업시행자가 상대방이지만 제3자에게 매각될 수도 있기 때문에 제3자인 현재 소유자도 환매권 행사의 상대방이 될 수 있다.

---

161) 환매권은 사업시행자의 의사에 상관없이 환매권자의 의사표시로 환매가 성립되는 형성권이다.

2. 환매의 목적물

환매의 목적물은 토지소유권이다(토지보상법 제91조 제1항). 따라서 토지 이외의 물건(예: 건물·입목·토석)이나 토지소유권 이외의 권리는 환매의 대상이 되지 아니한다. 다만, 수용된 토지의 일부는 환매의 목적이 될 수 있다(토지보상법 제91조 제1항).

3. 환매권의 발생요건(행사요건)

환매권자는 다음 둘 중 하나에 해당할 때 환매권을 행사할 수 있다.

(1) 토지보상법 제91조 제1항의 경우

㈎ 공익사업의 폐지·변경 또는 그 밖의 사유로 취득한 토지의 전부 또는 일부가 필요 없게 된 경우 토지의 협의취득일 또는 수용의 개시일(취득일) 당시의 토지소유자 또는 그 포괄승계인(환매권자)은 환매권을 행사할 수 있다(동법 제91조 제1항).[162]

㈏ 취득한 토지의 전부 또는 일부가 '필요 없게 된 때'란 사업시행자가 취득한 토지의 전부 또는 일부가 취득 목적사업을 위하여 사용할 필요 자체가 없어진 경우를 말하며, 협의취득 또는 수용된 토지가 필요 없게 되었는지는 사업시행자의 주관적인 의사를 표준으로 할 것이 아니라 객관적·합리적으로 판단하여야 한다(대판 2019.10.31. 2018다233242).

(2) 토지보상법 제91조 제2항의 경우

㈎ 취득일부터 5년 이내에 취득한 토지의 "전부"를 해당 사업에 이용하지 아니하였을 때 환매권자는 환매권을 행사할 수 있다(동법 제91조 제2항).[163]

㈏ '사업에 이용하지 아니하였을 때'란 사업에 이용될 가능성은 있지만, 사실상 사업에 제공되지 않은 경우를 말한다. 따라서 사업시행자의 태만 등에 의해 사업을 착수하지 않은 경우는 물론 통상의 사업실시보다 현저하게 늦게 사업이 실시되는 경우도 포함된다.

---

162) 도시계획시설사업의 시행자로 지정되어 그 도시계획시설사업의 수행을 위하여 필요한 토지를 협의취득하였다고 하더라도, 시행자 지정이 처음부터 효력이 없거나 토지의 취득 당시 해당 도시계획시설사업의 법적 근거가 없었던 것으로 볼 수 있는 등 협의취득이 당연무효인 경우, 토지보상법 제91조 제1항에서 정하고 있는 환매권을 행사할 수는 없다(대판 2021.4.29. 2020다280890).

163) 토지보상법 제91조 제2항의 경우에는 제1항의 경우처럼 취득한 토지가 당해 공공사업에 이용할 필요가 아주 없게 된 것이 아니어서 장차 그 공공사업에 이용될 가능성이 있음에도 불구하고 환매권의 행사를 허용하는 것이므로, 제1항이 취득한 토지가 공공사업에 이용할 필요가 없게 된 때에는 그 토지 전부가 필요 없게 된 경우뿐만 아니라 그 토지 중의 일부가 필요없게 된 경우에도 그 부분에 대하여 환매권을 행사할 수 있도록 규정하고 있는 것과는 달리, 제2항은 취득한 토지 "전부"가 공공사업에 이용되지 아니한 경우에 한하여 환매권을 행사할 수 있고 그 중의 일부라도 공공사업에 이용되고 있으면 나머지 부분에 대하여도 장차 공공사업이 시행될 가능성이 있는 것으로 보아 환매권의 행사를 허용하지 않는 것으로 규정함으로써, 제1항의 경우보다 환매권행사의 요건을 가중하고 있다(대판 1992.12.8. 92다18306 참조).

4. 환매권의 행사기간

(1) 일반적인 경우

1) 토지보상법 제91조 제1항의 경우
다음 각 호[164]의 구분에 따른 날부터 10년 이내에 그 토지에 대하여 받은 보상금에 상당하는 금액을 사업시행자에게 지급하고 그 토지를 환매할 수 있다(동법 제91조 제1항).

2) 토지보상법 제91조 제2항의 경우
해당 토지의 취득일부터 6년 이내에 이를 행사하여야 한다.

3) 토지보상법 제91조 제1항과 제2항의 관계
토지보상법 제91조 제1항과 제2항 양쪽의 요건에 모두 해당된다고 하여 더 짧은 제척기간을 정한 제2항에 의하여 제1항의 환매권의 행사가 제한된다고 할 수도 없을 것이므로, <u>제2항의 규정에 의한 제척기간이 도과되었다 하여도 제1항의 규정에 의한 환매권 행사를 할 수 있다</u>(대판 1995.2.10. 94다31310).

(2) 사업시행자의 통지나 공고가 있는 경우
사업시행자가 환매할 토지가 생겼음을 환매권자에게 통지하거나 공고를 한 경우에는 환매권자는 통지를 받은 날 또는 공고를 한 날로부터 6개월 이내에 환매권을 행사해야 한다(토지보상법 제92조).

Ⅳ. 환매의 대항력

환매권은 부동산등기법에서 정하는 바에 따라 공익사업에 필요한 토지의 협의취득 또는 수용의 등기가 되었을 때에는 제3자에게 대항할 수 있다(토지보상법 제91조 제5항).

Ⅴ. 환매의 절차와 방법

1. 환매가격 [12 감평]

(1) 토지가격이 취득일 당시에 비해 현저히 변동되지 않은 경우
환매금액은 그 토지에 대하여 지급받은 보상금에 상당한 금액이다(토지보상법 제91조 제1항). '토지에 대해 지급받은 보상금'이란 <u>그 토지에 대해 원 소유자가 받은 보상금 전부를 말하고 토지의 정착물의 이전료나 법정이자는 여기에 포함되지 않는다</u>(대판 1994.5.24. 93누17225).

---

[164] 1. 사업의 폐지·변경으로 취득한 토지의 전부 또는 일부가 필요 없게 된 경우: 관계 법률에 따라 사업이 폐지·변경된 날 또는 제24조에 따른 사업의 폐지·변경 고시가 있는 날 2. 그 밖의 사유로 취득한 토지의 전부 또는 일부가 필요 없게 된 경우: 사업완료일

(2) 토지가격이 취득일 당시에 비해 현저히 변동된 경우*[24 감평]

1) 환매금액에 대한 협의

토지보상법 제91조 제4항 전단은 토지의 가격이 취득일 당시에 비하여 현저히 변동된 경우 사업시행자와 환매권자는 환매금액에 대하여 서로 협의할 것을 규정하고 있다.

2) 환매금액증감청구소송의 제기

a. 환매금액증감청구소송

사업시행자와 환매권자가 환매금액에 대해 협의가 성립되지 아니하면 그 금액의 증감을 법원에 청구할 수 있다(토지보상법 제91조 제4항 후단).

b. 소송의 형태

<u>토지보상법 제91조 제4항에 따라 환매금액의 증감을 구하는 소송은 민사소송에 해당한다</u>(대판 2013.2.28. 2010두22368).

2. 환매의 통지 등

㈎ 사업시행자는 환매할 토지가 생겼을 때에는 지체 없이 그 사실을 환매권자에게 통지하여야 한다. 다만, 사업시행자가 과실 없이 환매권자를 알 수 없을 때에는 대통령령으로 정하는 바에 따라 공고하여야 한다(토지보상법 제92조 제1항).

㈏ 토지보상법 제92조에 따른 환매통지는 환매권 행사의 요건이 아니라 일종의 최고의 성질을 가지는 것에 불과하기 때문에 사업시행자의 통지나 공고에 관계없이 환매할 토지가 생긴 경우 환매권자는 환매의 의사표시와 함께 환매금액을 사업시행자에게 지급함으로써 환매할 수 있다(토지보상법 제91조 제1항 참조).

㈐ <u>사업시행자가 위 각 규정에 의한 통지나 공고를 하여야 할 의무가 있는데도 불구하고 이러한 의무에 위배한 채 원소유자 등에게 통지나 공고를 하지 아니하여, 원소유자 등으로 하여금 환매권 행사기간이 도과되도록 하여 이로 인하여 법률에 의하여 인정되는 환매권 행사가 불가능하게 되어 환매권 그 자체를 상실하게 하는 손해를 가한 때에는 원소유자 등에 대하여 불법행위를 구성한다</u>(대판 2000.11.14. 99다45864).

3. 환매권의 행사** [12 감평]

(1) 형성권

환매권은 형성권으로 사업시행자의 동의를 요하지 않고, 환매권자의 일방적 의사표시로 매매계약은 성립한다. 즉, 환매권자의 환매의 의사표시가 상대방에게 도달하면 매매계약이 성립하고 사업시행자는 그 토지소유권을 환매권자에게 이전해야 할 의무를 부담한다.

(2) 선이행 또는 동시이행 항변 주장 불가

공익사업을 위한 토지 등의 취득 및 보상에 관한 법률 제91조에 의한 환매는 환매기간 내에 환매의 요건이 발생하면 환매권자가 지급받은 보상금에 상당한 금액을 사업시행자에게 미리 지급하고 일방적으로 의사표시를 함으로써 사업시행자의 의사와 관계없이 환매가 성립하고, … 사업시행자는 소로써 법원에 환매대금의 증액을 청구할 수 있을 뿐 환매권 행사로 인한 소유권이전등기 청구소송에서 환매대금 증액청구권을 내세워 증액된 환매대금과 보상금 상당액의 차액을 지급할 것을 선이행 또는 동시이행의 항변으로 주장할 수 없다(대판 2006.12.21. 2006다49277).

Ⅵ. 환매권 행사의 제한

1. 잔여지수용의 경우

토지보상법 제74조 제1항에 따라 잔여지를 매수 또는 수용한 경우 그 잔여지에 접한 일단의 토지가 필요 없게 된 경우가 아니면 환매할 수 없다(토지보상법 제91조 제3항). 즉, 잔여지만 환매하는 것은 제한된다.

2. 공익사업변환의 경우** [17 사시]

(1) 의 의

'공익사업의 변환'이라 함은 국가 등이 공익사업을 위하여 토지를 협의취득 또는 수용한 후 토지를 다른 공익사업으로 변경한 경우 별도의 절차 없이 해당 토지를 다른 공익사업에 이용함으로써 토지소유자의 환매권 행사가능성을 제한하는 제도를 말한다(토지보상법 제91조 제6항).

(2) 취 지

특정 공익사업이 다른 공익사업으로 변경된 경우에 환매권자에게 환매하도록 한 후 새로운 공익사업의 시행을 위해 다시 수용하는 것이 원칙이다. 이 경우 환매권자에게 환매를 인정하여 사유화한 후 다시 같은 토지를 다른 공익사업을 위해 수용하는 번거로운 절차의 반복을 피하기 위하여 인정된 것이 바로 공익사업의 변환제도이다.

(3) 요 건

1) 주 체

a. 사업주체

수용주체는 국가, 지방자치단체 또는 「공공기관의 운영에 관한 법률」 제4조에 따른 공공기관 중 대통령령으로 정하는 공공기관이다. 그러나 <u>변경될 공익사업의 시행자가 국가·지방자치단체 또는 일정한 공공기관일 필요까지는 없다</u>(대판 2015.8.19. 2014다201391).

b. 공익사업변경 전·후의 사업주체가 다른 경우 공익사업변환의 인정 여부

ⅰ. 학 설

ⓐ 다른 사업주체 간에 공익사업변환을 인정하면 공익사업변환과정에서 해당 토지가격이 상승하여 토지의 시세차익이 발생하는 경우 그 시세차익은 변경 전 사업주체에게 귀속될 것이므로165) 공익사업변환을 부정함으로써 시세차익을 원토지소유자에게 귀속시키는 것이 정당하다는 점을 근거로 부정하는 견해와 ⓑ 토지보상법이 사업시행자가 동일할 것을 공익사업의 변환의 요건으로 명시적으로 규정하고 있지 않고, 수용에서 중요한 것은 사업의 공익성이지 그 주체가 아니라는 점을 근거로 긍정하는 견해가 대립한다.

ⅱ. 판 례

판례는 「"공익사업의 변환"이 국가·지방자치단체 또는 정부투자기관 등 기업자(현행 사업시행자)가 동일한 경우에만 허용되는 것으로 해석되지는 않는다(대판 1994.1.25. 93다11760·11777·11784)」고 하여 사업주체가 동일하지 않은 경우에도 공익사업의 변환을 인정한다(긍정).

ⅲ. 검 토

긍정하는 견해에 대해 원토지소유자가 아니라 변경 전 사업주체에게 시세차익을 귀속시킨다는 비판이 있으나, 공익을 위한 것이라면 변경 전 사업주체(공공기관)에게 이익을 귀속시켜도 무방할 것이다. 따라서 공익실현을 위한 것이라면 비례원칙을 준수하는 한 공익사업변경 전·후의 사업주체가 동일할 필요가 없다는 견해가 타당하다(긍정).

2) 대상 사업

㈎ 공익사업이 공익성의 정도가 높은 토지보상법 제4조 제1호 내지 제5호에 규정된 다른 공익사업으로 변경된 경우이어야 한다.

㈏ 당초 공익사업뿐만 아니라 변경되는 새로운 공익사업에 관해서도 토지보상법 제20조 제1항의 규정에 의해 사업인정을 받거나 또는 사업인정을 받은 것으로 의제하는 다른 법률의 규정에 의해 사업인정을 받은 것으로 볼 수 있는 경우에만 공익사업의 변환에 의한 환매권 행사의 제한을 인정할 수 있다(대판 2010.9.30. 2010다30782).

3) 통지 요건

국가, 지방자치단체 또는 「공공기관의 운영에 관한 법률」 제4조에 따른 공공기관 중 대통령령으로 정하는 공공기관은 공익사업이 변경된 사실을 대통령령으로 정하는 바에 따라 환매권자에게 통지하여야 한다(토지보상법 제91조 제6항 단서).

---

165) 변경 전 사업주체는 상승된 가격으로 변경 후 사업주체에게 이를 취득시킬 것이므로 시세차익은 변경 전 사업주체에게 귀속된다.

(4) 효 과

공익사업변환이 인정되면 새로이 변환된 공익사업에 이용되는 토지에 대한 환매권의 행사기간은 공익사업의 변경을 고시한 날부터 새롭게 기산된다(토지보상법 제91조 제6항).[166]

(5) 위헌 논의

공익사업변환제도는 환매권제도를 실효시키고, 토지소유자의 재산권침해 문제를 야기할 수 있어 위헌가능성이 있다는 견해도 있다(류지태). 그러나 헌법재판소는 비례원칙을 준수한 제도로 합헌으로 본다(헌재 1997.6.26. 96헌바94).

---

[166] 토지보상법 제91조 제6항은 … 환매권 행사기간은 관보에 당해 공익사업의 변경을 고시한 날로부터 기산한다는 의미는 새로 변경된 공익사업을 기준으로 다시 환매권 행사의 요건을 갖추지 못하는 한 환매권을 행사할 수 없고 환매권 행사 요건을 갖추어 제1항 및 제2항에 정한 환매권을 행사할 수 있는 경우에 그 환매권 행사기간은 당해 공익사업의 변경을 관보에 고시한 날로부터 기산한다는 의미로 해석해야 한다(대판 2010.9.30. 2010다30782).

제2편

부동산 가격공시에 관한 법률(부동산공시법)

CHAPTER 01 부동산 가격공시제도

'부동산 가격공시제'란 부동산의 가격을 일반인에게 공개하여 행정기관이나 이해당사자가 지가 수준을 파악할 수 있도록 하는 제도를 말한다. 부동산 가격공시에 관한 법률(부동산공시법)은 국토교통부장관이 정하는 표준지공시지가(표준주택가격·공동주택가격)와 시장·군수 또는 구청장이 정하는 개별공시지가(개별주택가격)를 두고 있다.

CHAPTER 02 표준지공시지가

Ⅰ. 의 의

'표준지공시지가'란 부동산 가격공시에 관한 법률의 규정이 정한 절차에 따라 국토교통부장관이 조사·평가하여 공시한 표준지의 단위면적당 가격을 말한다(부동산공시법 제3조).

Ⅱ. 법적 성질*

개별공시지가의 법적 성질 논의와 같다.

Ⅲ. 공시절차

공시절차는 ① 국토교통부장관의 표준지의 선정(부동산공시법 제3조 제1항) ② 국토교통부장관의 표준지 소유자의 의견청취(부동산공시법 제3조 제2항) ③ 감정평가법인등의 표준지가격의 조사·평가등(장관이 감정평가법인등에게 조사·평가 의뢰(부동산공시법 제3조 제5항) - 감정평가법인등의 조사·평가(부동산공시법 시행령 제8조 제1항) - 감정평가법인등의 표준지 조사·평가 보고서 장관에게 제출(부동산공시법 시행령 제8조 제1항)) ④ 중앙부동산가격공시위원회의의 심의(부동산공시법 제3조 제1항) ⑤ 표준지공시지가의 공시 및 열람(부동산공시법 제3조, 제6조)이다.

1. 표준지의 선정

(가) 국토교통부장관은 토지이용 상황이나 주변 환경, 그 밖의 자연적·사회적 조건이 일반적으로 유사하다고 인정되는 일단의 토지 중에서 선정한 표준지에 대하여 매년 공시기준일 현재의 단위면적당 적정가격(표준지공시지가)을 조사·평가하고, 제24조에 따른 중앙부동산가격공시위원회의의 심의를 거쳐 이를 공시하여야 한다(부동산공시법 제3조 제1항).

(나) 장관이 표준지를 선정하는 지침이 되는 '표준지의 선정 및 관리지침[국토교통부훈령 제926호, 2017. 10. 25]'은 「부동산 가격공시에 관한 법률」 제3조 제3항 및 같은 법 시행령 제2조 제2항1)에 따라 표준지의 선정 및 관리 등에 관하여 필요한 사항을 정함을 목적으로 하고 있으므로 행정규칙형식의 법규명령이다.

---

1) 법 제3조 제1항에 따른 표준지 선정 및 관리에 필요한 세부기준은 법 제24조에 따른 중앙부동산가격공시위원회의 심의를 거쳐 국토교통부장관이 정한다.

2. 표준지공시지가의 공시기준일

표준지공시지가의 공시기준일은 1월 1일로 한다. 다만, 국토교통부장관은 표준지공시지가 조사·평가인력 등을 고려하여 부득이하다고 인정하는 경우에는 일부 지역을 지정하여 해당 지역에 대한 공시기준일을 따로 정할 수 있다(부동산공시법시행령 제3조).

3. 표준지공시지가의 공시방법

㈎ 국토교통부장관은 표준지공시지가를 공시할 때에는 다음 각 호의 사항[2]을 관보에 공고하고, 표준지공시지가를 국토교통부가 운영하는 부동산공시가격시스템에 게시하여야 한다(부동산공시법 시행령 제4조 제1항).

㈏ 국토교통부장관은 필요하다고 인정하는 경우에는 표준지공시지가와 이의신청의 기간·절차 및 방법을 표준지 소유자[3]에게 개별 통지할 수 있다(부동산공시법 시행령 제4조 제2항).

4. 표준지공시지가의 공시사항

표준지공시지가의 공시에는 다음 각 호의 사항[4]이 포함되어야 한다(부동산공시법 제5조). 대통령령으로 정하는 사항은 '1. 지목 2. 용도지역 3. 도로 상황 4. 그 밖에 표준지공시지가 공시에 필요한 사항'이다(부동산공시법 시행령 제10조 제2항).

Ⅳ. 표준지공시지가의 적용

1. 지가산정의 주체

지가산정의 주체는 국가 또는 지방자치단체, 「공공기관의 운영에 관한 법률」에 따른 공공기관, 그 밖에 대통령령으로 정하는 공공단체[5]이다(부동산공시법 제8조).

2. 지가산정의 목적

지가산정의 목적은 공공용지의 매수 및 토지의 수용·사용에 대한 보상, 국유지·공유지의 취득 또는 처분, 그 밖에 대통령령으로 정하는 지가의 산정[6]이다(부동산공시법 제8조).

---

2) 1. 법 제5조 각 호의 사항(표준지공시지가의 공시사항)의 개요 2. 표준지공시지가의 열람방법 3. 이의신청의 기간·절차 및 방법
3) 소유자가 여러 명인 경우에는 각 소유자를 말한다.
4) 1. 표준지의 지번 2. 표준지의 단위면적당 가격 3. 표준지의 면적 및 형상 4. 표준지 및 주변토지의 이용상황 5. 그 밖에 대통령령으로 정하는 사항
5) 1.「산림조합법」에 따른 산림조합 및 산림조합중앙회 2.「농업협동조합법」에 따른 조합 및 농업협동조합중앙회 3.「수산업협동조합법」에 따른 수산업협동조합 및 수산업협동조합중앙회 4.「한국농어촌공사 및 농지관리기금법」에 따른 한국농어촌공사 5.「중소기업진흥에 관한 법률」에 따른 중소벤처기업진흥공단 6.「산업집적활성화 및 공장설립에 관한 법률」에 따른 산업단지관리공단(부동산공시법 시행령 제13조 제1항)
6) 1.「국토의 계획 및 이용에 관한 법률」 또는 그 밖의 법령에 따라 조성된 용지 등의 공급 또는 분양 2. 다음 각 목(가.「도시개발법」 제2조 제1항 제2호에 따른 도시개발사업 나.「도시 및 주거환경정비법」 제2조제2호에 따른 정비사업 다.「농어촌정비법」 제2조 제5호에 따른 농업생산기반 정비사업)의 어느 하나에 해당

3. 지가산정의 방법

지가를 산정할 때에는 그 토지와 이용가치가 비슷하다고 인정되는 하나 또는 둘 이상의 표준지의 공시지가를 기준으로 토지가격비준표를 사용하여 지가를 직접 산정하거나 감정평가법인등에 감정평가를 의뢰하여 산정할 수 있다. 다만, 필요하다고 인정할 때에는 산정된 지가를 지가산정의 목적에 따라 가감 조정하여 적용할 수 있다(부동산공시법 제8조).

V. 효력

표준지공시지가는 토지시장의 지가정보를 제공하고 일반적인 토지거래의 지표가 되며, 국가·지방자치단체 등의 기관이 그 업무와 관련하여 지가를 산정하거나 감정평가법인등이 개별적으로 토지를 평가하는 경우에 그 기준이 된다(부동산공시법 제9조). 그리고 개별공시지가 산정의 기준이 된다(부동산공시법 제10조 제4항).

VI. 표준지공시지가에 대한 권리구제**

1. 이의신청

표준지공시지가에 대하여 이의가 있는 자는 표준지공시지가의 공시일부터 30일 이내에 서면으로 국토교통부장관에게 이의를 신청할 수 있다(부동산공시법 제7조 제1항). 국토교통부장관은 이의신청 기간이 만료된 날부터 30일 이내에 이의신청을 심사하여 그 결과를 신청인에게 서면으로 통지하여야 한다. 이 경우 국토교통부장관은 이의신청의 내용이 타당하다고 인정될 때에는 제3조에 따라 해당 표준지공시지가를 조정하여 다시 공시하여야 한다(부동산공시법 제7조 제2항).

2. 행정심판

표준지공시지가에 대한 이의신청은 후술하는 개별공시지가와 동일하게 진정의 성격을 가진다. 따라서 이의신청을 거친 후에도 행정심판법이 정하는 바에 따라 행정심판을 청구할 수 있다.

3. 행정소송 [14 감평]

다수설과 판례는 표준지공시지가는 항고소송의 대상인 처분이라고 본다(대판 1994.3.8. 93누10828). 따라서 표준지공시지가결정으로 법률상 이익이 침해된 자는 항고소송을 제기할 수 있다.

하는 사업을 위한 환지·체비지(替費地)의 매각 또는 환지신청 3. 토지의 관리·매입·매각·경매 또는 재평가(부동산공시법 시행령 제13조 제2항)

CHAPTER 03 개별공시지가

Ⅰ. 의 의

'개별공시지가'란 시장·군수 또는 구청장이 개발이익환수에 관한 법률에 의한 개발부담금의 부과 그 밖의 다른 법령이 정하는 목적을 위한 지가산정에 사용하도록 하기 위하여 시·군·구 부동산평가위원회의 심의를 거쳐 매년 공시하는 관할구역 안의 개별토지의 단위면적당 가격을 말한다(부동산공시법 제10조).

Ⅱ. 법적 성질*

1. 학 설

(1) 행정처분설

개별공시지가에 근거한 조세부과 등의 행정처분에 있어서 당해 행정청은 개별공시지가에 절대적 또는 상당한 정도의 기속을 받으므로 개별공시지가는 이미 그 자체로서 국민의 권리의무에 직접적인 영향을 미친다는 점 등을 이유로 행정처분으로 보아야 한다는 견해이다(다수설).

(2) 입법행위설

개별공시지가는 불특정 다수인에 대하여(일반적) 무제한적으로 적용될 수 있는(추상적) 행정작용으로서의 성질을 가지고 있기 때문에 행정입법으로 보는 견해로 개별공시지가결정 자체로는 국민의 권리·의무가 발생하는 법집행행위로 보기 어렵다고 본다.

(3) 사실행위설

개별공시지가는 토지가격의 지침으로 정보제공이라는 사실적 효과를 갖기 때문에 개별공시지가 결정행위는 사실행위가 된다는 견해이다.

(4) 행정계획설

이 견해는 개별공시지가가 대내적으로 행정주체에 대하여만 법적 의무를 부과하는 구속적 행정계획에 해당한다는 견해이다.

2. 판 례

개별공시지가결정은 개발부담금 산정 등의 기준이 되어 국민의 권리, 의무 내지 법률상 이익에 직접적으로 관계되므로 행정처분이라고 본다(대판 1993.1.15. 92누12407).

3. 검토

부동산 가격공시에 관한 법률은 개별공시지가에 대하여 토지소유자 기타 이해관계인의 의견청취(동법 제10조 제5항), 이의신청 및 처리절차와 이의제기기간의 제한 등을 규정하고 있는바(동법 제11조), 이는 개별공시지가결정이 행정처분임을 전제로 한 것이라고 볼 수 있고, 더욱이 조세부과 등의 행정처분을 함에 있어서 통상적으로 개별공시지가에 기속된다는 점에서 국민의 권리·의무에 직접 영향을 미치는 행위라고 볼 수 있으므로 행정처분으로 보아야 할 것이다.

Ⅲ. 공시절차

공시절차는 ① 시장등의 비교표준지의 선정(부동산공시법 제10조 제4항), ② 토지가격비준표를 사용하여 지가를 산정(부동산공시법 제10조 제4항), ③ 감정평가법인등의 검증(부동산공시법 제10조 제5항), ④ 토지소유자 및 그 밖의 이해관계인의 의견청취(부동산공시법 제10조 제5항), ⑤ 시·군·구부동산가격공시위원회의 심의(부동산공시법 제10조 제1항), ⑥ 개별공시지가의 공시(부동산공시법 시행령 제21조 제1항)이다.

1. 개별공시지가의 결정·공시

(가) 시장·군수 또는 구청장은 국세·지방세 등 각종 세금의 부과, 그 밖의 다른 법령에서 정하는 목적을 위한 지가산정에 사용되도록 하기 위하여 시·군·구 부동산가격공시위원회의 심의를 거쳐 매년 공시지가의 공시기준일(1월 1일) 현재 관할 구역 안의 개별토지의 단위면적당 가격을 결정·공시하고, 이를 관계 행정기관 등에 제공하여야 한다(부동산공시법 제10조 제1항).

(나) 시장·군수 또는 구청장은 다음 각 호[7]의 어느 하나에 해당하는 토지에 대해서는 부동산공시법 제10조 제1항에 따른 개별공시지가를 결정·공시하지 아니할 수 있다(부동산공시법 시행령 제15조 제1항).

2. 개별공시지가 결정·공시 방법

(가) 시장·군수 또는 구청장은 매년 5월 31일까지 개별공시지가를 결정·공시하여야 한다. 그리고 개별공시지가를 공시할 때에는 다음 각 호의 사항[8]을 해당 시·군 또는 구의 게시판 또는 인터넷 홈페이지에 게시하여야 한다(부동산공시법 시행령 제21조 제1항·제2항).

(나) 시장·군수 또는 구청장은 필요하다고 인정하는 경우에는 개별공시지가와 이의신청의 기간·절차 및 방법을 토지소유자[9]에게 개별 통지할 수 있다(부동산공시법 시행령 제21조 제3항, 제4조 제2항).

---

[7] 1. 표준지로 선정된 토지 2. 농지보전부담금 또는 개발부담금 등의 부과대상이 아닌 토지 3. 국세 또는 지방세 부과대상이 아닌 토지
[8] 1. 조사기준일, 공시필지의 수 및 개별공시지가의 열람방법 등 개별공시지가의 결정에 관한 사항 2. 이의신청의 기간·절차 및 방법
[9] 소유자가 여러 명인 경우에는 각 소유자를 말한다.

토지가격비준표★★★

1. 의 의
(가) '토지가격비준표'란 표준지와 개별토지의 지가형성요인에 관한 표준적인 비교표를 말하며, 이는 표준지를 기준으로 개별토지의 대량평가를 신속하게 하기 위해 작성된 계량화된 평가기준이다.

(나) 부동산공시법 제3조 제8항은 국토교통부장관은 개별공시지가의 산정을 위하여 필요하다고 인정하는 경우에는 표준지와 산정대상 개별 토지의 가격형성요인에 관한 표준적인 비교표(토지가격비준표)를 작성하여 시장·군수 또는 구청장에게 제공하여야 할 것을 규정한다.

2. 토지가격비준표의 법적 성질[18 감평]
건설부장관이 표준지와 지가산정대상 토지의 지가형성요인에 관한 표준적인 비교표로서 매년 관계 행정기관에 제공하는 <u>토지가격비준표는 … 법률보충적인 구실을 하는 법규적 성질을 가지고 있는 것으로 보아야 할 것이다</u>(대판 1998.5.26. 96누17103).

3. 토지가격비준표의 하자와 권리구제

(1) 토지가격비준표의 하자
토지가격비준표도 표준지(개별지) 공시지가의 자료분석, 지가형성요인이나 상관성분석, 가격배율(안)의 결정 등의 과정에서 작성상의 하자가 발생할 수 있다. 이 경우 토지가격비준표는 위법하여 무효이다.

(2) 토지가격비준표에 대한 권리구제

1) 토지가격비준표에 대한 항고소송(직접적 통제)
토지가격비준표의 법적 성질은 법규명령의 성질을 가지기 때문에, 구체적 사실에 관한 법집행행위가 아니므로10) 항고소송의 대상인 처분이 아니다.

2) 토지가격비준표에 근거한 처분(개별공시지가결정)**에 대한 항고소송**(간접적 통제)
(가) 상대방은 토지가격비준표에 근거한 처분(개별공시지가결정)을 다투며 토지가격비준표의 위헌·위법성을 주장할 수 있다. 이렇게 법규범이 구체적 사건에 적용되는 상태에서 그 법규범이 상위 법규범에 위반되는지를 심사하는 제도를 '구체적 규범통제'라고 한다(헌법 제107조 제2항 참조).

(나) 그러나 토지가격비준표가 위헌·위법이어서 무효라고 할지라도 그에 근거한 처분(개별공시지가결정)은 위법하지만 무효는 아니며 취소사유에 불과하다. 또한 토지가격비준표가 위헌·위법이어서 무효라고 할지라도 그 효력은 그 소송을 제기한 상대방에게만 미치며 일반적으로 무효가 되는 것은 아니다(개별적 효력설)(다수견해).

---

10) 추상적 사실에 관한 것이며, 법집행행위가 아니라 법 그 자체이다.

4. 토지가격비준표에 따른 개별공시지가결정의 하자 [18 감평]

토지가격비준표의 법적 성질은 법규명령이지만, 개별토지가격결정은 항고소송의 대상인 처분이므로, 토지가격비준표에 위반되는 개별토지가격결정은 위법하며 이를 항고소송으로 다툴 수 있다.

(1) 토지가격비준표에 의하지 않은 개별토지가격결정의 위법 여부(구속력의 문제)(적극)

<u>개별토지가격을 결정함에 있어서는</u> 당해 토지와 유사한 이용가치를 지니는 표준지의 공시지가를 기준으로 건설부장관이 제공하는 표준지와 당해 토지의 지가형성요인에 관한 <u>표준적인 비교표(토지가격비준표)를 활용하여 두 토지의 특성을 조사하고 상호 비교하여 가격조정률을 결정한 후 이를 표준지의 가격에 곱하는 방법으로 토지가격을 산정하도록 하고 있으므로 개별토지가격의 결정은 특별한 사정이 없는 한 위와 같은 방법으로 산정함이 원칙이라 할 것이고, 이와 다른 방법으로 이루어진 개별토지가격결정은 관계법령에 따르지 아니한 것으로서 위법을 면치 못한다</u>(대판 1994.4.12. 93누19245·19252).

(2) 시장 등이 어떠한 토지에 대하여 표준지공시지가와 균형을 유지하도록 결정한 개별공시지가가 토지가격비준표를 사용하여 산정한 지가와 달리 결정되었다는 이유만으로 위법한 것인지 여부(일치성의 문제)(원칙적 소극)

<u>「부동산 가격공시 및 감정평가에 관한 법률」제11조에 의하면, 시장·군수 또는 구청장(이하 '시장 등'이라 한다)은 개별공시지가를 결정·공시하는 경우 당해 토지와 유사한 이용가치를 지닌다고 인정되는 하나 또는 둘 이상의 표준지의 공시지가를 기준으로 토지가격비준표를 사용하여 지가를 산정한 다음, 그와 같이 산정된 지가의 타당성에 대하여 감정평가법인등의 검증을 받고(다만 이 검증은 생략할 수 있는 경우도 있다) 토지소유자 그 밖의 이해관계인의 의견을 들은 후 시·군·구부동산평가위원회의 심의를 거쳐서 개별공시지가를 결정하고, 이때 당해 토지의 가격과 표준지공시지가가 균형을 유지하도록 하여야 한다. … 이와 같은 규정들의 취지와 그 문언에 비추어 보면, 시장 등은 표준지공시지가에 토지가격비준표를 사용하여 산정된 지가와 감정평가법인등의 검증의견 및 토지소유자 등의 의견을 종합하여 당해 토지에 대하여 표준지공시지가와 균형을 유지한 개별공시지가를 결정할 수 있고, 그와 같이 결정된 개별공시지가가 표준지공시지가와 균형을 유지하지 못할 정도로 현저히 불합리하다는 등의 특별한 사정이 없는 한, 결과적으로 토지가격비준표를 사용하여 산정한 지가와 달리 결정되었거나 감정평가사의 검증의견에 따라 결정되었다는 이유만으로 그 개별공시지가의 결정이 위법하다고 볼 수는 없다</u>(대판 2013.11.14. 2012두15364).

> **쟁점** — 개별공시지가의 검증★★
>
> ### 1. 의 의
> ㈎ 시장·군수 또는 구청장은 개별공시지가를 결정·공시하기 위하여 개별토지의 가격을 산정할 때에는 그 타당성에 대하여 감정평가법인등의 검증을 받아야 한다. 다만, 시장·군수 또는 구청장은 감정평가법인등의 검증이 필요 없다고 인정되는 때에는 지가의 변동상황 등 대통령령으로 정하는 사항을 고려하여 감정평가법인등의 검증을 생략할 수 있다(부동산공시법 제10조 제5항).
>
> ㈏ '검증'이란 감정평가법인등이 시장·군수 또는 구청장이 산정한 개별토지가격의 타당성을 전문가적 입장에서 검토하는 것을 말한다. 이는 개별토지가격의 객관적 타당성을 부여하고 공적 신뢰성을 제고하기 위한 것이다.
>
> ### 2. 법적 성질
> 감정평가법인등의 검증의 법적 성질을 알기 위해서는 감정평가법인등의 법적 지위를 먼저 검토해야 한다.
>
> (1) 감정평가법인등의 법적 지위
>
> 부동산가격공시법 제10조 제5항을 보면, 감정평가법인등은 검증행위에 대해 법령에 근거하여 공적인 임무를 자신의 이름으로 수행하도록 검증권한이 주어진 사인이므로 공무수탁사인으로 보는 것이 타당하다.[11]
>
> (2) 검증행위의 법적 성질
>
> 감정평가법인등의 검증행위는 공법상 사실행위에 해당하며, 개별토지가격결정의 사전절차로서 성질을 가진다.[12]

Ⅳ. 효 과

개별공시지가는 국세·지방세 등 각종 세금의 부과, 그 밖의 다른 법령에서 정하는 목적을 위한 지가산정의 기준이 된다(부동산공시법 제10조 제1항).

---

[11] 공무수탁사인이 수탁하여 행하는 공무는 반드시 처분일 필요가 없으므로 검증행위 등이 처분이 아니라는 이유나, 행정권한의 위임은 법령으로도 가능하므로 행정청이 권한을 위탁하지 않았다는 이유는 공무수탁사인임을 부정하는 근거가 될 수 없다. 또한, 감정평가법인등을 공무수탁사인으로 보지 않으면서 검증행위를 행정상 사실행위나 행정지도로 보는 것도 옳지 않다. 행정작용은 행정주체나 행정기관이어야 가능하기 때문이다.

[12] 행정절차란 행정청의 의사결정의 충실을 도모하기 위한 사전적인 행위를 말한다.

V. 개별공시지가오류의 정정***[20 감평] [24 감평]

1. 의 의
부동산공시법 제12조는 개별공시지가에 하자가 있는 경우 이를 시장 등이 직권으로 정정하는 제도를 두고 있다. 이는 강학상 행정행위 직권취소(직권 전부 또는 일부취소)에 해당한다.

2. 정정사유
시장·군수 또는 구청장은 개별공시지가에 틀린 계산, 오기, 표준지 선정의 착오, 그 밖에 대통령령으로 정하는 명백한 오류[13]가 있음을 발견한 때에는 지체 없이 이를 정정하여야 한다(부동산공시법 제12조). 시장등은 부동산 공시법 제12조에 해당 하는 사유가 아니더라도 개별공시지가가 위법 또는 부당한 경우 행정기본법 제18조에 따라 취소할 수 있다.

3. 정정절차
시장·군수 또는 구청장은 개별공시지가의 오류를 정정하려는 경우에는 시·군·구부동산가격공시위원회의 심의를 거쳐 정정사항을 결정·공시하여야 한다. 다만, 틀린 계산 또는 오기(誤記)의 경우에는 시·군·구부동산가격공시위원회의 심의를 거치지 아니할 수 있다(부동산공시법 시행령 제23조 제2항).

4. 정정의 효과
개별공시지가가 토지특성조사의 착오 등 지가산정에 명백한 잘못이 있어 경정결정되어 공고된 이상 당초에 결정·공고된 개별공시지가는 그 효력을 상실하고 경정결정된 새로운 개별공시지가가 그 공시기준일에 소급하여 효력을 발생하므로, 과세처분을 함에 있어서 기준이 되는 개별공시지가가 경정된 경우에는 경정된 개별공시지가에 의하여야 한다(대판 1999.10.26. 98두2669).

5. 관련문제
(1) 개별공시지가 경정결정신청에 대한 행정청의 정정불가 결정 통지가 항고 소송의 대상이 되는 처분인지 여부(소극)

행정청이 개별토지가격결정에 위산·오기 등 명백한 오류가 있음을 발견한 경우 직권으로 이를 경정하도록 한 규정으로서 토지소유자 등 이해관계인이 그 경정결정을 신청할 수 있는 권리를 인정하고 있지 아니하므로, 토지소유자 등의 토지에 대한 개별공시지가 조정신청을 재조사청구가 아닌 경정결정신청으로 본다고 할지라도, 이는 행정청에 대하여 직권발동을 촉구하는 의미밖에 없으므로, 행정청이 위 조정신청에 대하여 정정불가 결정 통지를 한 것은 이른바 관념의 통지에 불과할 뿐 항고소송의 대상이 되는 처분이 아니다(대판 2002.2.5. 2000두5043).

---

[13] 1. 부동산공시법 제10조에 따른 공시절차를 완전하게 이행하지 아니한 경우 2. 용도지역·용도지구 등 토지가격에 영향을 미치는 주요 요인의 조사를 잘못한 경우 3. 토지가격비준표의 적용에 오류가 있는 경우

(2) 비교표준지 선정의 잘못으로 인하여 개별토지가격의 산정이 명백히 잘못된 경우, 개별토지의 가격결정에 대한 직권취소가 가능한지 여부(적극)

<u>개별토지에 대한 가격결정도 행정처분에 해당하며, 원래 행정처분을 한 처분청은 그 행위에 하자가 있는 경우에는 원칙적으로 별도의 법적 근거가 없더라도 스스로 이를 직권으로 취소할 수 있는 것이고, … 처분청은 토지에 대한 개별토지가격의 산정에 명백한 잘못이 있다면 이를 직권으로 취소할 수 있으며, … 토지특성조사의 착오 또는 위산·오기 등 지가산정에 명백한 잘못이 있는 경우에 경정결정이 가능한 것으로 예시하고 있는 것처럼, 비교표준지 선정의 잘못으로 인하여 개별토지가격의 산정이 명백히 잘못된 경우도 … 개별토지의 가격결정에 대한 직권취소가 가능하다</u>(대판 1995.9.15. 95누6311).

(3) 선행 개별공시지가결정이 위법하여 그에 기초한 개발부담금 부과처분도 위법하게 된 경우, 그 후 적법한 절차를 거쳐 공시된 후행 개별공시지가 결정이 종전의 위법한 공시지가결정과 그 내용이 동일하다는 사정만으로 그 개발부담금 부과처분의 하자가 치유되어 적법하게 되는지 여부(소극) [19 감평]

<u>선행처분인 개별공시지가결정이 위법하여 그에 기초한 개발부담금 부과처분도 위법하게 된 경우 그 하자의 치유를 인정하면 개발부담금 납부의무자로서는 위법한 처분에 대한 가산금 납부의무를 부담하게 되는 등 불이익이 있을 수 있으므로, 그 후 적법한 절차를 거쳐 공시된 개별공시지가결정이 종전의 위법한 공시지가결정과 그 내용이 동일하다는 사정만으로는 위법한 개별공시지가결정에 기초한 개발부담금 부과처분이 적법하게 된다고 볼 수 없다</u>(대판 2001.6.26. 99두11592).

Ⅵ. 타인토지에의 출입 등

1. 타인토지에의 출입

관계 공무원 또는 부동산가격공시업무를 의뢰받은 자(관계공무원 등)는 표준지가격의 조사·평가 또는 개별토지가격의 산정을 위하여 필요한 때에는 타인의 토지에 출입할 수 있다(부동산공시법 제13조 제1항). 다만, 일출 전·일몰 후에는 그 토지의 점유자의 승인 없이 택지 또는 담장이나 울타리로 둘러싸인 타인의 토지에 출입할 수 없다(부동산공시법 제13조 제3항).

2. 시장 등의 허가

관계공무원등이 택지 또는 담장이나 울타리로 둘러싸인 타인의 토지에 출입하고자 할 때에는 시장·군수 또는 구청장의 허가[14]를 받아 출입할 날의 3일 전에 그 점유자에게 일시와 장소를 통지하여야 한다. 다만, 점유자를 알 수 없거나 부득이한 사유가 있는 경우에는 그러하지 아니하다(부동산공시법 제13조 제2항). 출입을 하고자 하는 자는 그 권한을 표시하는 증표와 허가증을 지니고 이를 관계인에게 내보여야 한다(부동산공시법 제13조 제4항).

---

14) 부동산가격공시업무를 의뢰 받은 자에 한정한다.

Ⅶ. 개별공시지가에 대한 권리구제***

 부동가격공시법상 이의신청과 행정심판의 관계* [10 감평] [22 감평] [23 감평]

1. 문제점

부동산공시법 제11조 제1항은 개별공시지가에 대해 이의가 있으면 시장·군수 또는 구청장에게 이의를 신청할 수 있음을 규정하고 행정심판의 청구 인정 여부에 대한 규정이 없는데, 행정심판법 제51조는 '행정심판 재청구의 금지'를 규정하고 있어, 신청인이 이의신청을 한 후에도 별도로 행정심판법상 행정심판을 청구할 수 있는지가 문제된다.

2. 학 설

(1) 비병존설

부동산 가격공시에 관한 법률상의 이의신청은 행정심판법 제3조 제1항의 '다른 법률에 특별한 규정이 있는 경우' 즉 특별행정심판에 해당하며, 행정심판법 제51조는 '심판청구에 대한 재결이 있으면 그 재결 및 같은 처분 또는 부작위에 대하여 다시 행정심판을 청구할 수 없다'는 점을 근거로 한다.

(2) 병존설

행정심판법 제3조 제1항의 '다른 법률에 특별한 규정이 있는 경우'란 명문의 규정이 있는 경우를 말하므로 부동산가격공시법상의 이의신청은 특별행정심판에 해당하지 않고(진정의 성격에 해당한다), 행정심판법 제51조는 행정심판의 재청구의 금지를 규정하지만 부동산가격공시법상 이의신청은 행정심판이 아니므로 이의신청 후에도 행정심판을 제기할 수 있다는 점을 근거로 한다.

3. 판 례

판례는 「(구)부동산 가격공시 및 감정평가에 관한 법률이 이의신청에 관하여 규정하고 있다고 하여 이를 행정심판법 제3조 제1항에서 행정심판의 제기를 배제하는 '다른 법률에 특별한 규정이 있는 경우'에 해당한다고 볼 수 없으므로, 개별공시지가에 대하여 이의가 있는 자는 곧바로 행정소송을 제기하거나 (구)부동산 가격공시 및 감정평가에 관한 법률에 따른 이의신청과 행정심판법에 따른 행정심판청구 중 어느 하나만을 거쳐 행정소송을 제기할 수 있을 뿐 아니라, 이의신청을 하여 그 결과 통지를 받은 후 다시 행정심판을 거쳐 행정소송을 제기할 수도 있다고 보아야 하고, 이 경우 행정소송의 제소기간은 그 행정심판 재결서 정본을 송달받은 날부터 기산한다(대판 2010.1.28. 2008두19987)」고 하여 병존설의 입장이다.

4. 검 토

부동산가격공시법상의 이의신청과 행정심판은 심리기관, 제기(청구)기간, 심리기간 등에서 차이가 있으므로 토지소유자 등의 권리보호를 위해 병존설이 타당하다.

1. 이의신청 [19 감평]

㈎ 개별공시지가에 이의가 있는 자는 그 결정·공시일부터 30일 이내에 서면으로 시장·군수 또는 구청장에게 이의를 신청할 수 있다(부동산공시법 제11조 제1항). 그리고 시장·군수 또는 구청장은 이의신청 기간이 만료된 날부터 30일 이내에 이의신청을 심사하여 그 결과를 신청인에게 서면으로 통지하여야 한다. 이 경우 시장·군수 또는 구청장은 이의신청의 내용이 타당하다고 인정될 때에는 해당 개별공시지가를 조정하여 다시 결정·공시하여야 한다(부동산공시법 제11조 제2항).

㈏ 개별공시지가에 대한 이의신청은 진정의 성격으로 시장 등에게 구속력을 가지는 것이 아니라 단지 희망의 진술에 불과하다. 즉, 이의신청은 직권재심사를 촉구하는 행위이다. 따라서 이의신청 기간을 도과한 이의신청이 있었고, 시장 등이 이를 직권으로 정정하였다고 하더라도 이의신청기간 도과는 개별공시지가 정정처분을 위법하게 만들지 않는다.

2. 행정심판

개별공시지가에 대한 이의신청은 진정의 성격을 가진다. 따라서 이의신청을 거친 후에도 행정심판법이 정하는 바에 따라 행정심판을 청구할 수 있다(병존설).

3. 행정소송

㈎ 다수설과 판례는 개별공시지가는 항고소송의 대상인 처분이라고 본다(대판 1993.1.15. 92누12407).

㈏ 시가와 개별공시지가가 현저한 차이가 있는 경우 공시지가가 위법한지가 문제되는데, 판례는 「개별토지가격은 당해 토지의 시가나 실제 거래가격과 직접적인 관련이 있는 것은 아니므로 단지 그 가격이 시가나 실제 거래가격을 초과하거나 미달한다는 사유만으로 그 것이 현저하게 불합리한 가격이어서 그 가격 결정이 위법하다고 단정할 것은 아니다(대판 1996.9.20. 95누11931)」라고 본다.

 공시지가결정(공시)의 제소기간★★

1. 표준지공시지가결정

㈎ 표준지공시지가결정의 경우 개별공시지가결정과 같이 명시적인 판례가 있는 것은 아니지만, 표준지공시지가결정 역시 각 토지의 각 소유자별로 효력이 발생하는 것이므로 특별한 사정이 없는 한 표준지공시지가결정의 공고로 처분의 효력은 발생하지만 그 효력발생일에 처분이 있음을 알았다고 보기는 어렵다.

㈏ 따라서 표준지공시지가결정이 있다는 사실을 알았다는 특별한 사정[15])이 없는 한 처

---

[15]) 부동산가격공시법 시행령 제4조 제2항 "국토교통부장관은 필요하다고 인정하는 경우에는 표준지공시지가와 이의신청의 기간·절차 및 방법을 표준지 소유자에게 개별 통지할 수 있다"

분이 있은 날로부터 1년 이내에 취소소송을 제기할 수 있다.

2. 개별공시지가결정

<u>개별토지가격결정은 그 처분의 고지방법에 있어 행정편의상 일단의 각 개별토지에 대한 가격결정을 일괄하여 읍·면·동의 게시판에 공고하는 것일 뿐 그 처분의 효력은 각각의 토지 또는 각각의 소유자에 대하여 각별로 효력을 발생하는 것이므로, 개별토지가격결정의 공고로 그 효력은 발생하지만 처분의 상대방인 토지소유자 및 이해관계인이 공고일에 개별토지가격결정처분이 있음을 알았다고 할 수는 없으므로 개별토지가격결정을 알았다고 볼 만한 특별한 사정이 없는 한 처분이 있은 날로부터 1년 이내에 취소소송(행정심판은 처분이 있은 날로부터 180일 이내)을 제기하면 된다</u>(대판 1993.12.24. 92누17204 참조).

  공시지가결정과 하자의 승계*** [10 감평] [13 감평] [23 감평] [08 입시] [11 입시] [12 5급]
[15 사시] [15 5급] [16 입시] [17 변시] [20 변시] [20 5급]

1. 표준지로 선정된 토지의 공시지가를 토지 등에 관한 재산세 등 부과처분의 취소를 구하는 소송에서 다툴 수 있는지 여부(소극)

    표준지로 선정된 토지의 표준지공시지가를 다투기 위해서는 처분청인 국토교통부장관에게 이의를 신청하거나 국토교통부장관을 상대로 공시지가결정의 취소를 구하는 행정심판이나 행정소송을 제기해야 한다. 그러한 절차를 밟지 않은 채 <u>토지 등에 관한 재산세 등 부과처분의 취소를 구하는 소송에서 표준지공시지가결정의 위법성을 다투는 것은 원칙적으로 허용되지 않는다</u>(대판 2022.5.13. 2018두50147).

2. 과세처분 등 행정처분의 취소를 구하는 행정소송에서 선행처분인 개별공시지가결정의 위법을 독립된 위법사유로 주장할 수 있는지 여부(적극)

    <u>개별공시지가결정은 이를 기초로 한 과세처분 등과는 별개의 독립된 처분으로서 서로 독립하여 별개의 법률효과를 목적으로 하는 것이나, 개별공시지가는 이를 토지소유자나 이해관계인에게 개별적으로 고지하도록 되어 있는 것이 아니어서 토지소유자 등이 개별공시지가결정 내용을 알고 있었다고 전제하기도 곤란할 뿐만 아니라 결정된 개별공시지가가 자신에게 유리하게 작용될 것인지 또는 불이익하게 작용될 것인지 여부를 쉽사리 예견할 수 있는 것도 아니며, 더욱이 장차 어떠한 과세처분 등 구체적인 불이익이 현실적으로 나타나게 되었을 경우에 비로소 권리구제의 길을 찾는 것이 우리 국민의 권리의식임을 감안하여 볼 때 토지소유자 등으로 하여금 결정된 개별공시지가를 기초로 하여 장차 과세처분 등이 이루어질 것에 대비하여 항상 토지의 가격을 주시하고 개별공시지가결정이 잘못된 경우 정해진 시정절차를 통하여 이를 시정하도록 요구하는 것은 부당하게 높은 주의의무를 지우는 것이라고 아니할 수 없고, 위법</u>

한 개별공시지가결정에 대하여 그 정해진 시정절차를 통하여 시정하도록 요구하지 아니하였다는 이유로 위법한 <u>개별공시지가를 기초로 한 과세처분 등 후행 행정처분에서 개별공시지가결정의 위법을 주장할 수 없도록 하는 것은 수인한도를 넘는 불이익을 강요하는 것으로서 국민의 재산권과 재판받을 권리를 보장한 헌법의 이념에도 부합하는 것이 아니라고 할 것이므로</u>, 개별공시지가결정에 위법이 있는 경우에는 그 자체를 행정소송의 대상이 되는 행정처분으로 보아 그 위법 여부를 다툴 수 있음은 물론 이를 기초로 한 과세처분 등 행정처분의 취소를 구하는 행정소송에서도 <u>선행처분인 개별공시지가결정의 위법을 독립된 위법사유로 주장할 수 있다고 해석함이 타당하다</u> (대판 1994.1.25. 93누8542).

3. 개별토지가격 결정에 대한 재조사 청구(현행법상 이의신청)에 따른 감액조정에 대하여 더 이상 불복하지 아니한 경우, 이를 기초로 한 양도소득세 부과처분 취소소송에서 다시 개별토지가격 결정의 위법을 당해 과세처분의 위법사유로 주장할 수 있는지 여부(소극)

원고가 … 개별공시지가 결정에 대하여 한 재조사청구에 따른 조정결정을 통지받고서도 더 이상 다투지 아니한 경우까지 <u>선행처분인 개별공시지가 결정의 불가쟁력이나 구속력이 수인한도를 넘는 가혹한 것이거나 예측불가능하다고 볼 수 없어, 위 개별공시지가 결정의 위법을 이 사건 과세처분의 위법사유로 주장할 수 없다</u>(대판 1998.3.13. 96누6059).

4. 수용보상금의 증액을 구하는 소송에서 선행처분으로서 그 수용대상 토지 가격 산정의 기초가 된 비교표준지공시지가결정의 위법을 독립한 사유로 주장할 수 있는지 여부(적극)

<u>표준지공시지가결정은 이를 기초로 한 수용재결 등과는 별개의 독립된 처분으로서 서로 독립하여 별개의 법률효과를 목적으로 하지만</u>, 표준지공시지가는 이를 인근 토지의 소유자나 기타 이해관계인에게 개별적으로 고지하도록 되어 있는 것이 아니어서 인근 토지의 소유자 등이 표준지공시지가결정 내용을 알고 있었다고 전제하기가 곤란할 뿐만 아니라, <u>결정된 표준지공시지가가 공시될 당시 보상금 산정의 기준이 되는 표준지의 인근 토지를 함께 공시하는 것이 아니어서 인근 토지 소유자는 보상금 산정의 기준이 되는 표준지가 어느 토지인지를 알 수 없으므로</u>, 인근 토지 소유자가 표준지의 공시지가가 확정되기 전에 이를 다투는 것은 불가능하다. <u>더욱이 장차 어떠한 수용재결 등 구체적인 불이익이 현실적으로 나타나게 되었을 경우에 비로소 권리구제의 길을 찾는 것이 우리 국민의 권리의식임을 감안하여 볼 때</u>, 인근 토지소유자 등으로 하여금 결정된 표준지공시지가를 기초로 하여 장차 토지보상 등이 이루어질 것에 대비하여 항상 토지의 가격을 주시하고 표준지공시지가결정이 잘못된 경우 정해진 시정절차를 통하여 이를 시정하도록 요구하는 것은 부당하게 높은 주의의무를 지우는 것이고, 위법한 표준지공시지가결정에 대하여 그 정해진 시정절차를 통하여 시정하도록 요구하지 않았다는 이유로 <u>위법한 표준지공시지가를 기초로 한 수용재결 등 후행 행정처분에서 표준지공시지가결정의 위법을 주장할 수 없도록 하는 것은 수인한도를</u>

넘는 불이익을 강요하는 것으로서 국민의 재산권과 재판받을 권리를 보장한 헌법의 이념에도 부합하는 것이 아니다. 따라서 표준지공시지가결정이 위법한 경우에는 그 자체를 행정소송의 대상이 되는 행정처분으로 보아 그 위법 여부를 다툴 수 있음은 물론, 수용보상금의 증액을 구하는 소송에서도 선행처분으로서 그 수용대상 토지 가격 산정의 기초가 된 비교표준지공시지가결정의 위법을 독립한 사유로 주장할 수 있다(대판 2008.8.21. 2007두13845).

5. 개별토지가격결정을 다투는 소송에서 그 개별토지가격 산정의 기초가 된 표준지 공시지가의 위법성을 다툴 수 있는지 여부(소극)

표준지로 선정된 토지의 공시지가에 대하여 불복하기 위하여는 지가공시및토지등의평가에관한법률 제8조 제1항 소정의 이의절차를 거쳐 처분청을 상대로 그 공시지가결정의 취소를 구하는 행정소송을 제기하여야 하는 것이지, 그러한 절차를 밟지 아니한 채 개별토지가격결정을 다투는 소송에서 그 개별토지가격 산정의 기초가 된 표준지 공시지가의 위법성을 다툴 수는 없다(대판 1995.3.28. 94누12920).

CHAPTER 04 주택가격의 공시

표준주택가격결정은 표준지공시지가결정과 개별주택가격결정·공동주택가격결정은 개별공시지가결정과 공시, 법적 성질, 효력, 이의신청 등에서 내용이 유사하다.

1. 단독주택가격의 공시

(1) 표준주택가격의 공시

국토교통부장관은 용도지역, 건물구조 등이 일반적으로 유사하다고 인정되는 일단의 단독주택 중에서 선정한 표준주택에 대하여 매년 공시기준일 현재의 적정가격을 조사·평가하고, 중앙부동산평가위원회의 심의를 거쳐 이를 공시하여야 한다(부동산공시법 제16조 제1항).

(2) 개별주택가격의 공시

시장·군수 또는 구청장은 제25조의 규정에 의한 시·군·구부동산평가위원회의 심의를 거쳐 매년 표준주택가격의 공시기준일 현재 관할구역 안의 개별주택의 가격을 결정·공시하고, 이를 관계행정기관 등에 제공하여야 한다(부동산공시법 제17조 제1항).

2. 공동주택가격의 공시

국토교통부장관은 공동주택에 대하여 매년 공시기준일 현재의 적정가격을 조사·산정하여 중앙부동산평가위원회의 심의를 거쳐 공시하고, 이를 관계행정기관 등에 제공하여야 한다(부동산공시법 제18조 제1항).

3. 주택가격공시의 효력

표준주택가격은 국가·지방자치단체 등이 그 업무와 관련하여 개별주택가격을 산정하는 경우에 그 기준이 된다. 그리고 개별주택가격 및 공동주택가격은 주택시장의 가격정보를 제공하고, 국가·지방자치단체 등이 과세 등의 업무와 관련하여 주택의 가격을 산정하는 경우에 그 기준으로 활용될 수 있다(부동산공시법 제19조).

CHAPTER 05 비주거용 부동산가격의 공시

토지보상법 제20조는 '비주거용 표준부동산가격의 조사·산정 및 공시 등'을, 제21조는 '비주거용 개별부동산가격의 결정·공시 등'을, 제22조는 '비주거용 집합부동산가격의 조사·산정 및 공시 등'을, 제23조는 '비주거용 부동산가격공시의 효력'을 규정한다.

CHAPTER 06 부동산가격공시위원회

1. 중앙부동산가격공시위원회 [18 감평]

(1) 위원회의 설치

일정한 사항을 심의하기 위해 국토교통부장관 소속으로 중앙부동산가격공시위원회를 둔다(부동산공시법 제24조 제1항). 따라서 중앙부동산가격공시위원회는 심의기관으로 국토교통부에 설치된다.

(2) 위원회의 구성

위원회는 위원장을 포함한 20명 이내의 위원으로 구성한다. 위원회의 위원장은 국토교통부 제1차관이 된다. 위원회의 위원은 대통령령으로 정하는 중앙행정기관의 장이 지명하는 6명 이내의 공무원과 다음 각 호16)의 어느 하나에 해당하는 사람 중 국토교통부장관이 위촉하는 사람이 된다(부동산공시법 제24조 제2항·제3항·제4항).

(3) 위원회의 회의

중앙부동산가격공시위원회의 위원장은 중앙부동산가격공시위원회를 대표하고, 중앙부동산가격공시위원회의 업무를 총괄한다(부동산공시법 시행령 제71조 제3항). 위원장은 중앙부동산가격공시위원회의 회의를 소집하고 그 의장이 된다(부동산공시법 시행령 제71조 제4항). 중앙부동산가격공시위원회에 부위원장 1명을 두며, 부위원장은 위원 중 위원장이 지명하는 사람이 된다(부동산공시법 시행령 제71조 제5항). 위원장은 중앙부동산가격공시위원회의 회의를 소집할 때에는 개회 3일 전까지 의안을 첨부하여 위원에게 개별 통지하여야 한다(부동산공시법 시행령 제71조 제8항). 중앙부동산가격공시위원회의 회의는 재적위원 과반수의 출석으로 개의(開議)하고, 출석위원 과반수의 찬성으로 의결한다(부동산공시법 시행령 제71조 제9항).

(4) 위원회의 심의사항

위원회는 「1. 부동산 가격공시 관계 법령의 제·개정에 관한 사항 중 국토교통부장관이 부의하는 사항 2. 제3조에 따른 표준지의 선정 및 관리지침 3. 제3조에 따라 조사·평가된 표준지공시지가 4. 제7조에 따른 표준지공시지가에 대한 이의신청에 관한 사항 5. 제16조에 따른 표준주택의 선정 및 관리지침 6. 제16조에 따라 조사·산정된 표준주택가격 7. 제16조

---

16) 1. 「고등교육법」에 따른 대학에서 토지·주택 등에 관한 이론을 가르치는 조교수 이상으로 재직하고 있거나 재직하였던 사람 2. 판사, 검사, 변호사 또는 감정평가사의 자격이 있는 사람 3. 부동산가격공시 또는 감정평가 관련 분야에서 10년 이상 연구 또는 실무경험이 있는 사람

에 따른 표준주택가격에 대한 이의신청에 관한 사항 8. 제18조에 따른 공동주택의 조사 및 산정지침 9. 제18조에 따라 조사·산정된 공동주택가격 10. 제18조에 따른 공동주택가격에 대한 이의신청에 관한 사항 11. 제20조에 따른 비주거용 표준부동산의 선정 및 관리지침 12. 제20조에 따라 조사·산정된 비주거용 표준부동산가격 13. 제20조에 따른 비주거용 표준부동산가격에 대한 이의신청에 관한 사항 14. 제22조에 따른 비주거용 집합부동산의 조사 및 산정 지침 15. 제22조에 따라 조사·산정된 비주거용 집합부동산가격 16. 제22조에 따른 비주거용 집합부동산가격에 대한 이의신청에 관한 사항 17. 그 밖에 부동산정책에 관한 사항 등 국토교통부장관이 부의하는 사항」을 심의한다(부동산공시법 제24조 제1항).

2. 시·군·구부동산가격공시위원회

(1) 위원회의 설치

일정한 사항을 심의하기 위해 시장·군수 또는 구청장 소속으로 시·군·구부동산가격공시위원회를 둔다(부동산공시법 제25조 제1항).

(2) 위원회의 구성

시·군·구부동산가격공시위원회는 위원장 1명을 포함한 10명 이상 15명 이하의 위원으로 구성하며, 성별을 고려하여야 한다(부동산공시법 시행령 제74조 제1항). 시·군·구부동산가격공시위원회 위원장은 부시장·부군수 또는 부구청장이 된다. 이 경우 부시장·부군수 또는 부구청장이 2명 이상이면 시장·군수 또는 구청장이 지명하는 부시장·부군수 또는 부구청장이 된다(부동산공시법 시행령 제74조 제2항).

(3) 위원회의 심의 사항

위원회는 「1. 제10조에 따른 개별공시지가의 결정에 관한 사항 2. 제11조에 따른 개별공시지가에 대한 이의신청에 관한 사항 3. 제17조에 따른 개별주택가격의 결정에 관한 사항 4. 제17조에 따른 개별주택가격에 대한 이의신청에 관한 사항 5. 제21조에 따른 비주거용 개별부동산가격의 결정에 관한 사항 6. 제21조에 따른 비주거용 개별부동산가격에 대한 이의신청에 관한 사항 7. 그 밖에 시장·군수 또는 구청장이 부의하는 사항」을 심의 한다(부동산공시법 제25조 제1항).

(4) 위원회의 운영

시·군·구부동산가격공시위원회의 구성·운영에 필요한 사항은 해당 시·군·구의 조례로 정한다(부동산공시법 시행령 제74조 제5항).

제3편

감정평가 및 감정평가사에 관한 법률(감정평가법)

CHAPTER 01 감정평가

제1절 용어의 정의

'감정평가'란 토지등의 경제적 가치를 판정하여 그 결과를 가액(價額)으로 표시하는 것을 말한다(감정평가법 제2조 제2호). '감정평가업'이란 타인의 의뢰에 따라 일정한 보수를 받고 토지등의 감정평가를 업(業)으로 행하는 것을 말한다(감정평가법 제2조 제3호). '감정평가법인등'란 제21조에 따라 사무소를 개설한 감정평가사와 제29조에 따라 인가를 받은 감정평가법인을 말한다(감정평가법 제2조 제4호).

제2절 감정평가의 기준 [20 감평]

1. 감정평가법

㉮ 감정평가법인등이 토지를 감정평가하는 경우에는 그 토지와 이용가치가 비슷하다고 인정되는 「부동산 가격공시에 관한 법률」에 따른 표준지공시지가를 기준으로 하여야 한다. 다만, 적정한 실거래가가 있는 경우에는 이를 기준으로 할 수 있다(감정평가법 제3조 제1항).

㉯ 그러나 감정평가법인등이 「주식회사 등의 외부감사에 관한 법률」에 따른 재무제표 작성 등 기업의 재무제표 작성에 필요한 감정평가와 담보권의 설정·경매 등 대통령령으로 정하는 감정평가를 할 때에는 해당 토지의 임대료, 조성비용 등을 고려하여 감정평가를 할 수 있다(감정평가법 제3조 제2항).

㉰ 감정평가의 공정성과 합리성을 보장하기 위하여 감정평가법인등이 준수하여야 할 세부적인 원칙과 기준은 국토교통부령으로 정한다(감정평가법 제3조 제3항).

2. 감정평가에 관한 규칙(국토교통부령)

「감정평가 및 감정평가사에 관한 법률」 제3조 제3항에 따라 감정평가법인등이 감정평가를 할 때 준수하여야 할 원칙과 기준을 규정함을 목적으로 '감정평가에 관한 규칙'이 국토교통부령으로 제정되어 있다(감정평가에 관한 규칙 제1조).

3. 감정평가 실무기준(국토교통부고시)★ [15 감평]

감정평가 실무기준은 「감정평가 및 감정평가사에 관한 법률」 제3조 제3항 및 「감정평가에 관한 규칙(국토교통부령)」 제28조[1] 따라 감정평가의 구체적인 기준을 정함으로써 감정평가법인등이 감정평가를 수행할 때 이 기준을 준수하도록 권장하여 감정평가의 공정성과 신뢰성을 제고하는 것을 목적으로 제정되었다. 감정평가 실무기준의 법적 성질은 행정규칙 형식의 법규명령의 논의로 연결된다.

4. 기준제정기관

국토교통부장관은 감정평가법인등이 감정평가를 할 때 필요한 세부적인 기준(실무기준)의 제정 등에 관한 업무를 수행하기 위하여 대통령령으로 정하는 바에 따라 전문성을 갖춘 민간법인 또는 단체(기준제정기관)를 지정할 수 있다(감정평가법 제3조 제4항). 기준제정기관이 수행하는 업무는 다음 각 호[2]와 같다(감정평가법 시행령 제3조의3).

제3절 감정평가사의 직무

감정평가사는 타인의 의뢰를 받아 토지등을 감정평가하는 것을 그 직무로 한다(감정평가법 제4조 제1항).

제4절 감정평가의 의뢰

국가, 지방자치단체, 「공공기관의 운영에 관한 법률」에 따른 공공기관 또는 그 밖에 대통령령으로 정하는 공공단체("국가등")가 토지등의 관리·매입·매각·경매·재평가 등을 위하여 토지등을 감정평가하려는 경우에는 감정평가법인등에 의뢰하여야 한다(감정평가법 제5조 제1항). 그리고 금융기관·보험회사·신탁회사 또는 그 밖에 대통령령으로 정하는 기관이 대출, 자산의 매입·매각·관리 또는 「주식회사 등의 외부감사에 관한 법률」에 따른 재무제표 작성을 포함한 기업의 재무제표 작성 등과 관련하여 토지등의 감정평가를 하려는 경우에는 감정평가법인등에 의뢰하여야 한다(감정평가법 제5조 제2항).

---

1) 이 규칙에서 규정하는 사항 외에 감정평가법인등이 감정평가를 할 때 지켜야 할 세부적인 기준은 국토교통부장관이 정하여 고시한다.
2) 1. 감정평가실무기준의 제정 및 개정 2. 감정평가실무기준에 대한 연구 3. 감정평가실무기준의 해석 4. 감정평가실무기준에 관한 질의에 대한 회신 5. 감정평가와 관련된 제도의 개선에 관한 연구 6. 그 밖에 감정평가실무기준의 운영과 관련하여 국토교통부장관이 정하는 업무

제5절 감정평가서

1. 감정평가서의 심사

(1) 의 의

감정평가법인은 감정평가서를 의뢰인에게 발급하기 전에 감정평가를 한 소속 감정평가사가 작성한 감정평가서의 적정성을 같은 법인 소속의 다른 감정평가사에게 심사하게 하고, 그 적정성을 심사한 감정평가사로 하여금 감정평가서에 그 심사사실을 표시하고 서명과 날인을 하게 하여야 한다(감정평가법 제7조 제1항). 이는 감정평가에 대한 신뢰확보를 위한 것이다.

(2) 심사기준

감정평가서의 적정성을 심사하는 감정평가사는 감정평가서가 감정평가법 제3조에 따른 원칙과 기준을 준수하여 작성되었는지 여부를 신의와 성실로써 공정하게 심사하여야 한다(감정평가법 제7조 제2항).

(3) 심사절차

감정평가서를 심사하는 감정평가사는 작성된 감정평가서의 수정·보완이 필요하다고 판단하는 경우에는 해당 감정평가서를 작성한 감정평가사에게 수정·보완 의견을 제시하고, 해당 감정평가서의 수정·보완을 확인한 후 감정평가서에 심사사실을 표시하고 서명과 날인을 하여야 한다(감정평가법시행령 제7조 제2항).

2. 감정평가서의 발급등

㈎ 감정평가법인등은 감정평가를 의뢰받은 때에는 지체 없이 감정평가를 실시한 후 국토교통부령으로 정하는 바에 따라 감정평가 의뢰인에게 감정평가서[3])를 발급하여야 한다(감정평가법 제6조 제1항). 감정평가서에는 감정평가법인등의 사무소 또는 법인의 명칭을 적고, 감정평가를 한 감정평가사가 그 자격을 표시한 후 서명과 날인을 하여야 한다. 이 경우 감정평가법인의 경우에는 그 대표사원 또는 대표이사도 서명이나 날인을 하여야 한다(감정평가법 제6조 제2항).

㈏ 그리고 감정평가법인등은 감정평가서의 원본과 그 관련 서류를 국토교통부령으로 정하는 기간 이상 보존하여야 하며, 해산하거나 폐업하는 경우에도 대통령령으로 정하는 바에 따라 보존하여야 한다(감정평가법 제6조 제3항).

---

3) 토지 및 건물 등 부동산을 평가하고 평가자의 감정 평가 내용을 작성한 문서

3. 감정평가서의 적정성 검토

(1) 의 의

감정평가서 적정성 검토란 감정평가 의뢰인등이 감정평가서를 발급하지 아니한 감정평가법인등에게 해당 감정평가서 검토를 의뢰하면 그 감정평가법인등은 검토업무를 수행할 감정평가사를 지정하여 발급된 감정평가서의 적정성을 검토하는 제도를 말한다(감정평가법 제7조 제3항).

(2) 법적 성질

감정평가서의 적정성 검토는 발급된 감정평가서에 대한 적정성에 대해 의견을 제시하는 것이므로 감정평가의 재평가라고 보기는 어렵고 감정평가와 관련된 자문이나 상담의 성격에 가깝다.

(3) 검토 의뢰인

다음 각 호(1. 감정평가 의뢰인, 2. 감정평가 의뢰인이 발급받은 감정평가서를 활용하는 거래나 계약 등의 상대방, 3. 감정평가 결과를 고려하여 관계 법령에 따른 인가·허가·등록 등의 여부를 판단하거나 그 밖의 업무를 수행하려는 행정기관)의 자를 말한다. 다만, 공익사업을 위한 토지 등의 취득 및 보상에 관한 법률등 관계 법령에 감정평가와 관련하여 권리구제 절차가 규정되어 있는 경우로서 권리구제 절차가 진행 중이거나 권리구제 절차를 이행할 수 있는 자는 제외한다(감정평가법 시행령 제7조의2 제1항).

(4) 검토 의뢰받는 자

소속된 감정평가사가 둘 이상인 감정평가법인등이다(감정평가법 시행령 제7조의2 제2항).

(5) 검토 절차

① 감정평가서의 적정성에 대한 검토를 의뢰하려는 자는 발급받은 감정평가서의 사본을 첨부하여 감정평가법인등에게 검토를 의뢰해야 한다(감정평가법 시행령 제7조의3 제1항). ② 검토 의뢰를 받은 감정평가법인등은 지체 없이 검토업무를 수행할 감정평가사를 지정해야 한다(감정평가법 시행령 제7조의3 제2항).

(6) 검토결과서의 발급

검토 의뢰를 받은 감정평가법인등은 의뢰받은 감정평가서의 적정성 검토가 완료된 경우에는 적정성 검토 의뢰인에게 검토결과서를 발급해야 한다(감정평가법 시행령 제7조의4 제1항). 검토결과서에는 감정평가법인등의 사무소 또는 법인의 명칭을 적고, 적정성 검토를 한 감정평가사가 그 자격을 표시한 후 서명과 날인을 해야 한다. 이 경우 감정평가사가 소속된 곳이 감정평가법인인 경우에는 그 대표사원 또는 대표이사도 서명이나 날인을 해야 한다(감정평가법 시행령 제7조의4 제2항).

(7) 효력

발급된 검토결과서는 적정성에 대한 단순 의견제시로 법적 구속력은 없다.

4. 감정평가 타당성 조사*** [20 감평]

(1) 의의

국토교통부장관은 감정평가서가 발급된 후 해당 감정평가가 이 법 또는 다른 법률에서 정하는 절차와 방법 등에 따라 타당하게 이루어졌는지를 직권으로 또는 관계 기관 등의 요청에 따라 조사할 수 있는데 이를 '감정평가 타당성 조사'라고 한다(감정평가법 제8조 제1항 참조).

(2) 법적 성질

감정평가법은 감정평가 타당성 조사 원인을 "직권" 또는 "관계 기관 등의 요청"에 따라 하도록 하고 있는 바 감정평가 타당성 조사는 국토교통부장관의 감정평가법인등에 대한 사후적 감독수단으로 기능한다. 또한 법적 성질은 행정조사에 해당한다.

(3) 타당성조사의 대상 및 제외·중지

1) 타당성 조사의 대상

국토교통부장관은 다음 각 호[4]의 어느 하나에 해당하는 경우 타당성조사를 할 수 있다(감정평가법 시행령 제8조 제1항).

2) 타당성조사의 제외 및 중지

국토교통부장관은 타당성조사의 대상이 되는 감정평가가 다음 각 호[5]의 어느 하나에 해당하는 경우에는 타당성조사를 하지 아니하거나 중지할 수 있다(감정평가법 시행령 제8조 제2항).

(4) 타당성조사의 내용

조사의 내용은 감정평가가 감정평가법 또는 다른 법률에서 정하는 절차와 방법 등에 따라 타당하게 이루어졌는지 여부이다(감정평가법 제8조 제1항).

(5) 타당성조사 착수 통지

국토교통부장관은 타당성조사에 착수한 경우에는 착수일부터 10일 이내에 해당 감정평가법인등과 제3항에 따른 이해관계인에게 다음 각 호[6]의 사항을 알려야 한다(감정평가법 시행

---

4) 1. 국토교통부장관이 법 제47조에 따른 지도·감독을 위한 감정평가법인등의 사무소 출입·검사 결과나 그 밖의 사유에 따라 조사가 필요하다고 인정하는 경우 2. 관계 기관 또는 제3항에 따른 이해관계인이 조사를 요청하는 경우
5) 1. 법원의 판결에 따라 확정된 경우 2. 재판에 계류 중이거나 수사기관에서 수사 중인 경우 3. 「공익사업을 위한 토지 등의 취득 및 보상에 관한 법률」 등 관계 법령에 감정평가와 관련하여 권리구제 절차가 규정되어 있는 경우로서 권리구제 절차가 진행 중이거나 권리구제 절차를 이행할 수 있는 경우(권리구제 절차를 이행하여 완료된 경우를 포함한다)
6) 1. 타당성조사의 사유 2. 타당성조사에 대하여 의견을 제출할 수 있다는 것과 의견을 제출하지 아니하는 경

령 제8조 제4항).

(6) 타당성조사의 결과 통지

국토교통부장관은 법 제8조 제1항에 따른 타당성조사를 완료한 경우에는 해당 감정평가법인등, 제3항에 따른 이해관계인 및 타당성조사를 요청한 관계 기관에 지체 없이 그 결과를 통지해야 한다(감정평가법 시행령 제8조 제6항).

우의 처리방법 3. 법 제46조 제1항 제1호에 따라 업무를 수탁한 기관의 명칭 및 주소 4. 그 밖에 국토교통부장관이 공정하고 효율적인 타당성조사를 위하여 필요하다고 인정하는 사항 5. 타당성조사 결과의 통지

CHAPTER 02 | 감정평가사(감정평가법인등)

제1절 감정평가법인등의 법적 지위

1. 공무수탁사인 여부

(1) 학 설

감정평가법인등의 법적 지위와 관련해, ⓐ 공무수탁사인이라는 견해, ⓑ 행정의 보조인이라는 견해,[7] ⓒ 공의무부담사인이라는 견해[8]가 대립된다.

(2) 검 토

감정평가법 제5조 및 부동산가격공시법 제3조 제5항과 제10조 제5항을 보면, 감정평가법인등은 법령에 근거하여 공적인 임무를 자신의 이름으로 수행하도록 권한이 주어진 사인이므로 공무수탁사인으로 보는 것이 타당하다.[9]

2. 감정평가법인등이 국가배상법상 공무원에 해당하는지 여부*

감정평가법인등은 국가배상법상 공무원이 될 수 있다.[10]

---

7) 행정주체를 위해 일하는 단순히 도구이며 독립성이 없는 자를 말한다.
8) 권한을 행사하는 것이 아니라 공적 의무를 부담하는 자를 말한다.
9) 공무수탁사인이 수탁하여 행하는 공무는 반드시 처분일 필요가 없다. 또한, 감정평가법인등을 공무수탁사인으로 보지 않으면서 검증행위를 행정상 사실행위나 행정지도로 보는 것도 옳지 않다. 행정작용은 행정주체나 행정기관이어야 가능하기 때문이다.
10) 개별공시지가 산정업무를 담당하는 공무원으로서는 당해 토지의 실제 이용상황 등 토지특성을 정확하게 조사하고 당해 토지와 토지이용상황이 유사한 비교표준지를 선정하여 그 특성을 비교하는 등 법령 및 「개별공시지가의 조사·산정지침」에서 정한 기준과 방법에 의하여 개별공시지가를 산정하고, 산정지가의 검증을 의뢰받은 감정평가법인등이나 시·군·구 부동산평가위원회로서는 위 산정지가 또는 검증지가가 위와 같은 기준과 방법에 의하여 제대로 산정된 것인지 여부를 검증, 심의함으로써 적정한 개별공시지가가 결정·공시되도록 조치할 직무상의 의무가 있고, 이러한 직무상 의무는 단순히 공공 일반의 이익을 위한 것이거나 행정기관 내부의 질서를 규율하기 위한 것이 아니고 전적으로 또는 부수적으로 국민 개개인의 재산권 보장을 목적으로 하여 규정된 것이라고 봄이 상당하다. 따라서 개별공시지가 산정업무 담당공무원 등이 그 직무상 의무에 위반하여 현저하게 불합리한 개별공시지가가 결정되도록 함으로써 국민 개개인의 재산권을 침해한 경우에는 그 손해에 대하여 상당인과관계 있는 범위 내에서 그 담당공무원 등이 소속된 지방자치단체가 배상책임을 지게 된다(대판 2010.7.22. 2010다13527).

제2절 업무와 자격

제1항 업 무 [20 감평]

㈎ 감정평가법인등은 「1. 「부동산 가격공시에 관한 법률」에 따라 감정평가법인등이 수행하는 업무 2. 「부동산 가격공시에 관한 법률」 제8조 제2호에 따른 목적을 위한 토지등의 감정평가 3. 「자산재평가법」에 따른 토지등의 감정평가 4. 법원에 계속 중인 소송 또는 경매를 위한 토지등의 감정평가 5. 금융기관·보험회사·신탁회사 등 타인의 의뢰에 따른 토지등의 감정평가 6. 감정평가와 관련된 상담 및 자문 7. 토지등의 이용 및 개발 등에 대한 조언이나 정보 등의 제공 8. 다른 법령에 따라 감정평가법인등이 할 수 있는 토지등의 감정평가 9. 제1호부터 제8호까지의 업무에 부수되는 업무」를 행한다(감정평가법 제10조).

㈏ 판례는 타인의 의뢰를 받아 '부동산 가격공시 및 감정평가에 관한 법률'이 정한 토지에 대한 감정평가를 행하는 것이 공인회계사의 직무범위에 포함되는지 여부에 관해 「타인의 의뢰를 받아 부동산 가격공시 및 감정평가에 관한 법률이 정한 토지에 대한 감정평가를 행하는 것은 회계서류에 대한 전문적 지식이나 경험과는 관계가 없어 '회계에 관한 감정' 또는 '그에 부대되는 업무'에 해당한다고 볼 수 없고, 그 밖에 공인회계사가 행하는 다른 직무의 범위에 포함된다고 볼 수도 없다. … 구 부동산 가격공시 및 감정평가에 관한 법률 제21조에 비추어 보면, 위 피고인(공인회계사)들은 감정평가업자가 아니면서도 감정평가업자가 타인의 의뢰를 받아 토지를 개별적으로 감정평가할 때의 감정평가방법을 규정한 구 부동산공시법 제21조에 따라 이 사건 토지의 경제적 가치를 판정하여 그 결과를 가액으로 표시하였으므로, 이러한 행위는 부동산공시법이 정한 토지에 대한 감정평가를 업으로 행한 것으로서 부동산공시법 제43조 제2호에 의하여 처벌되는 행위에 해당한다(대판 2015.11.27. 2014도191)」고 보았다.

㈐ 또한 판례는 「민사소송법 제335조에 따른 법원의 감정인 지정결정 또는 같은 법 제341조 제1항에 따른 법원의 감정촉탁을 받은 경우에는 감정평가업자가 아닌 사람이더라도 그 감정사항에 포함된 토지 등의 감정평가를 할 수 있고, 이러한 행위는 법령에 근거한 법원의 적법한 결정이나 촉탁에 따른 것으로 형법 제20조의 정당행위에 해당하여 위법성이 조각된다고 보아야 한다. 피고인들은 법원의 감정인 지정결정 및 감정촉탁을 받고 이 사건 산양삼의 수량, 품종, 원산지, 적정수확기 및 손실보상액에 대한 감정을 한 것으로, 그 실질적인 내용 중에 토지 등의 감정평가 행위가 포함되어 있더라도 이는 법령에 근거한 법원의 적법한 결정 및 촉탁에 의한 것으로 형법 제20조의 정당행위에 해당하여 위법성이 조각된다고 봄이 타당하다(대판 2021.10.14. 2017도10634)」고 보았다.

제2항 자 격

1. 자격취득

감정평가사시험에 합격한 사람은 감정평가사의 자격이 있다(감정평가법 제11조).

2. 감정평가사 결격사유

(1) 결격사유

결격사유에 해당하는 사람은 「2. 파산선고를 받은 사람으로서 복권되지 아니한 사람, 3. 금고 이상의 실형을 선고받고 그 집행이 종료(집행이 종료된 것으로 보는 경우를 포함한다)되거나 그 집행이 면제된 날부터 3년이 지나지 아니한 사람, 4. 금고 이상의 형의 집행유예를 받고 그 유예기간이 만료된 날부터 1년이 지나지 아니한 사람, 5. 금고 이상의 형의 선고유예를 받고 그 선고유예기간 중에 있는 사람, 6. 제13조에 따라 감정평가사 자격이 취소된 후 3년이 경과되지 아니한 사람, 7. 제39조 제1항 제11호 및 제12호에 따라 자격이 취소된 후 5년이 경과되지 아니한 사람」이다(감정평가법 제12조).

(2) 효 과★

1) 감정평가사 시험응시 불가

시험의 최종 합격 발표일을 기준으로 결격사유에 해당하는 사람은 시험에 응시할 수 없다(감정평가법 제14조 제2항).

2) 자격취득 불가

결격사유에 해당하는 사람은 감정평가사가 될 수 없다(감정평가법 제12조).

3) 등록(갱신등록) 거부사유

국토교통부장관은 자격등록 또는 갱신등록을 신청한 사람이 결격사유에 해당하는 경우에는 그 등록을 거부하여야 한다(감정평가법 제18조 제1항).

4) 등록취소 사유

등록한 감정평가사가 결격사유에 해당하는 경우에는 그 등록을 취소하여야 한다(감정평가법 제19조 제1항).

3. 자격취소

국토교통부장관은 감정평가사가 다음 각 호[11])의 어느 하나에 해당하는 경우에는 그 자격을 취소하여야 한다(감정평가법 제13조 제1항). 국토교통부장관은 감정평가사의 자격을 취소한 경우에는 국토교통부령으로 정하는 바에 따라 그 사실을 공고하여야 한다(감정평가법 제13조 제2항). 감정평가사의 자격이 취소된 사람은 자격증(제17조에 따라 등록한 경우에는 등록증을 포함한다)을 국토교통부장관에게 반납하여야 한다(감정평가법 제13조 제3항).

---

11) 1. 부정한 방법으로 감정평가사의 자격을 받은 경우 2. 제39조 제2항 제1호(자격의 취소)에 해당하는 징계를 받은 경우

제3절 자격등록

1. 의 의
감정평가사 자격이 있는 사람이 감정평가법인등의 업무를 하려는 경우에는 실무수습을 마치고 국토교통부장관에게 등록하여야 한다(감정평가법 제17조 제1항).

2. 등록의 법적 성질*
㈎ 감정평가사법 제17조 제1항은 등록으로 규정하고 있고, 동법 제18조 제1항이 등록거부사유를 엄격하게 규정하고 있는 바(실질적 심사) 감정평가사 자격 등록은 수리를 요하는 신고라고 보아야 한다. 따라서 자격등록은 수리에 해당하고 준법률행위적 행정행위가 된다(기속행위).

㈏ 따라서 자격등록은 국토교통부장관이 등록한 때 공법상 효과가 발생한다.

3. 등록(갱신등록) 거부사유
국토교통부장관은 등록 또는 갱신등록을 신청한 사람이 다음 각 호[12]의 어느 하나에 해당하는 경우에는 그 등록을 거부하여야 한다(감정평가법 제18조 제1항).

4. 등록 갱신
등록한 감정평가사는 5년마다 그 등록을 갱신하여야 한다(감정평가법 시행령 제18조 제1항). 등록을 갱신하려는 감정평가사는 등록일부터 5년이 되는 날의 60일 전까지 갱신등록 신청서를 국토교통부장관에게 제출하여야 한다(감정평가법 시행령 제18조 제2항).

5. 등록의 취소
국토교통부장관은 등록한 감정평가사가 다음 각 호[13]의 어느 하나에 해당하는 경우에는 그 등록을 취소하여야 한다(감정평가법 제19조 제1항). 국토교통부장관은 등록을 취소한 경우에는 그 사실을 관보에 공고하고, 정보통신망 등을 이용하여 일반인에게 알려야 한다(감정평가법 제19조 제2항). 등록이 취소된 사람은 등록증을 국토교통부장관에게 반납하여야 한다(감정평가법 제19조 제3항).

6. 등록거부와 등록취소에 대한 권리구제
자격등록거부는 수리를 요하는 신고에서 수리거부에 해당하기 때문에, 등록거부는 항고소송의 대상인 처분이다. 등록취소도 처분이므로 항고소송의 대상이 된다.

---

[12] 1. 제12조(결격사유) 각 호의 어느 하나에 해당하는 경우 2. 제17조 제1항에 따른 실무수습을 받지 아니한 경우 3. 제39조에 따라 자격 또는 등록이 취소된 후 3년이 지나지 아니한 경우 4. 제39조에 따라 업무가 정지된 감정평가사로서 그 업무정지 기간이 지나지 아니한 경우

[13] 1. 제12조(결격사유) 각 호의 어느 하나에 해당하는 경우 2. 사망한 경우 3. 등록취소를 신청한 경우 4. 제39조 제2항 제2호에 해당하는 징계를 받은 경우

제4절 감정평가법인등의 권리와 의무, 책임

제1항 권리

1. 감정평가권

감정평가법인등은 감정평가 및 그와 관련된 업무에 부수되는 업무를 행한다(감정평가법 제10조).

2. 사무소 개설 등 [23 감평]

(1) 의 의

감정평가사 자격 등록을 한 감정평가사가 감정평가업을 하려는 경우에는 감정평가사사무소를 개설할 수 있다(감정평가법 제21조 제1항).

(2) 사무소 개설이 금지된 자

다음 각 호[14]의 어느 하나에 해당하는 사람은 사무소 개설을 할 수 없다(감정평가법 제21조 제2항).

(3) 합동사무소의 개설

감정평가사는 그 업무를 효율적으로 수행하고 공신력을 높이기 위하여 합동사무소를 설치할 수 있다. 이 경우 합동사무소는 대통령령으로 정하는 수(2명) 이상의 감정평가사를 두어야 한다(감정평가법 제21조 제3항).

(4) 사무소의 개수

감정평가사는 감정평가업을 하기 위하여 1개의 사무소만을 설치할 수 있다(감정평가법 제21조 제4항).

(5) 소속 감정평가사

감정평가사사무소에는 소속 감정평가사를 둘 수 있다. 이 경우 소속 감정평가사는 제18조 제1항 각 호(등록거부사유)의 어느 하나에 해당하는 사람이 아니어야 하며, 감정평가사사무소를 개설한 감정평가사는 소속 감정평가사가 아닌 사람에게 제10조(감정평가법인등의 업무)에 따른 업무를 하게 하여서는 아니 된다.

---

[14] 1. 제18조 제1항 각 호(등록거부사유)의 어느 하나에 해당하는 사람 2. 제32조 제1항(제1호, 제7호 및 제15호는 제외한다)에 따라 설립인가가 취소되거나 업무가 정지된 감정평가법인의 설립인가가 취소된 후 1년이 지나지 아니하였거나 업무정지 기간이 지나지 아니한 경우 그 감정평가법인의 사원 또는 이사였던 사람 3. 제32조 제1항(제1호 및 제7호는 제외한다)에 따라 업무가 정지된 감정평가사로서 업무정지 기간이 지나지 아니한 사람

3. 수수료 등의 청구권
감정평가법인등은 의뢰인으로부터 업무수행에 따른 수수료와 그에 필요한 실비를 받을 수 있다(감정평가법 제23조 제1항).

4. 과징금부과에 대한 이의신청권
국토교통부장관의 과징금의 부과에 이의가 있는 자는 이를 통보받은 날부터 30일 이내에 사유서를 갖추어 국토교통부장관에게 이의를 신청할 수 있다(감정평가법 제42조 제1항).

5. 청문권
국토교통부장관은 다음 각 호(1. 제13조 제1항 제1호에 따른 감정평가사 자격의 취소, 2. 제32조 제1항에 따른 감정평가법인의 설립인가 취소)의 어느 하나에 해당하는 처분을 하려는 경우에는 청문을 실시하여야 한다(감정평가법 제45조).

6. 행정쟁송제기권
감정평가평인등은 행정청의 처분등 및 공법상 법률관계에 대해 행정심판 및 행쟁소송을 제기할 수 있다.

제2항 의 무

1. 사무소 개설 관련 의무
감정평가사 자격등록이 거부된 사람 등 일정한 자는 사무소를 개설할 수 없으며(감정평가법 제21조 제2항), 합동사무소는 2인 이상의 감정평가사를 두어야 하며(감정평가법 제21조 제3항), 감정평가사는 감정평가업을 하기 위하여 1개의 사무소만을 설치할 수 있고(감정평가법 제21조 제4항), 감정평가사사무소 소속 감정평가사는 제18조 제1항 감정평가사 자격등록이 거부된 사람이 아니어야 하며, 감정평가사사무소를 개설한 감정평가사는 소속 감정평가사가 아닌 사람에게 업무를 하게 하여서는 아니 된다(감정평가법 제21조 제5항).

2. 고용인 신고의무
감정평가법인등은 소속 감정평가사 또는 사무직원을 고용하거나 고용관계가 종료된 때에는 국토교통부령으로 정하는 바에 따라 국토교통부장관에게 신고하여야 한다(감정평가법 제21조의2).

3. 명칭 사용 의무
사무소를 개설한 감정평가법인등은 그 사무소의 명칭에 "감정평가사사무소"라는 용어를 사용하여야 하며, 제29조에 따른 법인은 그 명칭에 "감정평가법인"이라는 용어를 사용하여야 한다(감정평가법 제22조 제1항).

4. 수수료등 기준 준수 의무

감정평가법인등은 제2항에 따른 수수료의 요율 및 실비에 관한 기준을 준수하여야 한다(감정평가법 제23조 제3항).

5. 결격 사무직원 고용금지 의무

감정평가법인등은 미성년자 또는 피성년후견인·피한정후견인등 일정한 사유에 해당하는 사람을 사무직원으로 둘 수 없다(감정평가법 제23조 제3항).

6. 성실의무 등*** [15 감평] [21 감평] [24 감평]

⑴ 감정평가법인등에게는 아래와 같은 성실의무 등이 부과된다(감정평가법 제25조).

① 감정평가법인등는 제10조에 따른 업무를 하는 경우 품위를 유지하여야 하고, 신의와 성실로써 공정하게 감정평가를 하여야 하며, 고의 또는 중대한 과실로 잘못된 평가를 하여서는 아니 된다.

② 감정평가법인등은 자기 또는 친족 소유, 그 밖에 불공정한 감정평가를 할 우려가 있다고 인정되는 토지등에 대해서는 이를 감정평가하여서는 아니 된다.

③ 감정평가법인등은 토지등의 매매업을 직접 하여서는 아니 된다.

④ 감정평가법인등은 제23조에 따른 수수료와 실비 외에는 어떠한 명목으로도 그 업무와 관련된 대가를 받아서는 아니 되며, 감정평가 수주의 대가로 금품 또는 재산상의 이익을 제공하거나 제공하기로 약속하여서는 아니 된다.

⑤ 감정평가사, 감정평가사가 아닌 사원 또는 이사 및 사무직원은 둘 이상의 감정평가법인 또는 감정평가사사무소에 소속될 수 없으며, 소속된 감정평가법인 이외의 다른 감정평가법인의 주식을 소유할 수 없다.

⑥ 감정평가법인등이나 사무직원은 제28조의2[15]에서 정하는 유도 또는 요구에 따라서는 아니 된다.

⑵ 구 부동산 가격공시 및 감정평가에 관한 법률 제37조 제1항에 따르면, 감정평가업자(감정평가법인 또는 감정평가사사무소의 소속감정평가사를 포함한다)는 감정평가업무를 행함에 있어서 품위를 유지하여야 하고, 신의와 성실로써 공정하게 감정평가를 하여야 하며, 고의 또는 중대한 과실로 잘못된 평가를 하여서는 아니 된다. 한편 감정평가업자가 감정평가법인인 경우에 실질적인 감정평가업무는 소속감정평가사에 의하여 이루어질 수밖에 없으므로, 감정평가법인이 감정평가의 주체로서 부담하는 성실의무란, 소속감정평가사에 대한 관리·감독의무를 포함하여 감정평가서 심사 등을 통해 감정평가 과정을 면밀히 살펴 공정한 감정평가결과가 도출될 수 있도록 노력할 의무를 의미한다(대판 2021.10.28. 2020두41689).

---

[15] 누구든지 감정평가법인등과 그 사무직원에게 토지등에 대하여 특정한 가액으로 감정평가를 유도 또는 요구하는 행위를 하여서는 아니 된다.

㈐ 감정평가사는 공정하고 합리적인 평가액의 산정을 위하여 성실하고 공정하게 자료검토 및 가격형성요인의 분석을 하여야 할 의무가 있고, 특히 특수한 조건을 반영하거나 현재가 아닌 시점의 가격을 기준으로 하는 경우(감정평가에 관한 규칙 제6조 제2항의 조건부 감정평가)에는 제시된 자료와 대상물건의 구체적인 비교·분석을 통하여 평가액의 산출근거를 논리적으로 밝히는 데 더욱 신중을 기하여야 한다. 만약 위와 같이 하는 것이 곤란한 경우라면 감정평가사로서는 자신의 능력에 의한 업무수행이 불가능하거나 극히 곤란한 경우로 보아 대상물건에 대한 평가를 하지 말아야 하는 것이지, 구체적이고 논리적인 가격형성요인의 분석이 어렵다고 하여 자의적으로 평가액을 산정하여서는 아니 된다(대판 2012.4.26. 2011두14715).[16]

7. 비밀엄수의무

감정평가법인등[17]이나 그 사무직원 또는 감정평가법인등이었거나 그 사무직원이었던 사람은 업무상 알게 된 비밀을 누설하여서는 아니 된다. 다만, 다른 법령에 특별한 규정이 있는 경우에는 그러하지 아니하다(감정평가법 제26조).

8. 명의대여 등의 금지의무***

㈎ 감정평가사 또는 감정평가법인등은 다른 사람에게 자기의 성명 또는 상호를 사용하여 감정평가법인등의 업무를 수행하게 하거나 자격증·등록증 또는 인가증을 양도·대여하거나 이를 부당하게 행사하여서는 아니 된다(감정평가법 제27조 제1항).

㈏ 여기에서 '자격증 등을 부당하게 행사'한다는 것은 감정평가사 자격증 등을 본래의 용도가 아닌 다른 용도로 행사하거나, 본래의 행사목적을 벗어나 감정평가법인등의 자격이나 업무범위에 관한 법의 규율을 피할 목적으로 이를 행사하는 경우도 포함한다.[18]

9. 보험가입등 의무

감정평가법인등은 감정평가법 제28조 제1항에 따른 손해배상책임을 보장하기 위하여 대통령령으로 정하는 바에 따라 보험에 가입하거나 한국감정평가사협회가 운영하는 공제사업에 가입하는 등 필요한 조치를 하여야 한다(감정평가법 제28조 제2항).

---

16) 감정평가에 관한 규칙 제6조 제4항 "감정평가업자는 감정평가조건의 합리성, 적법성이 결여되거나 사실상 실현 불가능하다고 판단할 때에는 의뢰를 거부하거나 수임을 철회할 수 있다" 참조
17) 감정평가법인 또는 감정평가사사무소의 소속 감정평가사를 포함한다.
18) 원고는 이 사건 감정평가법인 소속으로 감정평가사 본연의 업무를 거의 수행하지 아니하였음은 물론 이 사건 감정평가법인의 운영에도 관여하지 아니한 채 감정평가사로서의 근무경력을 얻기 위하여 형식적으로 이 사건 감정평가법인 소속으로 적을 둔 것에 불과하고, 원고가 이를 위하여 자신의 자격증 등을 행사한 것은 감정평가사의 자격제도 및 감정평가법인제도를 남용하는 행위로서 법 제37조 제2항에서 정한 자격증 등의 부당행사에 해당한다(대판 2013.10.24. 2013두12027).

제3항 책 임

감정평가법인등의 책임에는 민사상 책임, 행정상 책임, 형사상 책임이 있다.

Ⅰ. 민사상 책임

1. 감정평가사법 제28조와 민법 제750조의 관계*

(1) 문제점

감정평가법 제28조는 감정평가법인등의 손해배상책임을 별도로 규정하고 있어 민법 제750조의 불법행위로 인한 손해배상책임과의 관계가 문제된다.

(2) 학 설

1) 민법 제750조의 특칙이라는 견해

감정평가법 제28조는 민법 제750조의 특칙으로 감정평가법인등은 전자의 책임만 부담하고 후자의 책임은 부담하지 않는다는 견해이다. 입법자는 감정평가사법 제28조를 민법 제750조와 별로도 특별히 규정하였고, 감정평가수수료에 비해 손해배상책임이 지나치게 과도하다는 점을 근거로 한다.

2) 민법 제750조의 특칙이 아니라는 견해

감정평가법 제28조는 민법 제750조의 특칙이 아니므로, 감정평가법인등은 전자의 책임 외에도 민법 제750조의 요건을 만족한다면 이 책임도 역시 부담한다는 견해이다. 감정평가법 제28조 제1항은 제2항의 보험금이나 공제금의 지급대상이 되는 손해배상의 범위에 관한 조항에 불과하며 민법 제750조의 손해배상책임을 배제하는 규정이 아니라고 본다.

(3) 판 례

판례는 <u>감정평가법인등의 부실감정으로 인하여 손해를 입게 된 감정평가의뢰인이나 선의의 제3자는 지가공시및토지등의평가에관한법률상의 손해배상책임과 민법상의 불법행위로 인한 손해배상책임을 함께 물을 수 있는 것이라고 본다</u>(대판 1998.9.22. 97다36293)(민법 제750조의 특칙이 아니라는 견해).

(4) 검 토

특칙이라는 견해에 따르면, 감정평가법인등은 '감정평가 당시의 적정가격과 현저한 차이가 있게 감정평가를 하거나 감정평가 서류에 거짓을 기록'한 경우에만 손해배상책임을 부담하기 때문에 감정평가법인등을 지나치게 보호하는 동시에 의뢰인의 재산권(손해배상청구권)을 침해하는 결과를 가져온다. 따라서 특칙이 아니라는 견해가 타당하며, 의뢰인은 감정평가사법 제28조와 민법 제750조의 요건을 만족하는 한 선택적으로 손해배상을 청구할 수 있다.

2. 감정평가사법 제28조의 손해배상책임★★ [22 감평] [24 감평]

(1) 손해배상책임의 성립요건

　1) 감정평가법인등

　　"감정평가법인등"이란 사무소를 개설한 감정평가사와 인가를 받은 감정평가법인을 말한다(감정평가법 제2조 제4호).

　2) 감정평가를 하면서

　　감정평사법 제2조 제2호는 '"감정평가"란 토지등의 경제적 가치를 판정하여 그 결과를 가액(價額)으로 표시하는 것을 말한다'고 규정하는 바, 감정평가는 경제적 가치 판단작용이므로 순수한 사실조사는 해당되지 않는다.

　3) 고의 또는 과실

　　고의란 부당한 감정평가로 인한 결과(손해)의 발생을 인식하는 것을 말하고, 과실(주의의무위반)이란 부당한 감정평가로 인한 결과의 발생을 부주의로 인식하지 못하는 것을 말한다.

　4) 부당한 감정평가

　　'부당한 감정평가'란 감정평가를 하면서 적정가격과 현저한 차이가 있게 감정평가를 하거나 감정평가 서류에 거짓을 기록하는 것을 말한다(감정평가법 제28조 제1항).

　a. 적정가격과 현저한 차이가 있는 감정평가

　　㈎ '적정가격'이란 감정평가의 원칙이 되는 가격을 말한다.

　　㈏ '현저한 차이'란 일반적으로 차이가 생길 수 있는 범위를 초과하는 차이가 발생하는 경우를 말한다.

　　㈐ 감정평가액과 적정 가격 사이에 '현저한 차이'가 있는지 여부는 적정가격과 감정평가액 사이에 획일적으로 일정한 비율 이상의 차이가 날 때를 말하는 것이 아니라, 부당 감정에 이르게 된 감정평가법인등의 귀책사유가 무엇인가 하는 점을 고려하여 사회통념에 따라 탄력적으로 판단하여야 할 것이다. 지가공시및토지등의평가에관한법률과 감정평가규칙의 기준을 무시하고 자의적인 방법에 의하여 토지들을 감정평가하는 것은 고의 또는 그에 가까운 중과실에 의한 부당 감정이라고 볼 수 있다(대판 1997.5.7. 96다52427).

　b. 감정평가 서류에 거짓을 기록

　　㈎ 감정평가 서류에 물건의 내용, 산출근거, 평가가액을 거짓으로 기록하는 것을 말한다.19)

---

19) 금융기관이 담보물에 관한 감정평가를 감정평가법인등에게 의뢰하면서 감정업무협약에 따라 감정 목적물에 관한 대항력 있는 임대차계약의 존부와 그 임차보증금의 액수에 대한 사실조사를 함께 의뢰한 경우에 그 감정평가의 직접적 대상은 그 담보물 자체의 경제적 가치에 있는 것이고, 임대차관계에 대한 사실조사는 그에 부수되는 업무로서 당연히 담보물에 대한 감정평가의 내용이 되는 것은 아니지만, 감정평가법인등은 금융기관의 의뢰에 의한 토지 및 건물의 감정평가도 그 업무로 하고 있으므로 감정평가법인등이 그 담

(ㄴ) 거짓을 기록한다는 것이란 정당하게 조사수집하지 아니하여 사실에 맞지 아니하는 감정자료임을 알면서 그것을 기초로 감정함으로써 허무한 가격으로 평가하거나 정당한 감정자료에 의하여 평가함에 있어서도 합리적인 평가방법에 의하지 아니하고 고의로 그 평가액을 그르치는 경우에 성립된다(대판 1987.7.21. 87도853).

5) 감정평가 의뢰인이나 선의의 제3자에게 손해가 발생하였을 것

여기서 '선의의 제3자'라 함은 감정 내용이 허위 또는 감정평가 당시의 적정가격과 현저한 차이가 있음을 인식하지 못한 것뿐만 아니라 감정평가서 자체에 그 감정평가서를 감정의뢰 목적 이외에 사용하거나 감정의뢰인 이외의 타인이 사용할 수 없음이 명시되어 있는 경우에는 그러한 사용사실까지 인식하지 못한 제3자를 의미한다(대판 1999.9.7. 99다28661).

6) 상당인과관계가 있을 것

가해행위인 부당한 감정평가와 손해의 발생 사이에는 상당인과관계[20]가 있어야 한다.

7) 위법성 요건의 필요 여부

(ㄱ) 감정평가사법 제28조 제1항의 손해배상책임의 성립요건에 위법성 요건이 명시되어 있지 않아 해당 요건이 필요한지가 문제된다.

(ㄴ) 민법 제750조는 불법행위로 인한 손해배상책임에서 위법성을 명시하고 있으므로, 감정평가사법 제28조 제1항의 손해배상책임에도 위법성이 필요하다는 견해가 타당하다.

(2) 손해배상책임의 내용

1) 손해배상의 범위

담보목적물에 대하여 감정평가법인등이 부당한 감정을 함으로써 감정 의뢰인이 그 감정을 믿고 정당한 감정가격을 초과한 대출을 한 경우에는 부당한 감정가격에 근거하여 산출된 담보가치와 정당한 감정가격에 근거하여 산출된 담보가치의 차액을 한도로 하여 대출금 중 정당한 감정가격에 근거하여 산출된 담보가치를 초과한 부분이 손해액이 된다(대판 2009.9.10. 2006다64627).[21]

2) 손해배상책임의 보장

감정평가법인등은 손해배상책임을 보장하기 위하여 보험에 가입하거나 한국감정평가사

보물에 대한 감정평가를 함에 있어서 고의 또는 과실로 감정평가서류에 그 담보물의 임대차관계에 관한 허위의 기재를 하여 결과적으로 감정평가 의뢰인으로 하여금 부동산의 담보가치를 잘못 평가하게 함으로써 그에게 손해를 가하게 되었다면 감정평가법인등은 이로 인한 손해를 배상할 책임이 있다(대판 1997.9.12. 97다7400).

20) 사회 생활의 경험법칙상 어떤 원인이 있으면 어떤 결과가 발생하는 것이 일반적이라고 생각되는 범위 안에서만 인과관계를 인정하는 것

21) 다만, 민법상 손해배상책임의 범위는 직접적 손해(신체를 다친 경우 치료비), 통상손해(신체침해로 인해 수입을 올리지 못한 손해), 특별손해(매매 잔금을 지체하는 동안에 부동산이 급등한 경우)를 포함한다.

협회가 운영하는 공제사업에 가입하는 등 필요한 조치를 하여야 한다(감정평가사법 제28조 제2항).

(3) 의뢰인이나 선의의 제3자 보호

감정평가법인등은 감정평가 의뢰인이나 선의의 제3자에게 법원의 확정판결을 통한 손해배상이 결정된 경우에는 국토교통부령으로 정하는 바에 따라 그 사실을 국토교통부장관에게 알려야 한다(감정평가법 제28조 제3항). 그리고 국토교통부장관은 감정평가 의뢰인이나 선의의 제3자를 보호하기 위하여 감정평가법인등이 갖추어야 하는 손해배상능력 등에 대한 기준을 국토교통부령으로 정할 수 있다(감정평가법 제28조 제4항).

II. 행정상 책임★★★[10 감평] [24 감평]

행정상 책임에는 징계책임, 설립인가취소 등, 과징금·과태료를 부과받을 수 있는 책임이 있다.

1. 징계

(1) 의 의

'징계'란 감정평가사가 일정한 의무위반를 한 경우 그에게 과해지는 제재를 말하는데, 그러한 처벌을 받은 지위를 징계책임이라 한다.

(2) 징계의 사유

국토교통부장관은 감정평가사가 아래의 각 호의 어느 하나에 해당하는 경우에는 징계를 할 수 있다. 다만, 자격취소는 제11호, 제12호를 위반한 경우 및 제27조(명의대여 등의 금지)를 위반하여 다른 사람에게 자격증·등록증 또는 인가증을 양도 또는 대여한 경우에만 할 수 있다(감정평가법 제39조 제1항).

1. 제3조 제1항(감정평가기준)을 위반하여 감정평가를 한 경우
2. 제3조 제3항에 따른 감정평가준칙을 위반하여 감정평가를 한 경우
3. 제6조에 따른 감정평가서의 작성·발급 등에 관한 사항을 위반한 경우
4. 업무정지처분 기간에 제10조에 따른 업무를 하거나 업무정지처분을 받은 소속 감정평가사에게 업무정지처분 기간에 제10조에 따른 업무를 하게 한 경우
5. 제17조 제1항 또는 제2항에 따른 등록이나 갱신등록을 하지 아니하고 제10조에 따른 업무를 수행한 경우
6. 구비서류를 거짓으로 작성하는 등 부정한 방법으로 제17조 제1항 또는 제2항에 따른 등록이나 갱신등록을 한 경우
7. 제21조를 위반하여 감정평가업을 한 경우
8. 제23조 제3항을 위반하여 수수료의 요율 및 실비에 관한 기준을 지키지 아니한 경우

9. 제25조(성실의무 등), 제26조(비밀엄수의무) 또는 제27조(명의대여 등의 금지)를 위반한 경우
10. 제47조에 따른 지도와 감독 등에 관하여 다음 각 목의 어느 하나에 해당하는 경우
    가. 업무에 관한 사항의 보고 또는 자료의 제출을 하지 아니하거나 거짓으로 보고 또는 제출한 경우
    나. 장부나 서류 등의 검사를 거부 또는 방해하거나 기피한 경우
11. 감정평가사의 직무와 관련하여 금고 이상의 형을 선고받아(집행유예를 선고받은 경우를 포함한다) 그 형이 확정된 경우
12. 이 법에 따라 업무정지 1년 이상의 징계처분을 2회 이상 받은 후 다시 제1항에 따른 징계사유가 있는 사람으로서 감정평가사의 직무를 수행하는 것이 현저히 부적당하다고 인정되는 경우

(3) 징계의 종류

감정평가사에 대한 징계의 종류는 '1. 자격의 취소 2. 등록의 취소 3. 2년 이하의 업무정지 4. 견책'이다(감정평가법 제39조 제2항).

(4) 징계의 절차★★ [18 감평]

1) 징계의 요청

협회는 감정평가사에게 징계사유가 있다고 인정하는 경우에는 그 증거서류를 첨부하여 국토교통부장관에게 징계를 요청할 수 있다(감정평가법 제39조 제3항).

2) 징계의결의 요구

국토교통부장관은 감정평가사에게 징계사유가 있다고 인정하는 경우에는 증명서류를 갖추어 감정평가관리·징계위원회(위원회)에 징계의결을 요구하여야 한다(감정평가법 시행령 제34조 제1항). 위원회는 징계의결의 요구를 받으면 지체 없이 징계요구 내용과 징계 심의기일을 해당 감정평가사에게 통지하여야 한다(감정평가법 시행령 제34조 제2항). 징계의결은 국토교통부장관의 요구에 따라 하며, 징계의결의 요구는 위반사유가 발생한 날부터 5년이 지나면 할 수 없다(감정평가법 제39조 제7항).

3) 위원회의 의결

㉮ 위원회는 징계의결을 요구받은 날부터 60일 이내에 징계에 관한 의결을 하여야 한다. 다만, 부득이한 사유가 있을 때에는 위원회의 의결로 30일의 범위에서 그 기간을 한 차례만 연장할 수 있다(감정평가법 시행령 제35조). 위원회의 회의는 재적위원 과반수의 출석으로 개의(開議)하고, 출석위원 과반수의 찬성으로 의결한다(감정평가법 시행령 제42조).

㉯ 당사자는 위원회에 출석하여 구술 또는 서면으로 자기에게 유리한 사실을 진술하거나 필요한 증거를 제출할 수 있다(감정평가법 시행령 제41조).

4) 장관의 징계 및 통보

국토교통부장관은 위원회의 의결에 따라 징계를 할 수 있으며, 이 경우 지체 없이 그 구체적인 사유를 해당 감정평가사, 감정평가법인등 및 협회에 각각 알려야 한다(감정평가법 제39조의2 제1항).

5) 공고 등

㈎ 국토교통부장관은 제39조 제1항 및 제2항에 따라 징계를 한 때에는 그 내용[22]을 대통령령으로 정하는 바에 따라 관보 또는 인터넷 홈페이지 등에 게시 또는 공고하여야 한다(감정평가법 제39조의2 제1항). 국토교통부장관이 하는 이 징계공고는 행정상 실효성확보 수단인 공표에 해당한다.

㈏ 협회는 제1항에 따라 통보받은 내용을 협회가 운영하는 인터넷 홈페이지에 3개월 이상 게재하는 방법으로 공개하여야 한다(감정평가법 제39조의2 제2항). 협회는 감정평가를 의뢰하려는 자가 해당 감정평가사에 대한 징계 사실을 확인하기 위하여 징계 정보의 열람을 신청하는 경우에는 그 정보를 제공하여야 한다(감정평가법 제39조의2 제3항).

(5) 징계에 대한 불복

위원회의 의결은 항고소송의 대상인 처분이 아니지만, 국토교통부장관의 징계는 항고소송의 대상이 되는 처분이다. 따라서 징계의 상대방은 행정심판을 청구하거나 항고소송을 제기할 수 있다.

2. 감정평가법인등에 대한 설립인가취소 등

(1) 설립인가취소와 업무정지

국토교통부장관은 감정평가법인등이 아래의 각 호의 어느 하나에 해당하는 경우에는 그 설립인가를 취소(제29조에 따른 감정평가법인에 한정한다)하거나 2년 이내의 범위에서 기간을 정하여 업무의 정지를 명할 수 있다. 다만, 제2호 또는 제7호에 해당하는 경우에는 그 설립인가를 취소하여야 한다(감정평가법 제32조 제1항).

1. 감정평가법인이 설립인가의 취소를 신청한 경우
2. 감정평가법인등이 업무정지처분 기간 중에 제10조에 따른 업무를 한 경우
3. 감정평가법인등이 업무정지처분을 받은 소속 감정평가사에게 업무정지처분 기간 중에 제10조에 따른 업무를 하게 한 경우
4. 제3조 제1항(감정평가기준)을 위반하여 감정평가를 한 경우
5. 제3조 제3항에 따른 감정평가준칙을 위반하여 감정평가를 한 경우

---

[22] 1. 징계를 받은 감정평가사의 성명, 생년월일, 소속된 감정평가법인등의 명칭 및 사무소 주소 2. 징계의 종류 3. 징계사유(징계사유와 관련된 사실관계의 개요를 포함한다) 4. 징계의 효력발생일(징계의 종류가 업무정지인 경우에는 업무정지 시작일 및 종료일)

6. 제6조에 따른 감정평가서의 작성·발급 등에 관한 사항을 위반한 경우
7. 감정평가법인등이 제21조 제3항이나 제29조 제4항에 따른 감정평가사의 수에 미달한 날부터 3개월 이내에 감정평가사를 보충하지 아니한 경우
8. 제21조 제4항을 위반하여 둘 이상의 감정평가사사무소를 설치한 경우
9. 제21조 제5항이나 제29조 제8항을 위반하여 해당 감정평가사 외의 사람에게 제10조에 따른 업무를 하게 한 경우
10. 제23조 제3항을 위반하여 수수료의 요율 및 실비에 관한 기준을 지키지 아니한 경우
11. 제25조(성실의무 등), 제26조(비밀엄수) 또는 제27조(명의대여 등의 금지)를 위반한 경우. 다만, 소속 감정평가사가 제25조 제4항[23])을 위반한 경우로서 그 위반행위를 방지하기 위하여 해당 업무에 관하여 상당한 주의와 감독을 게을리하지 아니한 경우는 제외한다.
12. 제28조 제2항을 위반하여 보험 또는 한국감정평가사협회가 운영하는 공제사업에 가입하지 아니한 경우
13. 정관을 거짓으로 작성하는 등 부정한 방법으로 제29조에 따른 인가를 받은 경우
14. 제29조 제9항에 따른 회계처리를 하지 아니하거나 같은 조 제10항에 따른 재무제표를 작성하여 제출하지 아니한 경우
15. 제31조 제2항 또는 제4항에 따라 기간 내에 미달한 금액을 보전하거나 증자하지 아니한 경우
16. 제47조에 따른 지도와 감독 등에 관하여 다음 각 목의 어느 하나에 해당하는 경우
    가. 업무에 관한 사항의 보고 또는 자료의 제출을 하지 아니하거나 거짓으로 보고 또는 제출한 경우
    나. 장부나 서류 등의 검사를 거부, 방해 또는 기피한 경우

(2) 설립인가의 취소와 업무정지에 관한 기준

감정평가법 제32조 제5항은 설립인가의 취소와 업무정지에 관한 기준을 대통령령으로 정한다고 규정하고, 감정평가법 시행령 제29조는 설립인가의 취소와 업무정지에 관한 기준을 [별표 3]으로 정하고 있다. 이러한 설립인가의 취소와 업무정지에 관한 기준 [별표 3]은 법규명령형식의 행정규칙에 해당한다.

---

[23]) 감정평가법인등은 제23조에 따른 수수료와 실비 외에는 어떠한 명목으로도 그 업무와 관련된 대가를 받아서는 아니 되며, 감정평가 수주의 대가로 금품 또는 재산상의 이익을 제공하거나 제공하기로 약속하여서는 아니 된다.

3. 과징금** [10 감평]

(1) 의 의
'과징금'이란 행정법상 의무를 불이행하였거나 위반한 자에게 가해지는 금전적인 부담을 말한다.

(2) 유 형*

1) 협의(본래적 의미)의 과징금
과징금은 원래 행정법상 의무위반으로 인한 경제적 이익을 박탈하기 위한 것으로 부당이득을 환수하는 성격만을 가지거나 부당이득을 환수하는 성격과 행정제재적인 성격을 동시에 가지는 과징금이 있다.

2) 변형된 과징금
변형된 과징금이란 영업정지 등에 갈음하여 과징금을 부과하는 경우를 말한다(제재적 성격의 과징금). 이는 당해 영업의 정지로 인해 초래될 공익 또는 사익에 대한 침해 등의 문제를 고려하여 영업정지를 하지 않고 대신 영업으로 인한 이익을 박탈하는 것이다.

3) 감정평가법 제41조 제1항의 과징금의 성격
감정평가법 제41조 제1항의 과징금은 업무정지처분을 하여야 하는 경우 그 업무정지처분이 공익을 해칠 우려가 있는 경우에는 업무정지처분을 갈음하여 과징금을 부과하는 것이므로 변형된 과징금의 성격을 가진다.

(3) 구별개념

1) 과태료와의 비교
과태료는 과거 의무위반에 대한 행정질서벌이지만 과징금은 부당이득을 환수와 의무위반에 대한 제재를 위한 수단이며, 과태료는 불복시 질서위반행위규제법에 따르지만 과징금은 행정쟁송법에 따른다.[24] 따라서 양자는 별개의 법률효과를 목적으로 하기에 병과할 수 있다.

2) 행정형벌과 비교
행정형벌은 형법에 규정된 형벌[25]을 과하는 것으로 제재적 성격을 가지지만, 과징금은 형법에 규정된 형벌이 아니며 부당이득을 환수하는 성격을 가지고 있어 행정형벌과 구별된다. 또한 양자를 규정하는 규범의 목적이 서로 달라 병과하더라도 이중처벌금지에 위반되지 않는다.

---

[24] 비송사건절차법에 따르는 경우도 있다.
[25] 예를 들어 징역이나 벌금

(4) 부과와 징수

1) 과징금의 부과

국토교통부장관은 감정평가법인등이 제32조 제1항 각 호[26)]의 어느 하나에 해당하게 되어 업무정지처분을 하여야 하는 경우로서 그 업무정지처분이 「부동산 가격공시에 관한 법률」 제3조에 따른 표준지공시지가의 공시 등의 업무를 정상적으로 수행하는 데에 지장을 초래하는 등 공익을 해칠 우려가 있는 경우에는 업무정지처분을 갈음하여 5천만 원(감정평가법인인 경우는 5억 원) 이하의 과징금을 부과할 수 있다(감정평가법 제41조 제1항). 그리고 국토교통부장관은 이 법을 위반한 감정평가법인이 합병을 하는 경우 그 감정평가법인이 행한 위반행위는 합병 후 존속하거나 합병으로 신설된 감정평가법인이 행한 행위로 보아 과징금을 부과·징수할 수 있다(감정평가법 제41조 제3항).

2) 과징금의 징수와 체납처분

국토교통부장관은 과징금납부의무자가 납부기한 내에 과징금을 납부하지 아니한 경우에는 납부기한의 다음 날부터 과징금을 납부한 날의 전날까지의 기간에 대하여 대통령령으로 정하는 가산금을 징수할 수 있다(감정평가법 제44조 제1항). 그리고 국토교통부장관은 과징금납부의무자가 납부기한 내에 과징금을 납부하지 아니하였을 때에는 기간을 정하여 독촉을 하고, 그 지정한 기간 내에 과징금이나 제1항에 따른 가산금을 납부하지 아니하였을 때에는 국세 체납처분의 예에 따라 징수할 수 있다(감정평가법 제44조 제2항).

(5) 과징금부과에 대한 불복

1) 이의신청

과징금의 부과에 이의가 있는 자는 이를 통보받은 날부터 30일 이내에 사유서를 갖추어 국토교통부장관에게 이의를 신청할 수 있다(감정평가법 제42조 제1항). 국토교통부장관은 이의신청에 대하여 30일 이내에 결정을 하여야 한다. 다만, 부득이한 사정으로 그 기간에 결정을 할 수 없을 때에는 30일의 범위에서 기간을 연장할 수 있다(감정평가법 제42조 제2항). 이의신청에 따른 결정에 이의가 있는 자는 「행정심판법」에 따라 행정심판을 청구할 수 있다(감정평가법 제42조 제3항). 따라서 해당 이의신청은 진정의 성격을 가진다.

2) 행정쟁송★

과징금부과는 항고소송의 대상인 처분이므로, 상대방은 과징금부과처분에 대해 행정심판을 청구하거나 항고소송을 제기할 수 있다.

---

26) 법인설립인가 취소사유 또는 감정평가법인등 업무정지 사유

4. 과태료

(1) 의 의

'과태료(행정질서벌)'란 법익을 직접 침해하는 것이 아니라 행정상 가벼운 질서위반행위에 대해 과태료가 가해지는 제재를 말한다.

(2) 과태료의 부과

감정평가법 제52조 제1항에서 제4항[27]은 일정한 경우 과태료를 부과할 것을 규정하면서, 제5항에서 과태료는 국토교통부장관이 부과·징수한다고 규정한다.

(3) 과태료에 대한 불복

㈎ 과태료의 부과가능성에 대해서는 개별법에 규정하고 있지만(예를 들어 감정평가법 제52조), 과태료의 부과·징수절차 그리고 과태료에 대한 권리구제 등에 대한 일반법으로 질서위반행위규제법이 있다. 따라서 과태료의 부과·징수절차, 재판 및 집행 등의 절차에 관한 다른 법률의 규정 중 질서위반행위규제법의 규정에 저촉되는 것은 질서위반행위규제법이 정하는 바에 따른다(질서위반행위규제법 제5조).

㈏ 과태료부과는 질서위반행위규제법에서 다른 불복절차를 예정하고 있으므로 항고소송의 대상인 처분이 아니다.

Ⅲ. 형사상 책임

1. 의 의

'행정형벌'이란 행정법상 의무를 위반한 자에게 형법에 규정되어 있는 형벌이 가해지는 제재를 말한다.

---

27) 제52조(과태료) 제24조 제1항을 위반하여 사무직원을 둔 자에게는 500만 원 이하의 과태료를 부과한다.
   ② 다음 각 호의 어느 하나에 해당하는 자에게는 400만 원 이하의 과태료를 부과한다.
      5. 제28조 제2항을 위반하여 보험 또는 협회가 운영하는 공제사업에의 가입 등 필요한 조치를 하지 아니한 사람
      7. 제47조에 따른 업무에 관한 보고, 자료 제출, 명령 또는 검사를 거부·방해 또는 기피하거나 국토교통부장관에게 거짓으로 보고한 자
   ③ 다음 각 호의 어느 하나에 해당하는 자에게는 300만 원 이하의 과태료를 부과한다.
      1. 제6조 제3항을 위반하여 감정평가서의 원본과 그 관련 서류를 보존하지 아니한 자
      2. 제22조 제1항을 위반하여 "감정평가사사무소" 또는 "감정평가법인"이라는 용어를 사용하지 아니하거나 같은 조 제2항을 위반하여 "감정평가사", "감정평가사사무소", "감정평가법인" 또는 이와 유사한 명칭을 사용한 자
   ④ 다음 각 호의 어느 하나에 해당하는 자에게는 150만 원 이하의 과태료를 부과한다.
      1. 제9조 제2항을 위반하여 감정평가 결과를 감정평가 정보체계에 등록하지 아니한 자
      2. 제13조 제3항, 제19조 제3항 및 제39조 제4항을 위반하여 자격증 또는 등록증을 반납하지 아니한 사람
      3. 제28조 제3항을 위반하여 같은 조 제1항에 따른 손해배상사실을 국토교통부장관에게 알리지 아니한 자

2. 행정형벌의 부과

(1) 감정평가사법 제49조

다음 각 호의 어느 하나에 해당하는 자는 3년 이하의 징역 또는 3천만 원 이하의 벌금에 처한다.

1. 부정한 방법으로 감정평가사의 자격을 취득한 사람
2. 감정평가법인등이 아닌 자로서 감정평가업을 한 자
3. 구비서류를 거짓으로 작성하는 등 부정한 방법으로 제17조에 따른 등록이나 갱신등록을 한 사람
4. 제18조에 따라 등록 또는 갱신등록이 거부되거나 제13조, 제19조 또는 제39조에 따라 자격 또는 등록이 취소된 사람으로서 제10조의 업무를 한 사람
5. 제25조 제1항(성실의무)을 위반하여 고의로 업무를 잘못하거나 같은 조 제6항을 위반하여 제28조의2(감정평가 유도·요구 금지)에서 정하는 유도 또는 요구에 따른 자
6. 제25조 제4항을 위반하여 업무와 관련된 대가를 받거나 감정평가 수주의 대가로 금품 또는 재산상의 이익을 제공하거나 제공하기로 약속한 자

6의2. 제28조의2를 위반하여 특정한 가액으로 감정평가를 유도 또는 요구하는 행위를 한 자

7. 정관을 거짓으로 작성하는 등 부정한 방법으로 제29조에 따른 인가를 받은 자

(2) 감정평가법 제50조

다음 각 호의 어느 하나에 해당하는 자는 1년 이하의 징역 또는 1천만 원 이하의 벌금에 처한다.

1. 제21조 제4항을 위반하여 둘 이상의 사무소를 설치한 사람
2. 제21조 제5항 또는 제29조 제9항을 위반하여 소속 감정평가사 외의 사람에게 제10조의 업무를 하게 한 자
3. 제25조(성실의무 등) 제3항·제5항 또는 제26조(비밀엄수)를 위반한 자
4. 제27조 제1항을 위반하여 감정평가사의 자격증·등록증 또는 감정평가법인의 인가증을 다른 사람에게 양도 또는 대여한 자와 이를 양수 또는 대여받은 자
5. 제27조 제2항을 위반하여 같은 조 제1항의 행위를 알선한 자

3. 과형절차

행정형벌의 일반적인 과형절차(형벌을 부과하는 절차)는 일반적인 형벌과 마찬가지로 형사소송법에 의하는 것이 원칙이다.

Ⅳ. 기 타

1. 청 문**[22 감평]

감정평가법 제45조는 동법 제13조 제1항 제1호(부정한 방법으로 감정평가사의 자격을 받은 경우)에 따른 감정평가사 자격취소의 경우와 동법 제32조 제1항에 따른 감정평가법인의 설립인가 취소에 해당하는 처분을 하려는 경우에는 국토교통부장관은 청문을 실시할 것을 규정한다. 따라서 그러한 처분외에 감정평가법령에 따른 다른 처분을 하는 경우 청문실시는 일반법인 행정절차법 제22조 제1항이 적용된다.

2. 업무의 위탁

국토교통부장관의 업무 중 다음 각 호[28]의 업무는 「한국부동산원법」에 따른 한국부동산원, 「한국산업인력공단법」에 따른 한국산업인력공단 또는 협회에 위탁할 수 있다. 다만, 제3호 및 제4호에 따른 업무는 협회에만 위탁할 수 있다(감정평가법 제46조 제1항).

3. 지도·감독

(가) 국토교통부장관은 감정평가법인등 및 협회를 감독하기 위하여 필요할 때에는 그 업무에 관한 보고 또는 자료의 제출, 그 밖에 필요한 명령을 할 수 있으며, 소속 공무원으로 하여금 그 사무소에 출입하여 장부·서류 등을 검사하게 할 수 있다(감정평가법 제47조 제1항). 출입·검사를 하는 공무원은 그 권한을 표시하는 증표를 지니고 이를 관계인에게 내보여야 한다(감정평가법 제47조 제2항).

(나) 업무에 관한 사항의 보고 또는 자료의 제출을 하지 아니하거나 거짓으로 보고 또는 제출한 경우와 장부나 서류 등의 검사를 거부, 방해 또는 기피한 경우, 감정평가법 제32조 제1항 제16호는 감정평가법인등의 설립인가취소 또는 업무정지할 것을 규정하고, 감정평가법 제39조 제1항 제10호는 감정평가사에게 징계를 할 것을 규정하고, 감정평가법 제52조 제2항 제7호는 과태료를 부과할 것을 규정한다. 따라서 이러한 보고 및 자료제출, 장부·서류 등의 검사는 권력적 행정조사에 해당한다.

---

[28] 1. 제8조 제1항에 따른 감정평가 타당성조사 및 같은 조 제4항에 따른 감정평가서에 대한 표본조사와 관련하여 대통령령으로 정하는 업무 2. 제14조에 따른 감정평가사시험의 관리 3. 제17조에 따른 감정평가사 등록 및 등록 갱신 4. 제21조의2에 따른 소속 감정평가사 또는 사무직원의 신고 5. 그 밖에 대통령령으로 정하는 업무

CHAPTER 03 감정평가법인

1. 감정평가법인의 구성

감정평가사는 업무를 조직적으로 수행하기 위하여 감정평가법인을 설립할 수 있다(감정평가법 제29조 제1항). 감정평가법인은 전체 사원 또는 이사의 100분의 70이 넘는 범위에서 대통령령으로 정하는 비율 이상을 감정평가사로 두어야 한다. 이 경우 감정평가사가 아닌 사원 또는 이사는 토지등에 대한 전문성 등 대통령령으로 정하는 자격을 갖춘 자로서 제18조 제1항 제1호 또는 제5호에 해당하는 사람이 아니어야 한다(감정평가법 제29조 제2항). 감정평가법인의 대표사원 또는 대표이사는 감정평가사여야 한다(감정평가법 제29조 제3항). 감정평가법인과 그 주사무소(主事務所) 및 분사무소(分事務所)에는 대통령령으로 정하는 수 이상의 감정평가사를 두어야 한다. 이 경우 감정평가법인의 소속 감정평가사는 제18조 제1항 각 호의 어느 하나 및 제21조 제2항 제2호에 해당하는 사람이 아니어야 한다(감정평가법 제29조 제4항). 감정평가법인은 해당 법인의 소속 감정평가사 외의 사람에게 제10조에 따른 업무를 하게 하여서는 아니 된다(감정평가법 제29조 제9항). 감정평가법인의 자본금은 2억원 이상이어야 한다(감정평가법 제31조 제1항).

2. 감정평가법인의 설립인가

감정평가법인을 설립하려는 경우에는 사원이 될 사람 또는 감정평가사인 발기인이 공동으로 다음 각 호의 사항[29]을 포함한 정관을 작성하여 대통령령으로 정하는 바에 따라 국토교통부장관의 인가를 받아야 하며, 정관을 변경할 때에도 또한 같다. 다만, 대통령령으로 정하는 경미한 사항의 변경은 신고할 수 있다(감정평가법 제29조 제5항).

3. 감정평가법인의 해산

감정평가법인은 다음 각 호[30]의 어느 하나에 해당하는 경우에는 해산한다(감정평가법 제30조 제1항). 감정평가법인이 해산한 때에는 국토교통부령으로 정하는 바에 따라 이를 국토교통부장관에게 신고하여야 한다(감정평가법 제30조 제2항).

---

29) 1. 목적 2. 명칭 3. 주사무소 및 분사무소의 소재지 4. 사원(주식회사의 경우에는 발기인)의 성명, 주민등록번호 및 주소 5. 사원의 출자(주식회사의 경우에는 주식의 발행)에 관한 사항 6. 업무에 관한 사항
30) 1. 정관으로 정한 해산 사유의 발생 2. 사원총회 또는 주주총회의 결의 3. 합병 4. 설립인가의 취소 5. 파산 6. 법원의 명령 또는 판결

[제5판]
2026 감정평가사 핵심정리 보상법규

초판 발행일 1쇄　　2020년 11월 15일
5 판 발행일 1쇄　　2025년 6월 15일

저　자　　김 기 홍
발행인　　이 종 은
발행처　　새 흐 름
　　　　　서울특별시 마포구 독막로 295 삼부골든타워 212호
　　　　　등록　2014. 1. 21, 제2014-000041호(윤)
전　화　　(02) 713-3069
F A X　　(02) 713-0403
홈페이지　www.sehr.co.kr

ISBN　　979-11-6293-664-1(93360)
정　가　　18,000원

* 본서의 무단복제행위를 금합니다. 파본은 바꿔드립니다.
* 저자와 협의하여 인지첩부를 생략합니다.